ケアとサポートが楽になる

超図解 認知症介護

監修
NPO法人 生き生き介護の会理事長
米山淑子
医学監修
メモリークリニックお茶の水院長
朝田 隆

朝日新聞出版

まえがき

自宅での認知症介護に、プロの知識と技術が活用できます

数十年にわたり、私は介護の現場で仕事をしてきました。その間にも高齢者介護の現場では、医療面の進歩とともに介護方法においても、科学的、理論的な改善と工夫が進化しつつあります。十数年前、私自身が父の認知症介護を経験することになりましたが、その時、介護施設で私が実践してきた介護の知識と技術を活用することができ、プロの持つ技術は在宅介護においても有用なのだと実感することができました。

さまざまな介護の実際の技術を活用できるかどうかは、介護者自身の手にかかっていますが、その際の介護の基本というものがあります。

認知症への対応は、何と言っても精神的な関わりが一番大切です。認知症を抱えた本人の立場に立ち、本人のそれまでの人生に思いをはせ、人生に寄り添うことで、本人が安心して介護者に身を委ねられる「状態」をつくりあげることこそが介護の基本となるものだと思います。

介護とひと口に言っても、とくに認知症介護においては、1人、ひと家族だけで手に負えるものではありません。本書では、認知症の医学的な基本情報に始まり、介護の実際と介護支援の行政的な仕組みと取り組み、その活用法までを網羅しました。本人と介護する家族がともにいきいきと暮らすためにはどんな向き合い方をすればよいか、わかりやすくひもとける手引書となるものをめざしています。

とくに、認知症介護で対応が困難とされる周辺症状（BPSD《ビーピーエスディー》とも呼ばれます）への対応方法に多くのページを割きましたが、私個人としては、対応が一番難しいのは「介護拒否」ではないかと思っています。「介護させてくれれば…」「介護者のほうにちょっと振り向いてくれさえすれば…」との思いを、幾度繰り返したことでしょう。いったん、介護者の手が触れるのを許してくれさえすれば、あとは培った知識と技術を織り交ぜ、介護者それぞれの個性を生かし、介護者のペースに巻き込んで介護することができるのです。認知症高齢者との根気強いコミュニケーションがあってこそ、それが可能になります。

いま私たちに必要なこと、とくに認知症介護において現在進行中の家族にとって欠かせないものとは何でしょうか。さまざまな症状に対し家族がともに向き合っていくコツと力を得ること、これに尽きると思われます。本書が少しでもお役に立てることを心から願っています。

米山淑子

―なお1章、2章の医療面については、認知症医療の第一人者である朝田隆医師が、監修を担当しました。

はじめて 介護する家族のための 4つのポイント

いま、認知症について一番気になっていることはどんなことですか。

Q1

もしかして
夫は認知症
でしょうか

A1

ご主人の様子をよく観察してください。
「まさか夫が…」と、
見逃していることはありませんか。

「人と会う約束をしてよく忘れるようになった」「ついさっき言ったことを、また繰り返して言うことが多くなった」「これまでできていたことができなくなった、と嘆くようになった」など、回数と内容、広がりが目立ってきた時、それがサイン。物忘れ外来や、認知症疾患医療センターなどで診断を受けることが大切です。

この3つが揃ったら、認知症のサインです

物忘れが繰り返し起こる
↓
忘れる内容がひどくなる
↓
忘れる範囲が広がっている

久しぶりに
一緒に
スーパーに
行こうか
えーっ、
さっき行って
帰って来た
ばかりよ！

Q2

生活や仕事は
どうすれば
いいでしょうか

A2

認知症だからといって、
何もできなくなるわけではありません。

家事をすべて「しないでいいから」というのは本人のショックを大きくします。1人でできないなら、家族が一緒にやればリハビリにもなります。できることを生かし、これまでどおりの生活が続けられるようサポートしましょう。職場でも、できる仕事が続けられるよう、勤め先と相談してみましょう。

@家庭で

料理ができなくなったら

↓

洗濯ものをたたむなど

@職場で

PCの入力がおぼつかなくなったら

↓

来客のお茶だしなど

Q3

症状はどんどん
進みますか

A3 急に悪化することはありません。

時間をかけて進行する病気です。介護施設に入って、専門的な治療を受けて…、といった事態にすぐなるわけではありません。あわてて介護離職を考える前に、やれることはもっとあります。適切に対応していけば、進行を緩やかにすることができます。
病気を正しく理解し、いまの状態でできるだけその人らしい生活が続けられるよう、家族とともに、前向きに向き合っていきましょう。

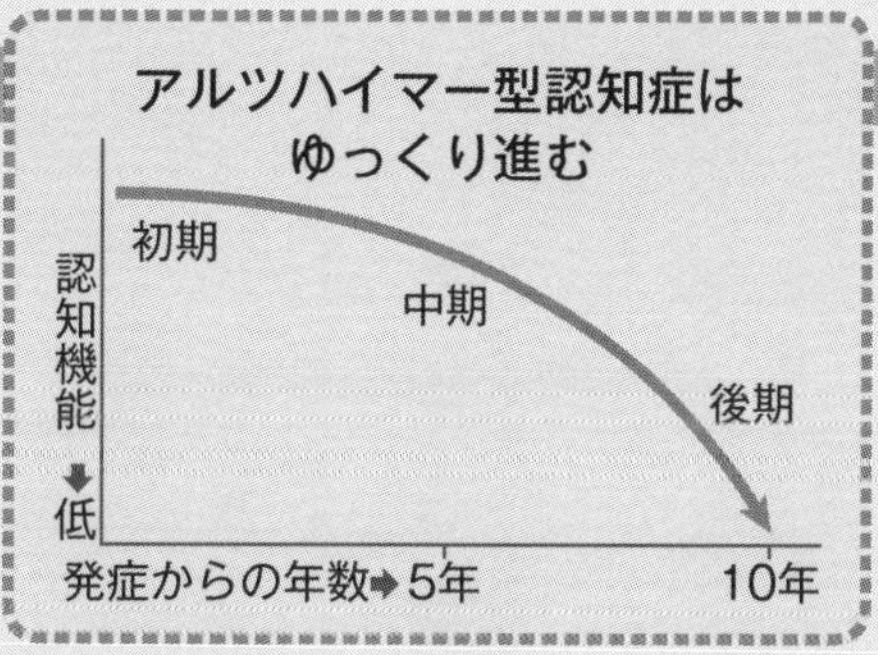
アルツハイマー型認知症は
ゆっくり進む
認知機能
↓
低
初期
中期
後期
発症からの年数➡
5年
10年

家族でどうやって支えていけるか、よく話し合ってみましょう。誰か1人の負担にならないよう、知恵と力を出し合います。

Q4

どこへ
相談すれば
いいでしょうか

A4 地域包括支援センターがあります。

専門医の探し方、介護保険のこと、介護サービスの受け方、また、家で介護する時の注意点や心がけたいこと、つらいこと、困ったことなど何でも相談できます。
介護を支援する公的サポートも充実してきています。プロの手を借りることをためらってはいけません。介護難民になることだけは避けましょう。

地域包括支援センターで相談できることは…

- 専門医はどうやって探したらいい？
- 介護保険を受けるにはどうしたらいい？
- ケアマネジャーはどこに頼めばいい？
- 介護サービスにはどんなものがある？
- 自宅で介護する時の注意点は？

ほかにもこんなことが心配です…

Q 介護はお金がかかるのではと不安です

A 要介護認定を受ければ、公的援助が受けられます。

支給限度基準額が要介護度によって決められています。介護サービスなどにかかる費用が1割（～3割）の自己負担で済みます。

Q 仕事と介護は両立できるでしょうか

A 介護休業制度というものがあります。

休暇が年3回に分けてとれるなど、企業の介護休業制度も進んできています。仕事を辞めずに乗りきる方法を考えましょう。

目次

第2章

認知症を予防する

第3章

認知症介護の実際

第4章

在宅介護を支える仕組み

第5章

介護する家族のケア

第1章

認知症の基礎知識

認知症とはどんな病気でしょうか。
どんな種類があるのか、
どんな症状が現れるのか、治療法は？
——認知症について基本的な知識を
理解しておきましょう。

認知症の定義

認知症とは「日常生活が困難になる状態」

認知症がなぜ起きるかはわかっていない

認知症とは、「認知機能が何らかの原因で低下、日常生活に支障をきたすようになった状態」を言います。

たとえば、「ひどい物忘れ」（記憶障害）で、同じものをいくつも買ってきてしまう、「自分のいる場所がわからなくなり」（見《けん》当識《とうしき》障害）、家に帰れなくなるなど、さまざまな症状が現れますが、それらを総称して「認知症」と呼んでいるのです。

このような症状を引き起こす病気は1つではありません。現在70種以上の病気が確認されています。どれも脳に異常な変化を起こしダメージを与え、さまざまな症状が現れるのですが、なぜ発病するのか、その根本の原因はわかっていません。

年をとるとなりやすい

認知症と言うと、誰もが真っ先に思い浮かべるのは、高齢者のイメージでしょう。

厚生労働省（2015年発表）によると、認知症を発症している65歳以上の高齢者は2012年時点で推計約462万人、全体（3079万人）の約15%、さらに認知症予備軍とされる軽度認知障害（MCI《エムシーアイ》）の人が約13%で400万人いると言われています。これは言い換えると、65歳以上の高齢者が7人集まれば、そのうち1人は認知症、1人はMCIということになります。そして高齢化がさらに加速する2025年には、現状の約1・4倍となる675万人、高齢者の約20%、5人に1人にまで増大するとしています。認知症は特別な人に起こるものではなく、年をとることが認知症の最大の危険因子と言えるでしょう。

年をとるとともに増える危険因子がある

認知症が起きる危険因子として近年、生活習慣病が注目されています。

認知症予防策の要因を探る長期にわたる疫学調査として名高い「久山町研究」によると、たとえば糖尿病の人は、糖尿病でない人の1・9倍、認知症になりやすい、という報告（＊）があります。もともと糖尿病は、腎臓病《じんぞうびょう》、動脈硬《どうみゃくこう》化《か》などの合併症が起きやすいとされていますが、認知症とも関係があることがわかってきています。

生活習慣病は糖尿病だけではありません。思い当たる人は、認知症リスクを下げるためにも、日々の食事や運動などの生活習慣を見直してみたほうがよいでしょう。

認知症と遺伝は関係ある？

いまや誰にとっても「他人事ではない」認知症ですが、遺伝は関係するのでしょうか。ポイントは発症年齢。親きょうだい、または本人が50歳になる前に認知症を発症していれば、遺伝的な要因も考えられますが、アルツハイマー型認知症の場合、このような「家族性アルツハイマー型認知症」が占めるのは、全体の約2%ほど。家族や親族に認知症の患者がいるからといって、発病の確率が高くなることはありません。

＊健康・医療戦略推進本部「わが国における高齢者認知症の実態と対策：久山町研究」（九州大学大学院医学研究院環境医学分野 清原裕・2014）より

男女別、年齢別の認知症有病率（2012年時点）

年齢別の認知症有病率を見ると、男女とも75歳を境に有病率が大きく伸びている

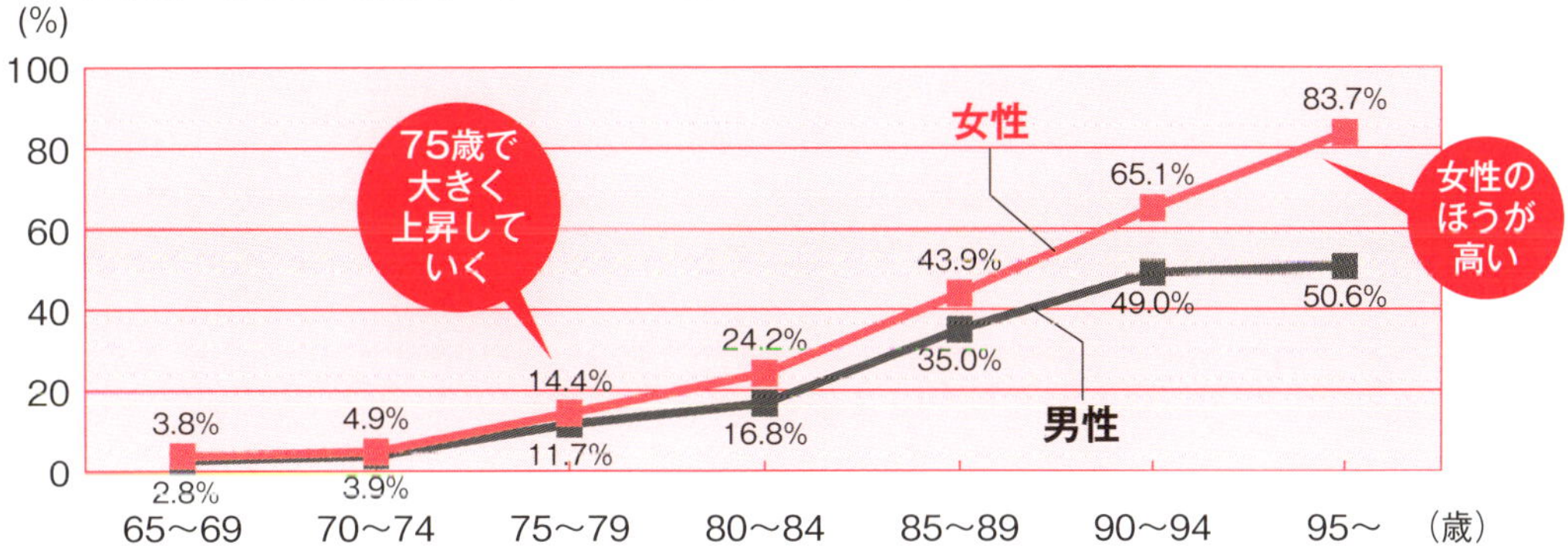
(%)
100
80
60
40
20
0
75歳で大きく上昇していく
女性
女性のほうが高い
男性
3.8%
4.9%
14.4%
24.2%
43.9%
65.1%
83.7%
2.8%
3.9%
11.7%
16.8%
35.0%
49.0%
50.6%
65〜69
70〜74
75〜79
80〜84
85〜89
90〜94
95〜
（歳）

国立国会図書館「認知対策の現状と課題」（2015）より

認知症で見られる記憶障害

加齢による物忘れと違うのは「忘れた」という自覚がないこと

たとえば「同窓会で会った友人の名前が思い出せない…」、「昨日の夕食の献立が思い出せない…」、年をとればこんな経験は誰にでもあるでしょう。こうした単なる物忘れは、日常生活に大きな影響はありません。

一方、認知症による「ひどい物忘れ」は、この場合「思い出せない」のではなく、記憶そのものが欠落していて「忘れた、ということを自覚していない」のです。先の例で言えば「同窓会に行った」、「昨日、夕食をした」という経験を忘れてしまっています。結果として周囲との「つじつまが合わない」ことで、日常生活に支障をきたし、仕事がうまくできなくなってしまいます。

同窓会に行ったんだっけ…？

同窓会、楽しかったわ。でも、この右の人の名前が思い出せない…

認知症による物忘れと加齢による物忘れの違い

認知症による物忘れ	加齢による物忘れ
体験したことそのものを忘れる	体験の一部を忘れる
物忘れの自覚が乏しい	物忘れを自覚している
自分のいる場所、時間、状況などがわからない	自分のいる場所、時間、状況などはわかっている
自分のミスを取り繕う	ミスの取り繕いは見られない
日常生活に支障をきたす	日常生活に大きな支障はない
進行性である	徐々にしか進行しない

認知症の定義

おもな認知症には4つのタイプがある

認知症の原因となる病気はおもに4つ

認知症を起こす原因となる病気は70種以上ありますが、「アルツハイマー型認知症」、「レビー小体《しょうたい》型認知症」、「前頭側頭《ぜんとうそくとう》型認知症」、「血管性認知症」の4つで全体の8割を占め、4大認知症と言われます。それぞれについては22ページ以降で詳しく述べますが、大まかな特徴について見ておきましょう。

●アルツハイマー型認知症

患者数は最も多く、女性に多く見られます。脳の神経細胞が傷つき失われることで脳が萎縮《いしゅく》、とくに海馬《かいば》という記憶をコントロールする部分のダメージが大きいのが特徴です。

●レビー小体型認知症

70代、80代の高齢者、男性に多いのが特徴です。レビー小体という異常な物質が脳幹《のうかん》や大脳《だいのう》皮質《ひしつ》に見つかり、1996年に診断基準が確立された新しいタイプの認知症で、これまでアルツハイマー型と診断されていた患者も多いと考えられます。後《こう》頭葉《とうよう》の血流が低下して、実際にはないものが見える「幻視」という症状や、歩行が不安定になる運動障害が現れる「パーキンソニズム」の症状などが特徴的です。

●前頭側頭型認知症

名前の示すように、脳の前頭《ぜんとう》葉《よう》、側頭葉《そくとうよう》の神経細胞が変性し萎縮する「前頭側頭葉変性症」と呼ばれる認知症のうちの1つの型で、理性や意欲など、その人らしさを司る前頭葉が障害を受けることから、性格や人格に変化が起こり、反社会的行動が目立つなどの症状が現れるのが特徴です。発症年齢が65歳未満の若年層に多く見られます。

●血管性認知症

これまでに述べたタイプと違って、脳内を走る動脈の血管が詰まったり破れたりする脳血管障害が積み重なって起きるタイプの認知症です。とくに、脳《のう》梗塞《こうそく》を起こして半年以内に発症する例が多いと言われますが、脳梗塞や脳出血が脳のどの部位で起こったかによって、症状は違ってきます。症状にムラがあり、記憶障害は目立たず、人格もほぼ保たれます。

これら4つのタイプの認知症は、単独で起きるだけでなく、ほかのタイプとの混合型も多く、また、アルツハイマー型からレビー小体型に移行するなどのケースも見られます。

早期発見・早期診断で進行を遅らせることができる

4大認知症以外では、原因がわかって適正な治療が行われれば回復する例もあり、特発性正常圧水頭症《すいとうしょう》や、慢性硬膜下血腫《こうまくかけっしゅ》がその代表です。一方で、症状が似ているというので、アルツハイマー型と誤診され、悪化させることも起こり得ます。

認知症に関する情報量が増え、関心を持つ人が目立って増加しつつある現在、家族だけでなく、自覚した本人が早い段階で受診に向かう、というケースも多くなっています。早期発見により、原因をつきとめ適切に対処することで、進行を遅らせることができることもわかってきました。そのためにも早期受診と早期診断が望まれます。

認知症患者の脳はどう変化しているのか

脳がやせ、萎縮している

下のＭＲＩ《エムアールアイ》画像（磁気共鳴画像）を見てください。大脳皮質が萎縮し、溝が深く大きく切れ込んでいます。大脳皮質には黒いシミのような老人斑《ろうじんはん》が出て、増えていきます。アルツハイマー病患者の場合、側脳室《そくのうしつ》（脳《のう》脊髄液《せきずいえき》で満たされた左右対称性の空間）の下角が拡大し、すぐ近くにある海馬が萎縮しているのが確認できます。ほかの部位の大脳皮質に比べて海馬の萎縮が目立つことがアルツハイマー病の大脳の特徴です。

アルツハイマー型認知症患者の脳のMRI画像

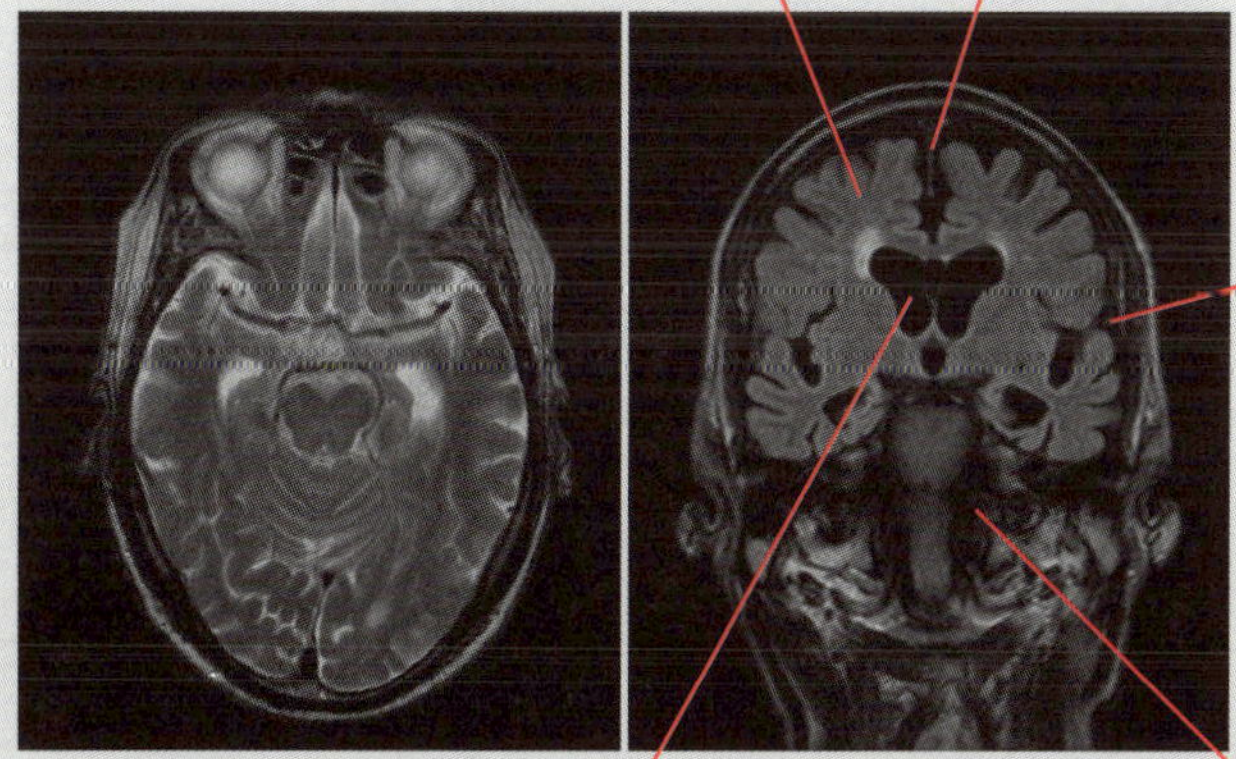
黒いシミのような老人斑が出る
上部が強く縮んで、溝が深く切れ込んでいる
大脳皮質が萎縮する
側脳室の空洞が広がる
海馬周辺の萎縮が大きい

［MR T2強調軸位断像］　［MR FLAIR冠状断像］

20代男性健常者の脳との比較を見るMRI画像

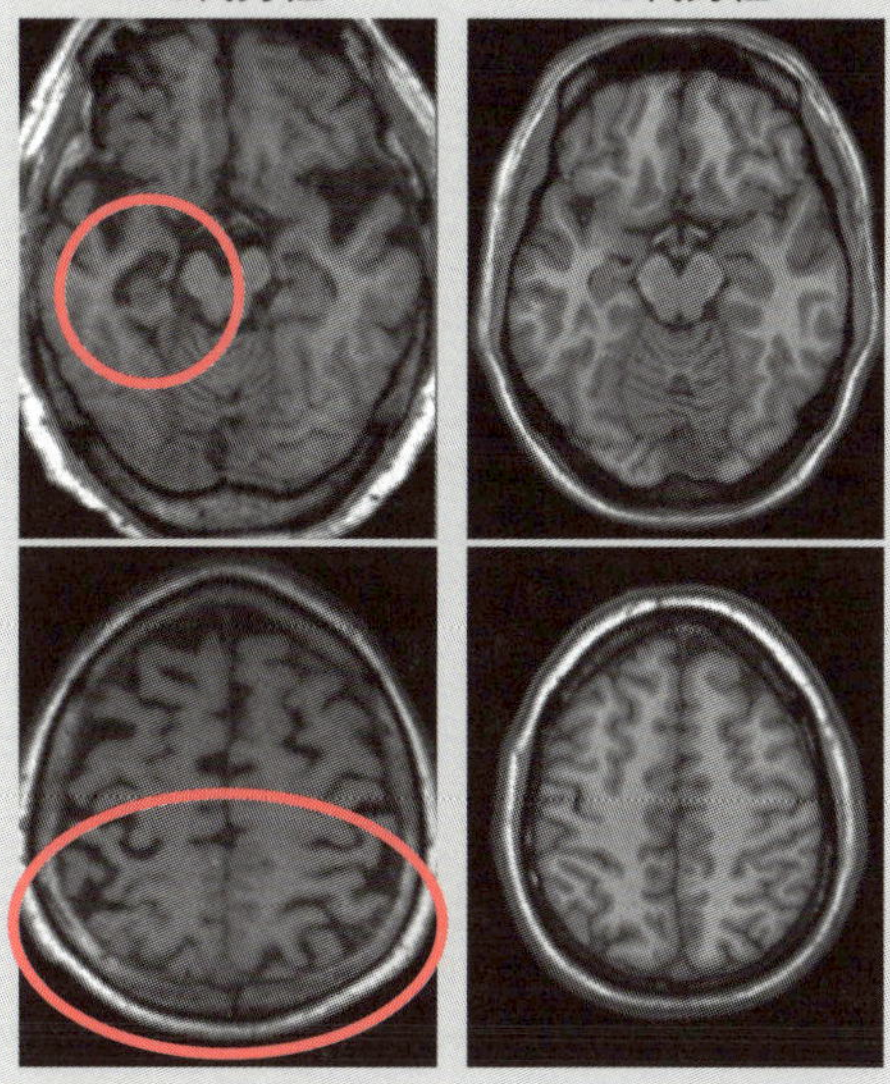
70代男性
20代男性

脳のやせ（萎縮）は、20代男性と70代男性患者の脳の画像を比べてみると、よくわかります。

上の2つは海馬領域（赤い丸で囲んだ部分）を比較しています。右の20代男性の同じ部分にある海馬（記憶をコントロールする）が、70代男性ではやせて、大きい空間ができているのがわかります。黒く映っている部分です。

下の2つは、頭頂葉《とうちょうよう》領域（同じく赤い丸で囲んだ部分）の比較です。脳のシワとシワの隙間が大きくなり、70代男性では頭頂葉がやせているのがわかります。大きく切れ込んで黒い影として映っています。

＊画像は、すべて朝田隆氏より提供

認知症患者に現れる中核症状

中核症状と周辺症状（BPSD）

認知症として現れるさまざまな症状は、2つに大別されます。

脳の神経細胞がダメージを受けたことが直接の原因で現れる症状が中核《ちゅうかく》症状。これは、細胞が担っていた機能が失われて生じる症状で、記憶、日時や場所を把握する能力、ものごとを計画してやり遂げる能力などの認知機能に関わる障害となります。どのタイプの認知症患者にも、どれかが必ず現れます。

この中核症状が原因となって引き起こされる二次的な症状が周辺症状（BPSD《ビーピーエスディー》＊とも）で、行動面・心理面の症状があります。本人の性格や周囲の環境、人間関係などが深く関わっていて、個人差があります。

認知症で現れるおもな症状

脳のダメージが直接原因となる「中核症状」と
二次的に起こる「周辺症状」がある

周辺症状（BPSD）

心理症状

➡P21

- これまでと違う状態を自覚、気分が落ち込む　**抑うつ症状**
- 心身の機能低下の危険がある　**自発性の低下（アパシー）**
- 暴力・徘徊などの行動症状につながる　**不安・焦燥**
- 事故につながる危険があり要注意の　**幻覚**
- 記憶障害から起こることもある　**妄想**

行動症状

➡P18・19

- 介護者に大きな負担　**多動・徘徊**
- 対応が難しい　**暴言・暴力**
- 暴言・暴力とは正反対の　**無為・無反応**
- 遊んでいるわけではない　**不潔行為**
- 食べ過ぎや異食の　**食行動異常**
- 「かまってほしい」が隠れている　**性行動異常**
- レビー小体型の代表的症状の　**レム睡眠時行動障害**
- ほんとうは怖くて不安な　**介護拒否**

中核症状

おもなものは5つ

➡ P17

- 記憶障害
- 見当識《けんとうしき》障害
- 実行機能障害
- 失認・失行・失語
- 理解・判断力の低下

＊BPSD=Behavioral and Psychological Symptoms of Dementia

おもな中核症状

認知症患者にどれかが必ず現れる認知機能の障害。脳の神経細胞が壊れたことによる器質的な障害である。

代表的な中核症状

記憶障害

新しいものごとほど覚えにくくなり、記憶自体が抜け落ちたり、経験自体を忘れてしまう。

ものごとを覚える「記銘《きめい》」、覚えている状態を保つ「保持」、覚えたことを引き出す「再生」の3つのいずれかが障害される。

時や所、人の「見当」がつかない

見当識障害

本人が現在いる場所、時間、周囲の人物、状況などを正しく認識できなくなる。自分がどこにいるか場所の見当を見失って迷子になる、周囲の状況に合わない行動をとる、などはこの障害による。

ものごとの手順がわからない

実行機能障害

それまで問題なくできていた掃除、買いもの、料理など日常生活の動作や手順などがわからなくなり、段取りよく進めることができなくなる。

ものごとを計画的に行うことができなくなる。

家電やＡＴＭなどが使えなくなる。

さまざまな記憶障害のかたち

失認・失行・失語

「失認」＝見えたり聞こえたりしていても理解できなくなる。

「失行」＝手足は動くのに簡単な日常動作ができなくなる。

「失語」＝言われた言葉が理解できない、言葉が出なくなる。ものの名前がわからない。相手の話が理解できない。

周囲や状況の判断が難しくなる

理解・判断力の低下

自分の置かれている状況に応じて適切な行動をとったり、ものごとを筋道立てて考えたりすることができなくなる。

状況の変化に応じた判断ができなくなる。

真夏にセーターを着たり、寒くても半袖のままなど、気候に合った服装ができなくなる。

論理的な思考ができなくなる。

認知症の定義

周辺症状（BPSD）とはどのようなものか ①行動症状

周辺症状の背景には必ず「わけ」がある

「なぜ、こんなことを!?」と家族は驚き、ショックに襲われるのが、周辺症状の行動症状です。たとえば、突然、目の前にあるティッシュをむしゃむしゃ食べることがあります。これは、本人にはティッシュが「食べものかどうかわからない」という中《ちゅう》核《かく》症状の「失認」や「判断力の低下」が原因だと思われます。一見、理解できないような行動の背景にある「なぜ?」を考えてみることが大切です。本人の気持ちに沿って理解できれば、ケアする家族の気持ちも変わってきます。そうすれば、本人も穏やかな気持ちになって症状も減り、よい関係が期待できるでしょう。

おもな行動症状

●介護者に大きな負担を与える　多動と徘徊

そわそわしてじっとしていられず、動き回るのが多動ですが、用事があって出かけたのに、途中で道順を思い出せない、なぜ出かけたのか忘れるなどの「記憶障害」、自分のいる場所がどこかわからなくなる「見当識《けんとうしき》障害」などで家に戻れなくなるのが徘徊です。夕方になると「家に帰る」と言って出かけようとする「夕暮れ症候群」など、いくつかパターンがあります。

●対応が難しい　暴言・暴力

怒りっぽくなって大きな声でどなったり、奇声を上げたり、介護者に手を上げたりします。

理由は本人それぞれにあり、一様な対応では難しいケースが多く見られます。脳血管障害の後遺症で言葉が出づらくなって暴力行為に及ぶこともあります。前頭側頭《ぜんとうそくとう》型認知症の場合は、コミュニケーションが難しくなり、もどかしさで感情を抑えられなくなる、ということがあります。

●暴言・暴力とは正反対の症状　無為・無反応

日常生活で何もしなかったり（無為）、家族や介護者が呼んだり話しかけたりしても反応しなくなる（無反応）ことがあります。レビー小体《しょうたい》型認知症では、意識障害によってぼんやりして自主性がなくなり、問いかけにも反応が鈍くなります。

●遊んでいるわけではない　不潔行為

自分の排せつ物を直接手で触る「ろう便」や、トイレ以外で用を足してしまう、という家族にとってショッキングな症状です。決して「遊んでいる」わけではなく、排せつの失敗の不快感を自分でなんとかしようとしているなど、本人にはそれなりの理由があります。判断力の低下が重なっているケースが考えられます。

●食べ過ぎや異食の　食行動異常

アルツハイマー型認知症には、記憶障害で食べたことを忘れて何度も食べる「過食」や、失認による「異食」、嗅覚《きゅうかく》の障害によって起こる「食欲不振」などが目立ちます。前頭側頭型認知症では、甘いものばかりを食べるなど、食の嗜好《しこう》の極端な変化が見られます。また血管性認知症では、運動マヒのため食事に時間がかかり、食事中にむせることも多くなります。

行動症状が現れる仕組み

中核症状がストレスや環境の変化を受けて、攻撃的な行為などの行動症状に至る

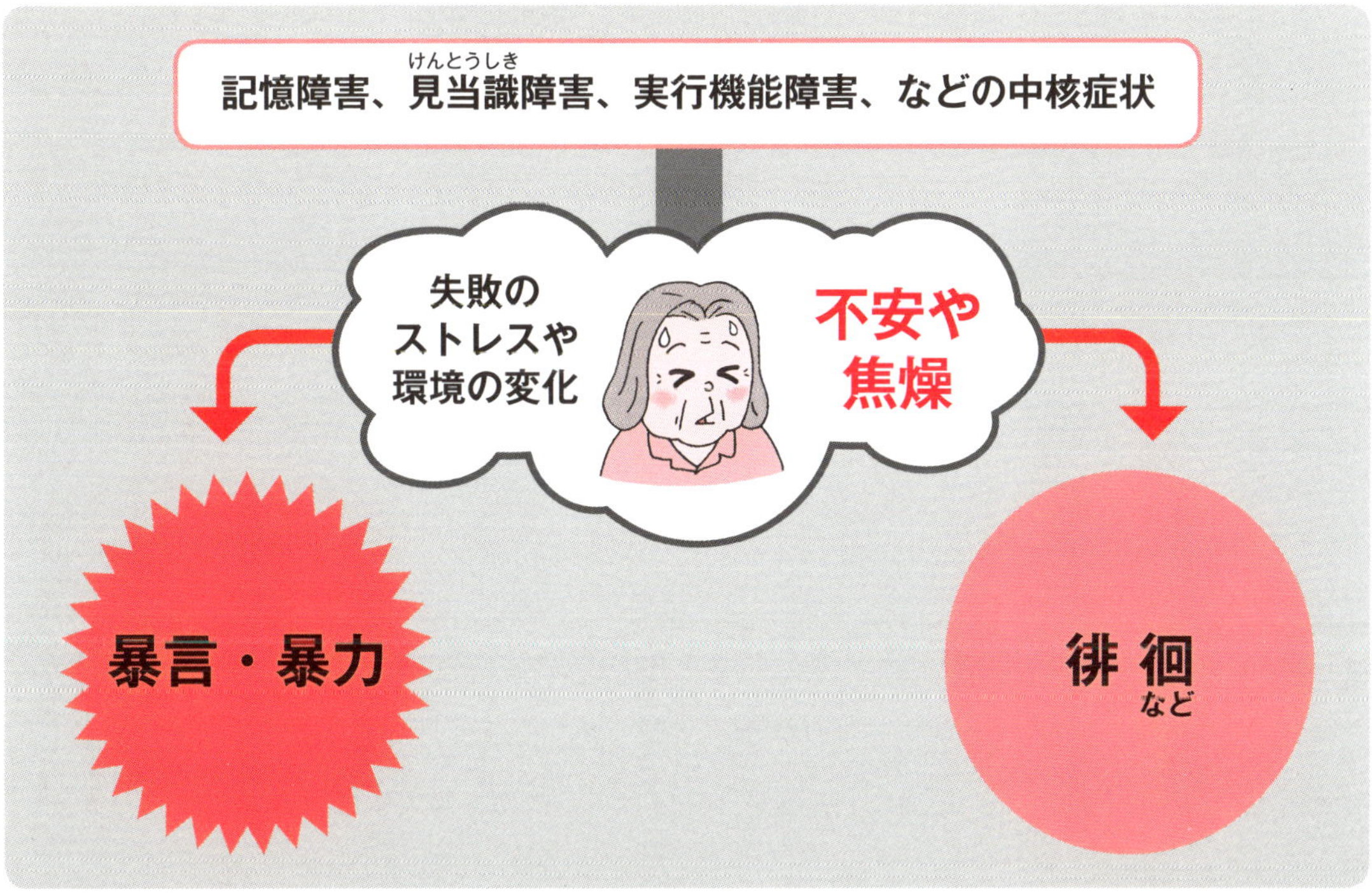
記憶障害、見当識《けんとうしき》障害、実行機能障害、などの中核症状
失敗のストレスや環境の変化
不安や焦燥
暴言・暴力
徘徊
など

●「かまってほしい」が隠れている

性行動異常

男性の場合、息子のお嫁さんに抱きつくなど性行動が抑えきれなくなることもあります。お風呂をのぞいたり、下着を持ち出したりと、明からさまで衆目を気にしない行動の裏には、日ごろの孤独感などの不安から妄想が隠れていることもあります。

前頭側頭型認知症の場合、前頭葉の障害による「脱抑制」という症状と考えられます。脱抑制とは、脳全体のコントロールタワーである前頭葉《ぜんとうよう》の働きが低下し、脳のほかの領域へのコントロールがきかなくなる状態で、さまざまな異常行動が現れることを言います。

●レビー小体型の代表的な症状

レム睡眠時行動障害

睡眠には、深い眠りと浅い眠りを交互に繰り返すリズムがあり、浅い眠りのレム睡眠の時、筋肉の動きは抑制された状態で夢を見るのがノーマルな状態です。レビー小体型認知症では脳《のう》幹部《かんぶ》に障害を受け、この抑制がきかなくなり、夢の内容に反応して実際に行動してしまいます。何かをつかもうとして手を伸ばす、室内を歩き回る、窓に向かって突進してけがをする、または、どなる、暴言を吐く、そばで寝ている人を殴りつける、などのケースもあります。

●ほんとうは怖くて不安

介護拒否

突然、介助しようとする手を払いのけたり、強く拒否するようになることがあります。これは、記憶障害によっていつもの介護者を忘れて、見知らぬ人に触られたりケアを受けたりする恐怖と不安の現れと見ることができます。また、介護する人の言うことが理解できず、何をされるのかわからないという恐怖から拒否する、ということもあります。

こうした不信感や恐怖感は、たとえばデイケア施設などの新しい環境になじめない不安が隠れていることもあります。

認知症の定義

周辺症状（BPSD）とはどのようなものか ②心理症状

現実とのギャップに戸惑い、埋めようとする認知症患者

認知症が進行するにつれ、物忘れが多くなり、理解力が低下していきます。しかし、すべてのことがわからなくなっているわけではありません。自分の機能低下をある程度は自覚しながら、現実とのギャップを感じています。こうしたギャップを乗り越えようとした時、周辺症状は起こると考えられます。

「物忘れ」が「妄想」を生み出す

おもな心理症状は「抑うつ症状」「自発性の低下」「不安・焦燥」「幻覚」「妄想」ですが、とくに多いとされるのは「妄想」の中の「物盗られ妄想」です。

多くは、本人がなくしたり盗まれたりしないようにと、財布などを見つかりにくい場所に自分で隠すことから始まります。この時、中核《ちゅうかく》症状としての「記憶障害」があるので財布を隠した場所を忘れ、さらには隠したことも忘れます。その後、財布がいつもの場所にないと、「誰かに財布を盗まれた」という妄想が生まれ、多くの場合、最も身近にいる家族を疑うようになります。

介護する家族にとってはつらく、ストレスのもとにもなるのですが、これも認知症患者特有の不安感や依頼心など、さまざまな要素が関係すると考えられます。「物盗られ妄想」は、とくにアルツハイマー型認知症の初期から中期に見られ、認知症によって起こる妄想の約6割を占めると言われます。

「物盗られ妄想」が起こるシナリオ

①
大切な財布を
見つかりにくい場所に自分で隠す
②
記憶障害によって財布を
しまった場所を忘れてしまう
③
「誰かに財布を
盗まれた」と考え
最も身近な人を疑う

周辺症状
おもな心理症状

自信をなくして気分が落ち込む

抑うつ症状

自分で何をやってもうまくいかない、これまでできていたことができないなど、本人が認知症を自覚することで、気分が落ち込み、何もする気になれない状態を言う。感情、とくに喜びを表すことが極端に少なくなり、表情が乏しくなる。慢性的頭痛、不眠などの身体的症状を訴えることもある。

心身の機能低下の危険がある

自発性の低下（アパシー）

抑うつ状態とよく似ているが、気力がなくなり、自分から何かをする意欲を失ってしまうことを言う。
認知機能の低下を自覚し、家に閉じこもりがちで、何もせず、何もしたがらないまま、周囲も働きかけをしないと、さまざまな心身の機能低下に陥る「廃用症候《はいようしょうこう》群《ぐん》」になる恐れがある。

暴力・徘徊などの行動症状につながる

不安・焦燥

認知機能の低下を自覚し、的確な状況判断ができなくなって不安がつのり、また、気のあせりでイライラしやすくなる。ストレスからくる強い不安感から、暴力、徘徊などの行動症状につながったり、大きな声を上げる、人を無視するといった行動が目立つようになる。

事故につながる危険があり要注意の

幻覚

実際にはないものが見えたり（幻視）、実際にいない人の声が聞こえたり（幻聴）する。とくに幻視はレビー小体《しょうたい》型認知症でよく見られる症状とされる。
幻覚によって事故につながる危険がある場合には、医師に相談し、適切な対応が必要になる。

記憶障害から起こることもある

妄想

誰かに大事なものを盗まれたという「物盗られ妄想」は記憶障害から起こる。誰かが自分の悪口を言っている、食事に毒を盛られるなどの「被害妄想・迫害妄想」、配偶者が浮気をしていると思い込む「嫉妬妄想」、家族から見捨てられるのではないかという「見捨てられ妄想」もある。

認知症の種類

最も多いアルツハイマー型認知症

記憶障害に始まるアルツハイマー型認知症

年をとれば「最近、物忘れが多くて…」と自覚する人は多くなりますが、アルツハイマー型認知症は、つい最近のこと、しかもできごと自体の記憶が抜け落ちる記憶障害が起きます。これがアルツハイマー型認知症の始まりですが、脳の中では何が起こっているのでしょうか。

私たちの体は日々、新陳代謝を繰り返していますが、脳の中でも認知機能を担う神経細胞からタンパク質がつくられます。通常は産生と除去の新陳代謝で、一定の濃度が保たれますが、アルツハイマー病では、これが分解しきれないでたまり、シミのような黒い塊となって周囲の神経細胞を圧迫し、傷つけ、脳を萎縮《いしゅく》させている、ということがわかっています。

記憶をコントロールする「海馬」周辺のダメージが大

シミのような病変は「老人《ろうじん》斑《はん》」と呼ばれ、アミロイドβ《ベータ》というタンパク質が過剰に産生され蓄積し、変性したもので、10年単位の長い期間をかけて増えていきます。その後、さらに時間をかけて神経細胞内で重要な物質であるタウタンパクという物質が異常にリン酸化して蓄積し、神経原線維《しんけいげんせんい》変化という病変を起こします。これが糸くずのような塊となって脳細胞を死滅させ、脳を萎縮させるのです。

この結果、生活のさまざまな場面で支障をきたすようになり、とくに記憶を司る「海馬《かいば》」の萎縮が大きいことで記憶障害が起きます。

記憶障害は、自分の体験などのできごとそのものを、ごっそり忘れてしまう「エピソード記憶」の障害。また忘れてしまったことを指摘されると、ごまかして作話《さくわ》するなど、「取り繕い反応」があるのも特徴的です。

進行は発症してからおよそ10年、とゆっくりしています。また75歳以上の女性に多く見られます。

アルツハイマー型認知症はどうして起きるのか

もととなるアルツハイマー病のおもな危険因子は、加齢のほか、糖尿病や高血圧などの生活習慣病ですが、寝不足やストレスもアミロイドβやタウタンパクがたまる要因となります。

近年注目されてきた歯周病も認知機能低下に関係していることが判明しています。また視力と聴力の低下は情報不足をもたらし、脳の神経細胞そのものが弱ってくる原因となります。

このように考えると、アルツハイマー型認知症のさまざまな危険因子は日常生活のなかに潜んでいると言えます。

遺伝については、遺伝性のアルツハイマー型認知症は50歳未満で発症するケースがほとんどで、全体の2％ほど。高齢の発症患者は遺伝とは無関係です。

根本的な治療法はないとされていますが、タウタンパクが凝集する量を低下させ、神経細胞の「脱落」を抑える薬剤を発見し、動物実験に成功したという報告（国立長寿医療研究センターほか）もあります。治療薬の開発が期待されています。

アルツハイマー型認知症の特徴的な症状と進行

３段階に、ほぼ10年かけてゆっくりと進行する

軽度　これまでできていたことができなくなり、判断力も低下する

物忘れが頻繁《ひんぱん》に起こり、ついさっきのことを忘れる、約束の時間を間違える、車の運転の手順がわからなくなるなど、日常生活に支障が出る。不安感でやる気をなくし、抑うつ症状が見られることもある。

特有の症状：忘れたことを作話してごまかそうとする「取り繕い反応」

中等度　記憶障害が進み、自分のことができなくなる

昔のことも思い出せなくなる。話している相手が誰なのかわからなくなり、外出しても戻れない「徘徊」や、突然興奮して暴力に及ぶといった問題行動も増える。着替えや入浴など、介助がなければ日常生活が送れなくなる。

特有の症状：鏡にうつった自分に話しかける「鏡徴候《ちょうこう》」

重度　意思疎通ができない寝たきり状態に

記憶全般が障害され、自分のことや家族もわからなくなる。身体機能、運動機能も低下、自立した生活が困難になり寝たきり状態に。個人差はあるが、意思疎通はできない無言、無動の状態になる。

特有の症状：家族のこともわからなくなる「人物の見当識《けんとうしき》障害」

認知症の種類

身体症状が目立つレビー小体型認知症

レビー小体が大脳皮質にたまり、認知症状を起こす

「レビー小体《しょうたい》」とは、脳の神経細胞にできる、異常なタンパク質の塊を言います。レビー小体ができる原因はわかっていませんが、α《アルファ》シヌクレインという変異性タンパク質を主成分とし、脳の神経ネットワークを大きく阻害すると言われます。

大脳皮質《だいのうひしつ》は、脳の一番外側にある大脳の表面を覆う部分で、さまざまな認知機能をコントロールしています。ここにレビー小体がたまって、認知機能の低下をもたらすのです。また、運動機能をコントロールする脳《のう》幹部《かんぶ》にもたまりやすく、筋肉がこわばる「パーキンソニズム」という身体症状が現れます。

70代以降の高齢者、とくに男性に多い傾向があります。まれに30代で発症するケースもあり、この場合にはパーキンソン症状から始まります。姿勢が傾き、歩行が困難になり、レム睡眠時行動障害などが起きます。

めまいや便秘などの自律神経症状も

レビー小体が脳幹部にだけたまるのがパーキンソン病ですが、レビー小体型認知症の場合、脳の神経細胞だけでなく、脳幹から続く脊髄《せきずい》、末梢《まっしょう》神経にもレビー小体が現れます。起立性低血圧や、めまいや便秘、頻尿《ひんにょう》といった排尿障害などの自律神経症状が見られるのは、このためと考えられます。アルツハイマー型と比べると、脳の萎縮《いしゅく》が軽く、記憶障害も軽度なのが特徴です。

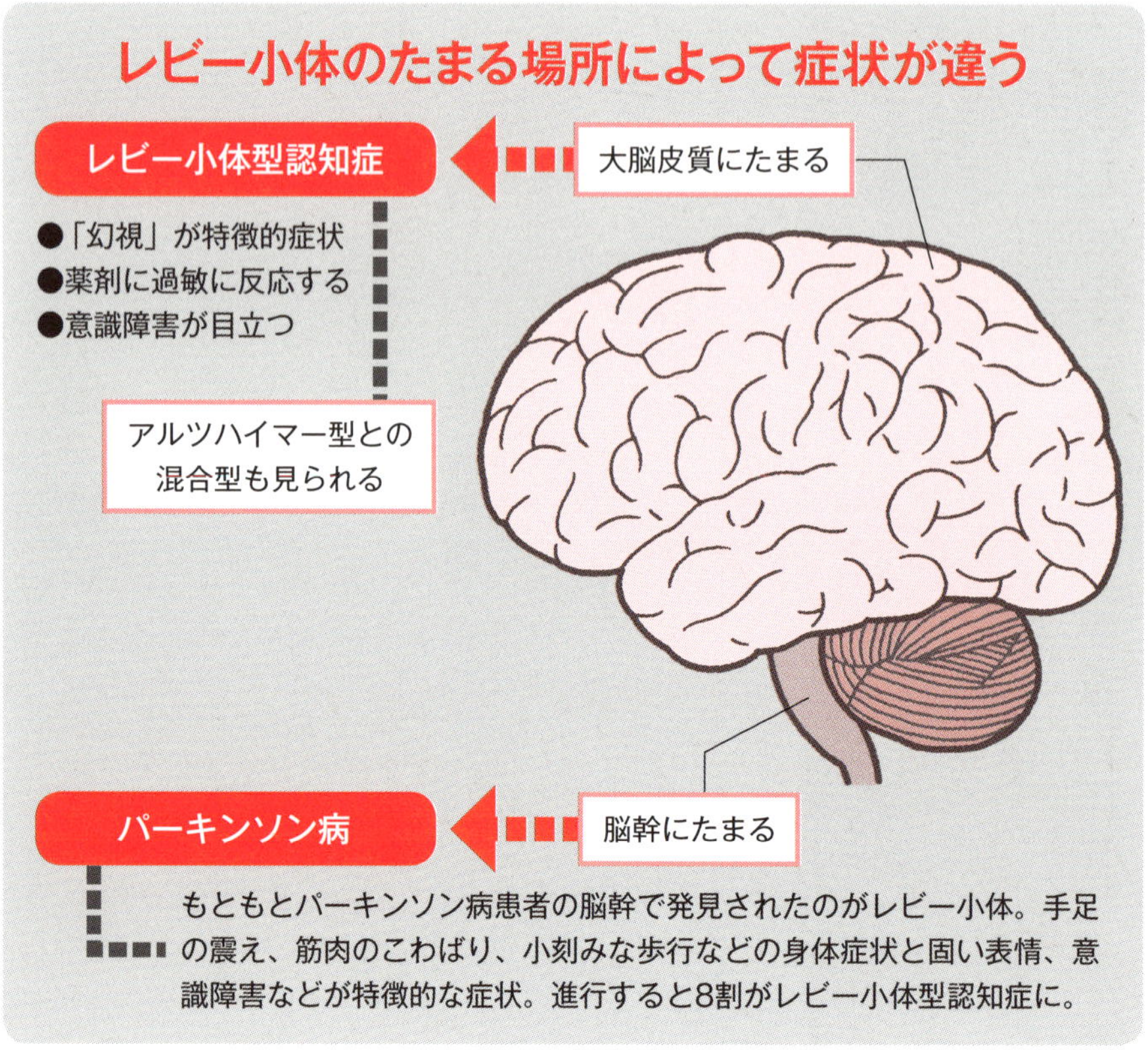

レビー小体のたまる場所によって症状が違う
レビー小体型認知症
大脳皮質にたまる
●「幻視」が特徴的症状
●薬剤に過敏に反応する
●意識障害が目立つ
アルツハイマー型との混合型も見られる
パーキンソン病
脳幹にたまる
もともとパーキンソン病患者の脳幹で発見されたのがレビー小体。手足の震え、筋肉のこわばり、小刻みな歩行などの身体症状と固い表情、意識障害などが特徴的な症状。進行すると8割がレビー小体型認知症に。

レビー小体型認知症の特徴的な症状と進行

症状の現れ方は個人差があるが、「幻視」「パーキンソニズム」が特徴的である

軽度　記憶障害が軽く、発見が遅れることもある

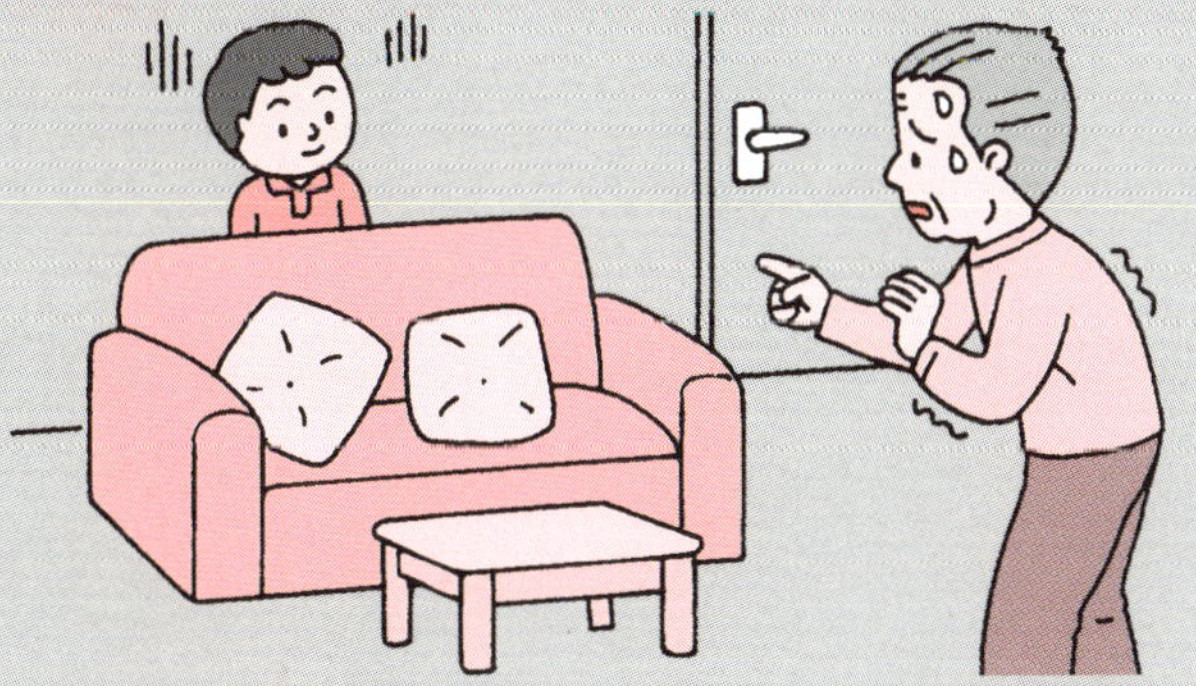

特有の症状：現実にないものがリアルに見える「幻視」

無気力や抑うつ症状、寝入りばなに夢に反応して大声で騒ぐ、興奮して暴れるなどの症状が出る「レム睡眠時行動障害」などの周辺症状が現れるほか、「幻視」が特徴的。

軽度と中等度に共通して現れるのが自律神経症状で、便秘や、めまい、失神などの起立性低血圧、失禁、頻尿などの排尿障害がある。

中等度　さまざまな身体症状が出て、進行が早くなる

特徴的な症状：「視覚失認」や「パーキンソニズム」

視覚失認は、物を見ても、それが何か、形や大きさも認識できない障害。
パーキンソニズムは手足の筋肉がこわばる、動作や歩行がぎこちなくなり、動きが遅い、転びやすくなるなどの運動機能障害である。
そのほか、被害妄想や嫉妬妄想なども症状として現れる。

末期　歩行困難から寝たきり状態に

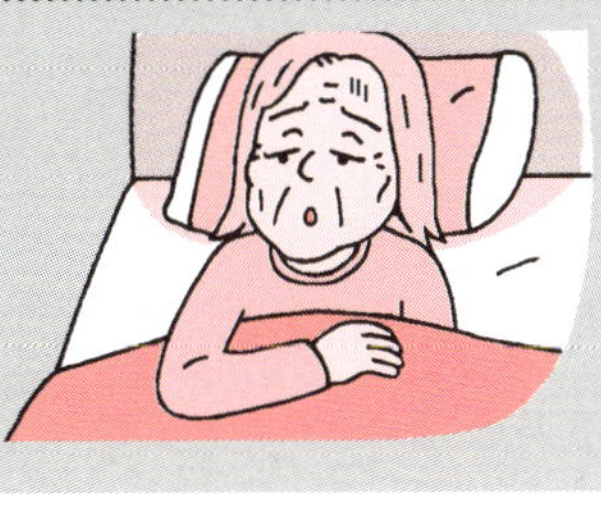

食べものを飲み込む力が低下する嚥《えん》下《げ》障害が起き、食べものが気管支から肺に入り込む「誤《ご》嚥《えん》」から、肺炎を起こすことも多い。
重い意識障害に陥る。

認知症の種類

平均発症年齢49歳の前頭側頭型認知症

前頭葉と側頭葉の萎縮が原因

脳の前頭葉《ぜんとうよう》や側頭葉《そくとうよう》の前部だけが萎縮《いしゅく》することで起こる認知症が「前頭側頭葉《ぜんとうそくとうよう》変性症」で、前頭側頭型認知症はその1つです。以前は、脳の神経細胞内にタウタンパクというタンパク質が蓄積した「ピック球」という異常な物質の発生が見られることから「ピック病」の名で知られていました。現在は、ピック球が見られないケースもあり、脳の前頭葉と側頭葉の萎縮が原因であることがはっきりして、前頭側頭型認知症と呼ばれています。

65歳未満での発症が多く見られ、発症平均年齢49歳というデータもあり、若年性認知症の1つです。男性、女性どちらにも見られ、患者数はアルツハイマー病の10分の1ほどです。

前頭葉が障害され人格が激変する

前頭葉は思考や判断に関わり、脳全体をコントロールする重要な部分で、そこが萎縮し障害を受けると、脳のほかの領域にもコントロールがきかなくなり、さまざまな周辺症状が現れます。

身だしなみに構わなくなり、他人に横柄で無頓着、つねに落ち着きがなく動き回り、行動は身勝手、うそをつくなど、それまで本人が持っていた性格から激変し、周囲の人との社会的な関係が保てなくなります。何か聞いてもすぐに「わからない」と答えたり、話の途中でぷいと立ち上がって出て行ってしまうなど抑制がまったくきかない症状が現れ、「わが道を行く行動」と呼ばれます。進行すると、興奮して衝動的に暴力を振るう、堂々と万引き行為をするなどの逸脱行動や反社会的な行動が見られますが、本人に自覚はありません。

同じことを繰り返したり、同じものだけ食べることも

また、毎日同じ場所に出かける、いつも同じ場所に座る、同じ服を着る、などの「常同《じょうどう》・強迫行為」が見られます。時刻表のように決まった時間に決まった行動をする「常同行動」では、脱抑制が伴って、その途中で赤信号も無視し、他人を押しのけても進む、という行動に至ることもあります。

記憶や見当識《けんとうしき》については保たれることが多く、1人で外出しても道に迷うことはないようです。そのほかの症状として、同じものを食べ続ける、甘いものばかりを欲しがるなどの食行動異常、性器を露出するなど、抑制がきかない性行動異常も見られます。

現在、薬物療法もあまり有効なものがないため、介護者はタフな対応を覚悟する必要があるでしょう。

〈前頭葉〉とは

コミュニケーション、記憶をコントロールし、ものごとを判断したり、計画を立て実行する機能を持つ脳の部位のこと。

〈側頭葉〉とは

言語、記憶、聴覚に関わる部位。言葉やものごとの意味を理解することをコントロールしている。記憶を司る海馬《かいば》につながる。

前頭側頭型認知症の進行と症状

進行経過は平均6年で、初期から人格の変化、行動の変化が現れる

初期　反社会的行動が強く現れ、人格の変化が目立つ

●常同・強迫行動

いつも同じ場所に行く、同じ時間に同じコースを繰り返し歩き回る「周《しゅう》徊《かい》」行動など。

●他者への共感性を失う

同情できない、怒りっぽくなるなど、周囲との社会関係が結べなくなる。

●反社会的行動

落ち着きがなく、万引き、無銭飲食などの反社会的行為など、抑制がきかない行為が目立つ。

中期　さまざまな言語障害が現れる

●言語障害

内容のある話ができなくなる。相手の言葉をオウム返しに言ったり、言葉が出なくなったりする。

●自発性が低下

聞いた言葉をそのままオウム返しする

末期　進行が早く、心身ともに衰弱する

●無言　●食欲低下による体重減少で認知機能、身体機能が低下

●精神の荒廃　●筋肉が固まって関節が動かなくなり運動機能が低下する「拘縮《こうしゅく》」に至る

認知症の種類

血管性認知症は脳卒中の発作によって発症

脳梗塞や脳出血の発作が引き金になる

血管性認知症の患者の95％以上は65歳以上の高齢者と報告されていて、脳梗塞《のうこうそく》や脳出血、くも膜下出血《まくかしゅっけつ》などの脳血管障害、いわゆる脳卒中《のうそっちゅう》の発作をきっかけに、突然発症します。

血管が詰まる脳梗塞は、大きな発作ばかりとは言えません。自覚症状のない小さな梗塞が重なり、本人の知らないうちに発症することもあります。

再発を機に階段状に症状が進む

ゆるやかな下降線をたどって進行するアルツハイマー型認知症に比べ、血管性認知症は突然の発作で始まり、発作を繰り返すたび、ガクンガクンと症状が階段状に進行します。

再発がなければ、機能を一定に保つことができ、時に改善することもあります。

歩行障害から始まる典型的な症状経過

発作を機に現れる典型的な症状は、まず、歩行が小刻みになる「歩行障害」で始まります。記憶障害は比較的軽く、初期にはあまり見られませんが、本人が脳の機能の低下を自覚しているため、不安やストレスから抑うつ状態になり、「意欲の低下」が目立つようになります。そして言葉が出づらくなる「発語の障害」や食べものが飲み込みづらくなるなどの「嚥下《えんげ》障害」、その後、覚えるのに時間がかかる、思い出すのに時間がかかるなどの「記憶障害」が起こります。さらに、家事や仕事などが段取りよくできないなどの「実行機能障害」や判断力の低下も見られるようになります。脳血流が低下して集中力が保てず、間違いが多くなる、疲れやすくなるといった症状も特徴的です。

また激しい感情の起伏をコントロールできなくなる「感情失禁」によって、突然笑ったり、怒ったり、泣いたりするのが自分で抑えられなくなります。また、足がもつれる、手足がしびれるなどの身体症状や発作の起こった場所によって片マヒが現れることもあります。

症状にムラがあり「まだら認知症」と呼ばれる

障害を受けている脳の機能と受けていない機能が混在し、たとえば記憶障害はないのに、言葉が出づらく会話できないなど、症状にムラがあり、「まだら認知症」と呼ばれることもあります。また、意識がはっきりしている時と、ぼーっとして反応が鈍い時との意識レベルに波があるのも特徴的です。

生活管理とリハビリで改善も期待できる

脳の血管障害は、動脈硬化によって起こる障害です。脳の動脈では10代から動脈硬化が始まると言われますが、この進行を加速させるのは高血圧や糖尿病などの生活習慣病。栄養バランスのとれた食事と適度な運動、過度な飲酒や喫煙は控えるなど予防に努め、発症後であっても血圧管理を主とした健康管理とリハビリを積極的に行えば進行を抑えることができます。

血管性認知症の特徴

引き金となる脳血管障害の発作は３種類

①脳梗塞

動脈硬化や血栓《けっせん》によって動脈が詰まり、血液が流れなくなり、脳細胞が死滅する。

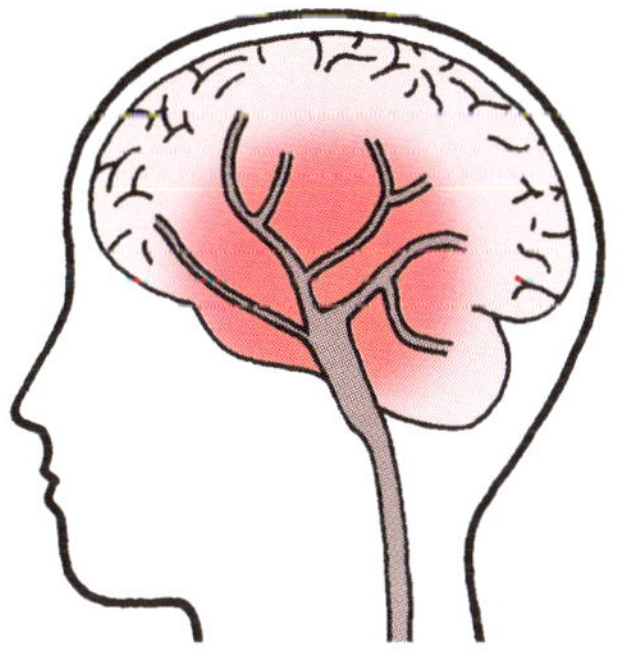

②脳出血

高血圧が続いて細い血管がもろくなり、破れて出血。固まった血が周囲を圧迫する。

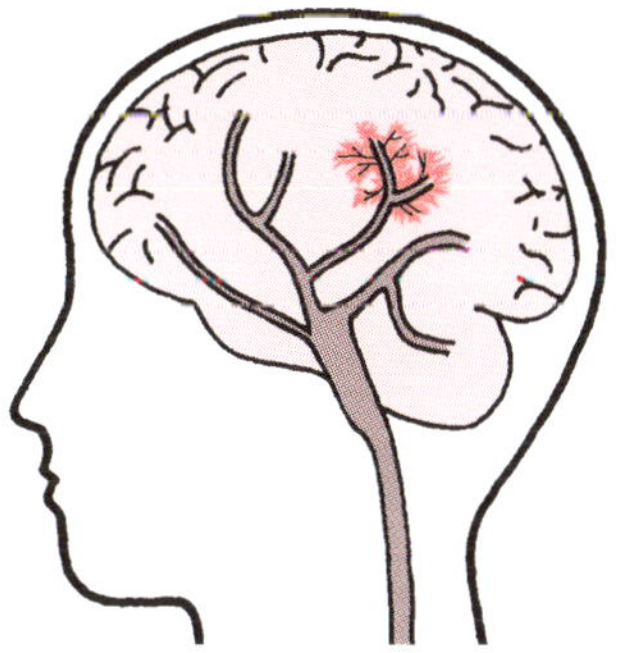

③くも膜下出血

脳を覆っているくも膜と軟膜の間「くも膜下腔《まくかこう》」で動脈瘤《どうみゃくりゅう》などが破裂し出血が起こり脳を圧迫する。

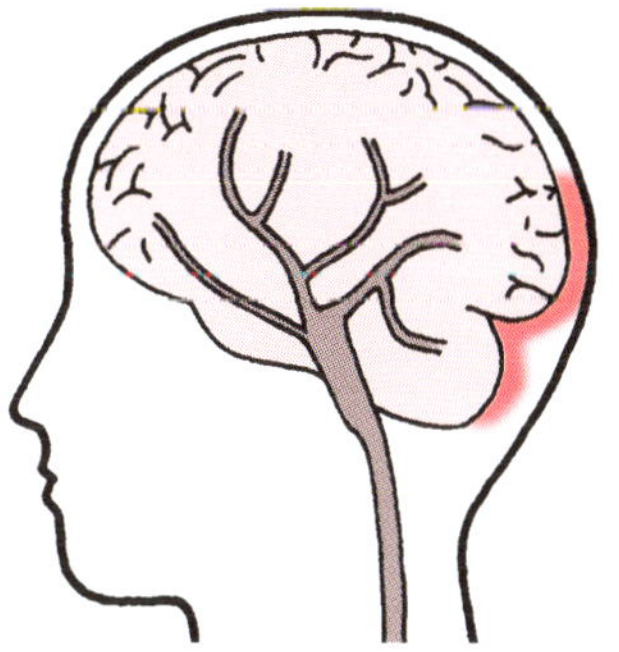

血管性認知症は階段状に進行する

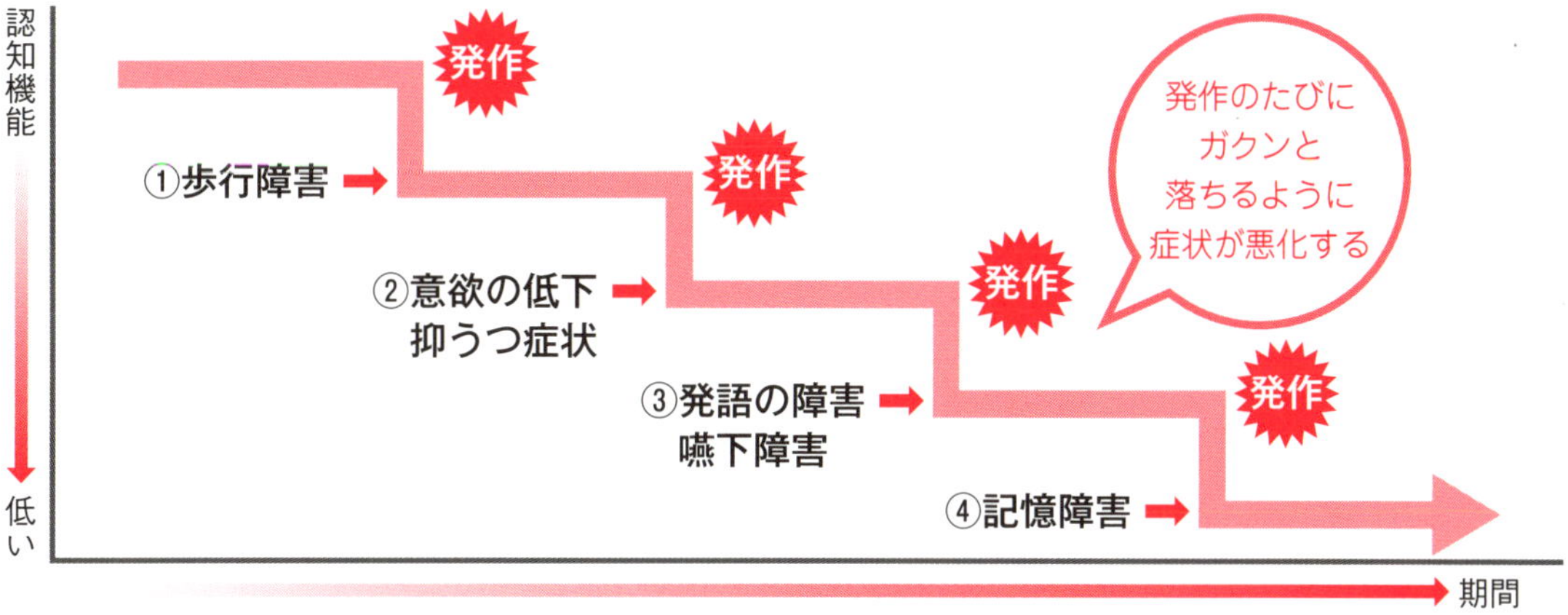
認知機能
低い
発作
発作
発作
発作
①歩行障害
②意欲の低下
抑うつ症状
③発語の障害
嚥下障害
④記憶障害
発作のたびに
ガクンと
落ちるように
症状が悪化する
期間

アルツハイマー型認知症との混合型も多いが、次のような違いがある

アルツハイマー型認知症		血管性認知症
75歳以上、女性に多い	年齢・性別	60歳代から、男性に多い
ゆっくり単調に進行する	経過	一進一退を繰り返し、階段状に進む
初期には少ない	神経症状	手足のマヒやしびれが多い
関係は少ない	持病との関係	高血圧などの持病が多い
全体的な認知機能の低下	認知症の性質	部分的な能力の低下（まだら認知症）
変わることが多い	人格	ある程度保たれる
ほとんどない	病識	初期にはある

『Navigate神経疾患』石橋賢一（2013）より（一部改変）

認知症の種類

認知症のような症状が現れる病気

認知症と似た症状がある病気を見分ける

認知症の症状を引き起こす病気は、4大認知症のほかにも数多くあります。「認知症だから治らない…」と諦めるのは早計です。記憶障害など認知機能が低下した症状でも、原因を明らかにし、適切な治療を受ければ、改善するものもあります。「治る認知症」として代表的なものを見ていきましょう。

特発性正常圧水頭症（iNPH）

特発性正常圧水頭症《すいとうしょう》は、4大認知症に次ぐ患者数があるというデータもある一方、「手術で治せる」ことがまだよく知られていないのが現状です。診断は神経内科や脳神経外科が行いますが、疑いを持ったら、まずかかりつけ医に相談しましょう。

●頭の中に水がたまる

水頭症の名のとおり、簡単に言うと脳内に水がたまる病気。水とは「脳脊髄液《のうせきずいえき》」で、脳と脊髄を保護するために循環していますが、産出と吸収のバランスが崩れ、脳の中央にある脳室《のうしつ》という空間に過剰にたまり、脳を圧迫します。歩きにくく転びやすくなる、集中力を失うなどの認知機能や歩行障害、尿失禁などの症状が現れます。なぜたまるのか、原因は不明です。

●水を抜けばよい

発症すると数か月で急速に進行しますが、脳のダメージが少ない段階なら、根治することが可能です。

脳室にたまった髄液を、腹腔《ふっこう》などにチューブを通して流す「シャント手術」があります。シャントとは、言わばバイパスです。脳脊髄液の通路に細いチューブを入れ、皮膚の下を通してお腹や心臓の静脈など、ほかの場所へ液を逃すバイパスを埋め込む手術です。

脳室からつなぐ方法が一般的でしたが、脳への負担の少ない、腰椎《ようつい》から腹腔につないで髄液を排出する方法も普及しています。主治医と相談して最適な方法を選ぶ必要があります。

いずれも手術で脳室が元のように戻れば、症状は消え、回復できます。

慢性硬膜下血腫

●頭をひどくぶつけて発症

転倒などで頭部に外傷を受け、3週間から3か月たってから頭痛や片マヒ、歩行障害、自分がいまいる場所や日付がわからなくなる見当識《けんとうしき》障害などの症状が現れます。また、食事の時に箸をうまく使えなかったり、足元のちょっとした段差でつまずいたりします。軽くぶつけた程度の衝撃でも起こることがあり、高齢の男性、大量の飲酒歴のある人はリスクが高いです。

●血腫を抜き取れば機能は回復

血腫《けっしゅ》が小さければ自然に吸収され消えることもありますが、そうでなければ、硬膜《こうまく》とくも膜との間の血腫を抜き取る外科手術を行います。

頭蓋骨《ずがいこつ》に穴を開け、血腫を包んでいる薄い膜にチューブを差し込み、吸い出す「穿頭《せんとう》血腫洗浄《せんじょう》ドレナージ術」という外科手術で、手術時間は10分ほど。血腫を取り除ければ、機能は回復します。

認知症とよく似た病気「特発性正常圧水頭症」

適切な治療で回復が見込める

突発性正常圧水頭症の３大症状として、歩行障害、尿失禁、認知障害があります。

歩行障害　尿失禁　認知障害

「もしかしたら…」と思ったら、次の症状リストでチェックしてみましょう。

歩行障害があるか？

- □ 足が上げづらく、小刻みに少しずつ歩く
- □ がに股ですり足、不安定な歩き方になる
- □ 歩く時、床に足が張り付いたように感じて足が踏み出せない
- □ 立った姿勢が不安定で、歩くことができない

尿失禁はあるか？

- □ 頻尿、または尿失禁がある

認知障害があるか？

- □ 物忘れがひどくなった
- □ 趣味や習慣にしていることがおっくうで、意欲がなくなった
- □ 集中力がなくなり、ぼーっとすることが多くなった

甲状腺機能低下症

新陳代謝を促す甲状腺《こうじょうせん》ホルモンの分泌が減ると、低体温や皮膚の乾燥、便秘、体重の増加、疲労感のほか、記憶障害、集中力の低下、動作がゆっくりになるなど認知症によく似た症状が現れます。

誤診されることが多いとされていますが、ホルモン補充療法を行えば症状は消えます。投与量が多いと副作用が発生し、やめると再発するので、投与については慎重に調節する必要があります。

その他 薬の副作用によるせん妄

落ち着きがなく、自分のいる場所がわからないなど、頭が混乱した状態になる「せん妄」は、抗精神病薬や抗うつ薬などで起こります。

様子がおかしいと疑いを持ったら、薬を処方した医師に相談し、対処してもらいましょう。

認知症の治療

薬による治療

進行を遅らせる「抗認知症薬」は4つある

認知症の治療は、その時々の症状の段階を正しく把握しながら、治療薬とケア、介護サービスを使い分け、効果的な治療を途切れることなく続けていくことが基本です。

治療は、薬による治療と、薬を使わない治療（行動療法）の2本柱ですが、薬剤については、現在、進行を遅らせる「抗認知症薬」が使われています。

●ドネペジル（製品名＝アリセプト）
●ガランタミン（同＝レミニール）
●リバスチグミン（同＝リバスタッチ、イクセロン）
●メマンチン（同＝メマリー）

この4つが使われています。

「抗認知症薬」はどんなふうに作用するのか

認知機能を支えているのは、脳の神経細胞と神経細胞の間で情報をやり取りする化学物質です。アルツハイマー型認知症患者の脳内では、その神経伝達物質の1つ、アセチルコリンが減少していることがわかっています。これはアセチルコリンを分解するアセチルコリンエステラーゼが邪魔しているからで、世界で最初にアルツハイマー型認知症の治療薬として承認され、日本で開発されたドネペジルは、この〝悪役・アセチルコリンエステラーゼ〟を阻害する働きを持った薬剤です。

ドネペジルのほか、ガランタミン、リバスチグミンはアセチルコリンの量を保つ作用を持つ同タイプの薬で、「コリンエステラーゼ阻害剤」です。3つを同時に服用することはできません。

一方、メマンチンは別の神経伝達物質であるグルタミン酸の過剰な刺激から神経細胞を保護する「神経保護薬」（NMDA受容体拮抗剤《きっこうざい》）というタイプの薬。単独でも、別の薬と組み合わせて服用することもできます。

周辺症状（BPSD）に服用する薬

周辺症状（BPSD《ビーピーエスディー》）には「向精神薬」や「漢方薬」などが使われますが、ケースによっては副作用が無視できないものもあります。

本人と介護者の負担を軽減して生活の質を保つことを目的とし、最小限度から始め、状態を観察しながら処方を受けるなど、服用には細心の注意が必要です。

向精神薬には、「抗精神病薬」と「抗不安薬」「脳循環・代謝改善薬」があります。「抗精神病薬」は、おもに統合失調症の幻覚・妄想を抑える薬ですが、周辺症状にも効果があります。

「脳循環・代謝改善薬」は、脳の血流や脳細胞の活動性を高め、認知症の妄想や不安、徘徊、暴力、せん妄などの症状の改善に効果が認められています。ただし、眠気、ふらつき、嚥下《えんげ》障害、動作の緩慢《かんまん》などの副作用が現れることがあります。

漢方薬では「抑肝散《よくかんさん》」がよく用いられますが、薬剤に過敏に反応するレビー小体《しょうたい》型認知症にも効果があるとされています。

その他、抗うつ薬は副作用の少ないタイプを使用します。

アルツハイマー型認知症の4つの薬

認知症の進行を遅らせる「抗認知症薬」として使われる

成分名（製品名）		ドネペジル（アリセプト）	ガランタミン（レミニール）	リバスチグミン（リバスタッチ、イクセロン）	メマンチン（メマリー）
適応する段階	軽度	●	●	●	
	中等度	●	●	●	●
	重度	●			●
薬の作用		コリンエステラーゼ阻害剤	コリンエステラーゼ阻害剤	コリンエステラーゼ阻害剤	NMDA受容体拮抗剤
薬の形状		錠剤 口腔内崩壊錠 内服ゼリーなど	錠剤 口腔内崩壊錠 内用液	パッチ剤	錠剤
服用法		1日1回	1日2回	1日1回	1日1回
副作用		食欲減退、吐き気	吐き気、嘔吐	アレルギー性皮膚過敏	めまい、便秘

薬の服用について介護者は、次のような点に注意しておきましょう

①どんな薬を何種類飲んでいるのか、把握しておく
②飲んでいる薬の、とくに注意しなければならない副作用は何か、確認しておく
③飲んでいる薬の飲み合わせに問題はないか、確認する
④飲んでいる薬と注意が必要な食事があれば、その内容を確認しておく
⑤主治医の指示どおり服薬できているか、確認する
⑥本人の体調や精神症状に変化があった時には、飲んでいる薬が変わっていないかどうか、確認する
⑦ふだん飲んでいる薬であっても、発熱したり脱水状態になると副作用が出やすくなる、ということを理解しておく
⑧服薬回数をできるだけ減らしてもらうよう、主治医に相談する
⑨飲み忘れなどに気づいた時は、すぐにケアマネジャーなどを通して主治医に連絡する
⑩薬の形状が本人の飲みやすいものになっているか、また本人の心身の状態に合ったものになっているか、主治医に相談し、誤嚥《ごえん》の事故が起きないよう注意する

認知症介護研究・研修センター（社会福祉法人浴風会）ひもときテキスト改訂版「認知症の理解」より（一部改変）

また、詳しい服薬についての情報は「かかりつけ医のためのBPSDに対応する向精神薬使用ガイドライン（第2版）」（平成27年度厚生労働科学研究費補助金[厚生労働科学特別研究事業]認知症に対するかかりつけ医の向精神薬使用の適正化に関する調査研究班作成）という冊子があります。

認知症の治療

脳を活性化させるさまざまな行動療法

医学的に立証されるものでなくとも確実な効果が

抗認知症薬に期待できる効果は100%とはいきません。一定期間を過ぎると、症状に応じて処方された量を服用しても病気が進行してしまうことがあり、適切な行動療法（リハビリテーション）も並行して行う必要があります。

行動療法の効果は医学的な立証が難しくても、体を動かし、人と関わり、何かを思い出そうとする活動は、脳の活性化を促します。認知機能をコントロールする脳の前頭前野《ぜんとうぜんや》の働きが向上することで、脳全体の活動が活発になります。それが認知症の進行を遅らせ、周辺症状を改善させるのではないかと考えられています。

やる気と興味がアクセルになる

「いい治療になるのだから」という効率重視で勧めても、認知症患者には通用しません。本人の気の進まないことを無理強いすれば、かえって逆効果になります。興味を持って、楽しく取り組めるよう、意欲を引き出す工夫も必要です。本人が好むものを、なにより楽しめるものを選んで勧めてみましょう。

回想法

最近のことは忘れても、過去の記憶は保たれています。昔の写真などを見ながら、本人に思い出話をしてもらいましょう。記憶がよみがえることで脳を活性化させ、自信の回復と心の安定が期待されます。

音楽療法

音楽は、人の心や体をリラックスさせ、不安や不穏、ストレスを軽減し、暴言や暴力行為などを減少させる効果が期待できます。話はしなくても、歌なら歌えるという人がいます。

また、本人の若いころの流行歌やクラシック音楽などの、リラックス効果の高い音楽を日常のBGMとして聴くだけでも、無意識のうちに作用し、認知症の症状の抑制につながります。

芸術療法

もともと体の機能回復のリハビリとして、積極的に行われてきた治療法ですが、認知症患者にも、高齢者の脳の働きを活発にし、気持ちを安定させる目的で取り入れられるようになりました。絵画だけでなく、詩や俳句に取り組むなど自分を表現することによって自信を取り戻し、認知機能も改善する効果が認められています。

アニマルセラピー

アニマルセラピーとは「動物（介在）療法」で、動物との触れ合いを通して精神的な充足をもたらす治療法です。言葉は通じなくても、ペットの可愛らしいしぐさや行動に癒《いや》しを感じ、世話をしたいという気持ちになる――この心の動きが認知症の予防や改善にも効果があります。

表情が乏しく、無口で自発性がなくなりがちな認知症患者がペットの世話をすることで自信と感情を取り戻し、人とのコミュニケーションも復活させることができます。

家でできるさまざまな行動療法

本人が好むもの、楽しめるものを選ぶことがポイント

●回想法

孫に昔の思い出話をするなど、家族で行う回想法。熱心に話を聞いてあげることが大切

●音楽療法

本人がよく聴いていた懐かしい流行歌やクラシック音楽をBGMにして流す。心が解放されて精神の安定が得られる

●アニマルセラピー

ペットがいればそれだけでもセラピーになる

●アロマセラピー

植物から抽出した精油（エッセンシャルオイル）を使う。芳香剤として室内に置いたり、拡散器具をペンダントにして携帯する

●芸術療法

絵のモチーフとなるものに実際に触る、匂いをかぐなど、五感を使うことで、脳が活性化し、安らぎが得られる

アロマセラピー

認知症患者は、物忘れがひどくなる前に、匂いがわからなくなる、人によっては嗅覚《きゅうかく》神経がダメージを受けることもわかっています。このことに注目して始められたのがアロマセラピー（芳香療法）です。記憶をコントロールする海馬《かいば》の近くに嗅覚神経を制御する部分があり、嗅覚神経を刺激することで脳機能にも影響を与え、記憶などの認知機能の改善に有効であることが認められました。

その他の行動療法

作業療法は、手芸、工芸品づくり、園芸、料理など、本人の好みで選べます。生活動作の訓練としても、機能回復が期待されます。また運動療法では、リズムに合わせて体を動かす簡単な体操や、有酸素運動によって身体機能を回復、向上させながら、同時に脳の活性化が図れる効果があります。

認知症の治療

認知症患者に向き合うケアを海外に学ぶ

海外の介護ケアの考え方が注目されている

いまや、認知症の予防とともに根治に向けた研究開発が注目を集め、認知症対策は、世界で大きな問題となっています。

とくに、増え続ける認知症患者がどうやって「生活の質」を維持し、穏やかに過ごしていけるかが最重要課題であることは、言うまでもありません。

注目を集めているのは、イギリス、アメリカ、フランスで生まれ、介護の現場で続けられている認知症ケアの考え方と方法です。ここで大まかに紹介しておきましょう。

パーソン・センタード・ケア「認知症ケアマッピング法」

1980年代のイギリスにおける「効率優先」の認知症ケアを見直し、患者本人がたどってきた人生を含め、その人らしさに焦点を当てたケアをめざすべきだ、という内容で世界的に大きな影響を与えたのが、パーソン・センタード・ケアです。1990年代にイギリスで始まり、現在では認知症ケアの基本的な考え方として受け入れられています。

パーソン・センタードとは「人を中心に据《す》えた」ということで、認知症患者を、〝人として尊重し〟〝その人の視点に立って理解する〟という意味。それぞれの人に応じたケアを行うことが重要で、そのためには本人の行動をどう捉えて理解するかが重要です。その方法として次のような「認知症ケアマッピング法」が使われます。

●行動を注意深く観察 ポイントは本人の視点

まず、認知症患者の行動を注意深く観察し、通常、6時間連続して5分おきに記録。記録のポイントは、行動を本人の視点で捉えること。たとえば、「陽一さんは部屋の壁を、強い力でたたいている」という動作。これは昔、陽一さんが大工だったという経歴から「仕事に類する行為」と記録されます。

●行動を評価 ポイントは本人の状態

その次に、記録された行為が「よい状態」か「よくない状態」かという評価。この時もポイントは本人にとっての状態。危険かと思われる壁をたたく行為も、陽一さんが「穏やかな表情で」行っていれば、「よい状態」としてカウントします。

●介護者との関わりの評価 ポイントは本人の尊厳

第三の観察項目は、本人と介護者との関わり。これは介護者の態度の評価につながりますが、そのポイントは、患者の尊厳を守っているかどうか。たとえば、名前を呼ぶ時、アイコンタクトしているか、本人と話をしているかなど、その逆は、子ども扱いしていないか、せかしたりしていないか、などです。

このような情報を表にしたマップによって、本人が受けてきたケアと状態を把握します。

ユマニチュード〝人との関わりを目指す〟ケア

ユマニチュードは「人間らしさ」の意味。知覚と感情、言語による包括的コミュニケーションに基いた認知症ケアの技

世界で注目される認知症ケア

どれも確立した方法論で、講演会や研修会などで実践方法が紹介されている

個人を中心としたケア

パーソン・センタード・ケア

英国ブラッドフォード大学の社会心理学者トム・キッドウッドが提唱。

▶ＮＰＯ法人その人を中心とした認知症ケアを考える会

http://www.pcdc.or.jp/

包括的ケアメソッド

ユマニチュード

フランスの体育学の教師イブ・ジネストとロゼット・マレスコッティが開発。

▶ジネスト・マレスコッティ研究所日本支部

http://igmj.org/

認知症患者とのコミュニケーション術

バリデーション療法

アメリカのソーシャルワーカー、ナオミ・フェイルが開発。

▶公認日本バリデーション協会

http://www.clc-japan.com/validation/

術で、特別な技術や治療は不要とされています。講演や普及活動によって日本でも多くの医療機関で行われ、その効果が高い評価を得ています。ここでは簡単に要点だけを紹介しておきましょう。

●4つの基本動作＝見る、話す、触れる、立つ

「見る」…同じ目線で、正面から、相手の視線をつかむ

「話す」…反応が返ってこなくても、頻繁《ひんぱん》に、やさしく、ポジティブな言葉であふれさせる

「触れる」…ゆっくりと、包み込むようにやさしく触れる

「立つ」…最低1日20分は立つことを目指す。「人は立つことで尊厳を自覚する」とは考案者イブ・ジネスト氏の言葉です。

　介護者に求められているのは特別な技術ではありません。〝言葉はやさしいのに鋭い視線〟などのような、「見る」「話す」「触れる」という情報が矛盾することのない接し方を身に付ける必要があります。

バリデーション療法 本人に寄り添ったケア

バリデーション療法とは、アメリカで開発された認知症患者とのコミュニケーション術の1つで、介護者は認知症患者の経験や感情の世界を理解し、共感し力づけること、「共感して接すること」をめざす療法です。

　1日に5分から10分、繰り返し行うだけでも、問題行動の回数が減っていく効果が得られるとされています。

　その基本のテクニックは、「真心を込めたアイコンタクトをする」「本人の使った言葉を繰り返す」「極端な表現を使う（最悪、最善の事態を想像させ、気持ちを表現しやすくする）」「体に触れる」「思い出話をする」「本人の好きな感覚（言葉以外による）でコミュニケーションをとる」など。患者の言動の真意を探り、尊敬と共感を示し、「本人のそのままを受け入れること」が原則となっています。

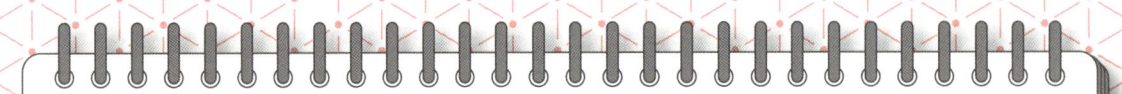

介護のプロの技とは①
施設介護でのエピソードから

「忘れにくい」ことを活用して

施設長だったころ、私は顔を合わせるたびに、「真知子さん、こんにちは。米山です。おかわりないですか。困ったことがあったら、いつでも米山に言ってくださいね」と自分の名前を入れながら声かけをしていました。自分がいつも心配している米山ですよ、と印象づけることをポイントにして、これを繰り返すうち、「あ、この人は自分の味方なのだ」という印象を持っていただくことができたのです。このようなことの積み重ねで、相手のそばに行っただけで笑顔になったり、コミュニケーションがスムーズにとれるようになるのではないでしょうか。

＊　＊　＊

施設で1泊の温泉旅行に出かけた時のことです。施設に帰ってくるバスの中で、「旅行の感想をお願いします」と1人ずつマイクを回すと、自分の番になった真知子さん（78歳）は、「楽しかったです。また来年も連れて行ってください」と、ほかの人と同じように感想を言いました。

バスが施設に着いて、バスを降りてくる人ごとに、出迎えたスタッフが「お帰りなさい」「どこへ行ってきたのですか」と声をかけると、真知子さんは「どこにも行っていないよ！」と突然声を荒げました。

これはどういうことなのでしょう。

「どこへ行ってきたの？」という質問が問題でした。変化しやすいこと、複雑なこと、最近の出来事――この3つは記憶障害を抱える認知症の方の「忘れやすい」事柄に当てはまります。真知子さんは質問されても答えることができなかったので、プライドが傷つき、怒りだしたのです。

その一方で、印象的なこと、不愉快な出来事、身近に接しているもの、習慣化していること、など「忘れにくい」ことがあるのです。これをうまく活用してコミュニケーションをとること、これがコツです。

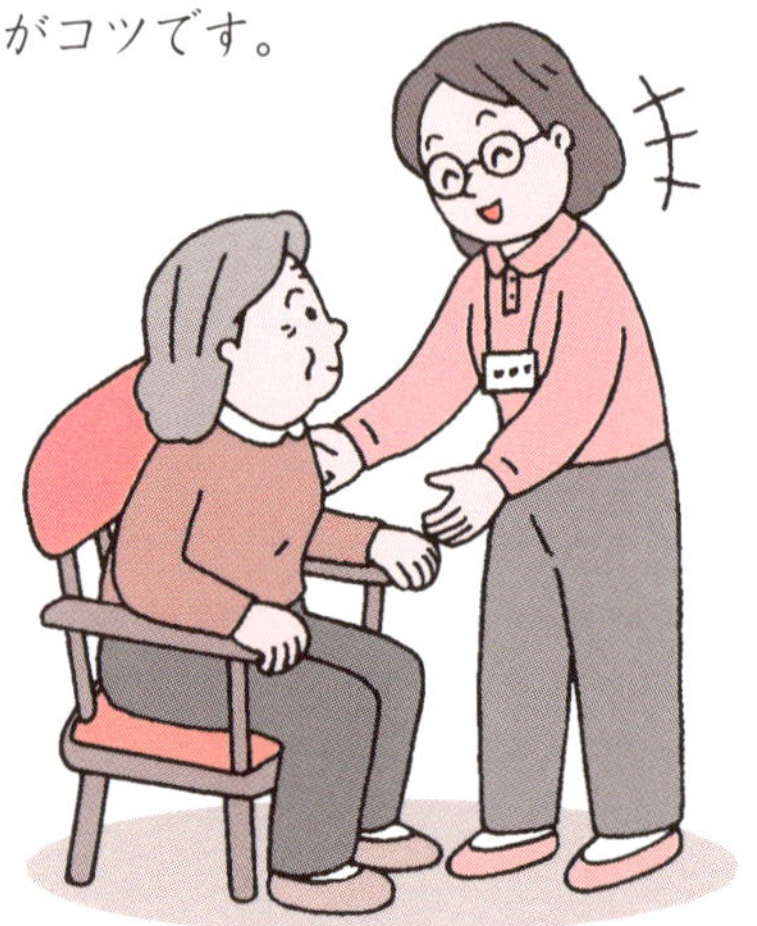

第2章 認知症を予防する

認知症は年齢を重ねれば誰もがなりうる、
と言われていますが、
適切な予防策をとれば、かかりにくくなり、
また、かかってしまっても
進行を遅らせることができます。
生活習慣の改善から始めましょう。

認知症の予防

認知症予防につながる生活習慣を見直す

認知症を引き起こす生活習慣病

高血圧や糖尿病などの生活習慣病が、心筋梗塞《しんきんこうそく》や脳卒中《のうそっちゅう》などのリスクを高める、ということはすでに広く知られていますが、さらに、認知症の発症とも関係が深いことが注目されるようになりました。40代～60代後半までの中高年期の生活習慣病が高齢期になって認知症を発症させる危険があるのです。

糖尿病はアルツハイマー型認知症のリスクを高める

血糖値を下げるホルモンであるインスリンが効きにくくなるのが糖尿病ですから、血糖値が異常に高くなって血管を傷つけ、血管性認知症のリスクを高めることは予想できます。さらに高血糖は腎臓《じんぞう》にも障害を及ぼして高血圧の誘因ともなり、認知症のリスクを高める複数の因子を持つことになります。また、血糖値をコントロールするインスリンは、アルツハイマー型認知症の原因となるアミロイドβ《ベータ》を分解する作用もあるので、糖尿病があると、この作用が低下することで、さらにリスクを高めると考えられます。糖尿病を放置せず、適切な管理と生活改善を図ることが重要です。

中年期の高血圧はとくにリスクが高い

血圧が高い状態が続くと血管に負担がかかり、動脈硬化《どうみゃくこうか》につながります。高血圧症はこのように脳血管障害を引き起こすリスクだけでなく、アルツハイマー型認知症の危険因子でもあると言われています。

自覚症状のない脂質異常症から動脈硬化へ

血液中の中性脂肪やコレステロールが増加するのが脂質異常症。ほとんど自覚症状がないまま血管内にコレステロールがたまり、動脈硬化を引き起こし、脳血管障害につながります。検査と服薬などでコントロールすることが重要です。

「内臓肥満型」が問題の肥満（高BMI）

肥満でも、問題となるのは「内臓肥満型」で、肥満の指標であるBMI《ビーエムアイ》（＊）25以上がメタボリックシンドロームの対象。糖尿病や脂質異常症などさまざまな生活習慣病の原因になります。肥満は睡眠時無呼吸症候群を引き起こしやすく、脳へ送られるべき酸素が減少して脳血管障害のリスクが高まるとも言われます。運動と食事の生活管理で、認知症予防を意識しましょう。

タバコとお酒も大きなリスク

喫煙は動脈硬化を促し、大脳《だいのう》皮質《ひしつ》にダメージを与えます。喫煙している人の認知症全般の発症リスクは、喫煙しない人の2・2倍と言われています。アルコールは、過去に5年以上、大量に飲酒を続けた経験があると、認知症のリスクは4・6倍となります。飲み過ぎは問題ですが、適度の飲酒（ワイン1日250～500mL）が、リスクが一番低いというデータがあります。危険因子は少しでも減らすことが大切です。

＊BMI（Body mass index）は、身長の2乗に対する体重の比で体格を表す指数。BMI25以上を肥満と判定します。

認知症と生活習慣の関わり

**認知症発症の危険因子は生活習慣の中にある。
リスク軽減のため生活管理を心がけよう**

生活習慣病( )とリスクとなる生活習慣( )はどう認知症発症に影響するか

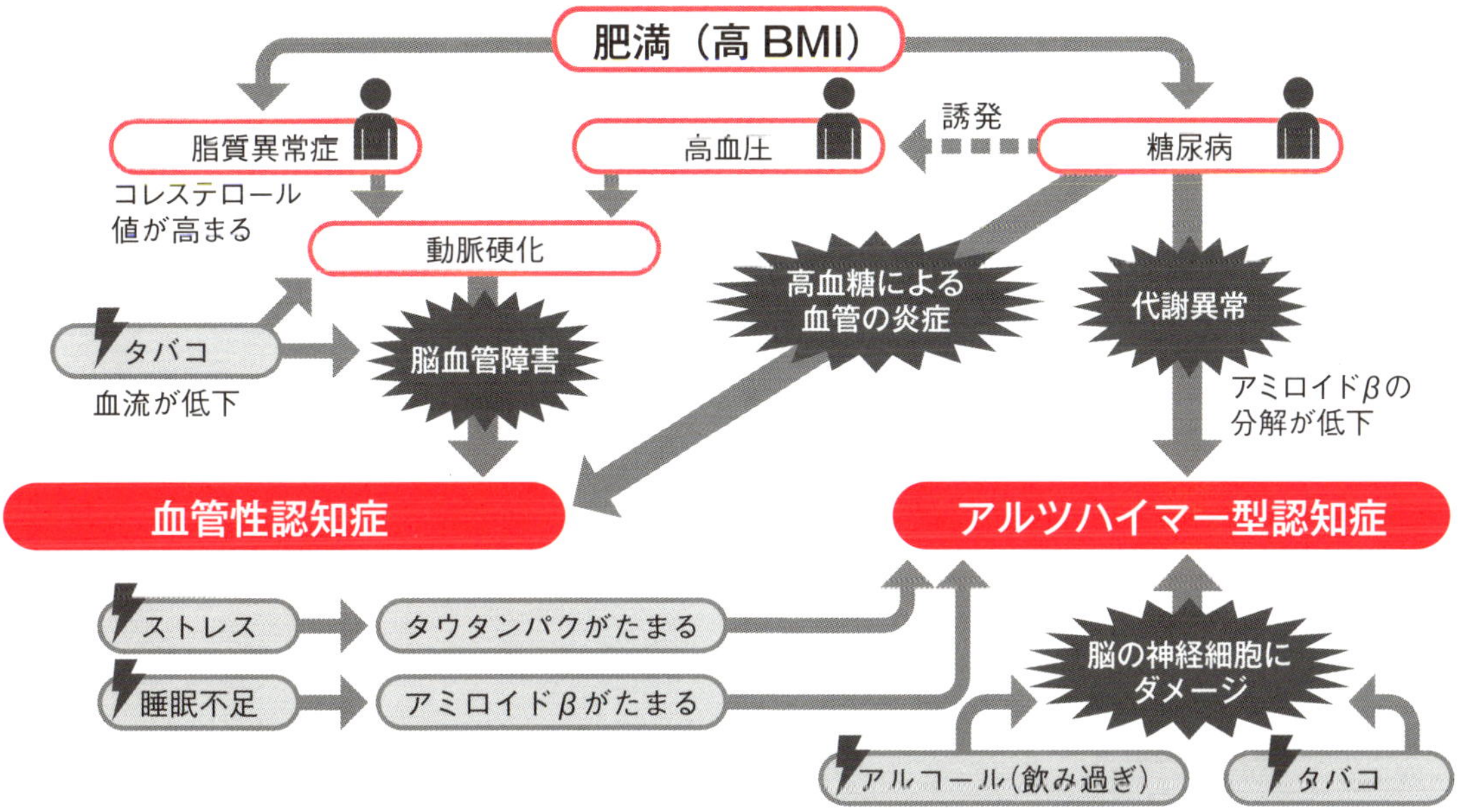

ア!ルコールは「適度の摂取」がリスクが一番低いというデータについて

右のグラフは、高齢者の飲酒と認知症のリスクに関する調査結果です。横軸の1週間の飲酒量は、１本＝350mLのビール1本相当（1.4ドリンク［＊］）を示し、縦軸の認知症の危険性は、飲酒しない人が認知症になる危険性を1とした場合の数字です。大量の飲酒が最もリスクが高い、ということは周知の事実ですが、グラフは単純な右上がりではなく、1～6本程度の飲酒が一番下の谷となって、危険性が最も低いという結果を示しています。全く飲まないよりも「適量なら飲まないよりリスクが低い」ということになります。

しかし、もともと飲む習慣がない人が「飲んだほうがリスクがより少ない」ということを示すものではないことを認識しておく必要があります。

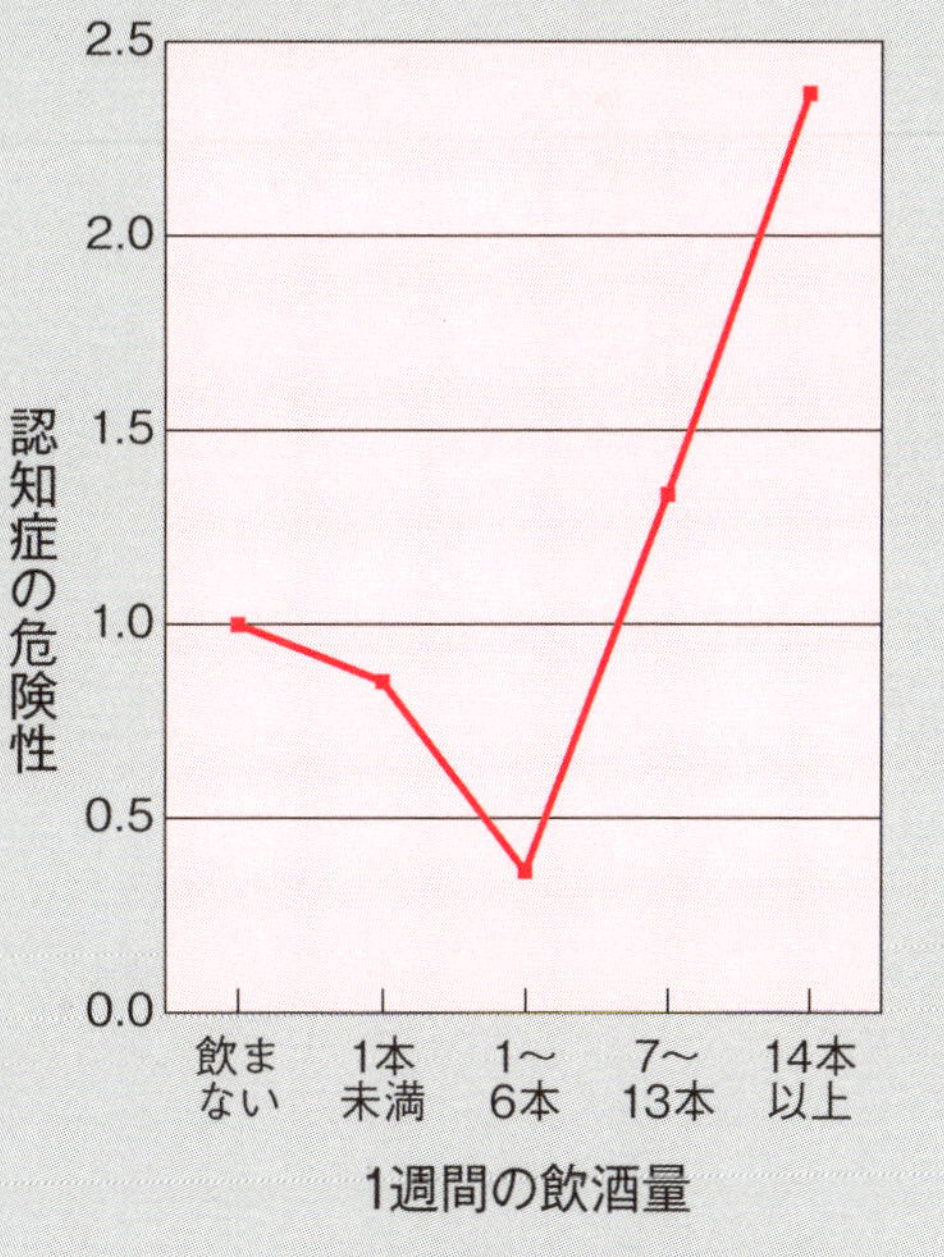

（厚生労働省　e-ヘルスネットより）

＊ドリンクとは、飲酒量の単位で、日本では1ドリンク＝10グラムのアルコールを含む飲料を示します。

認知症の予防

食生活の改善で認知症を予防する

高齢者が新たに注意するべき「フレイル」とは

「年をとるとともに筋力や心身の活力が低下した状態」をフレイルと呼びます。高齢者の多くはフレイルをへて要介護になるとして、介護予防の新たなとらえ方として注目されています。①体重減少（1年で体重が4・5kg以上、自然に減少）、②疲労感、③筋力の低下、④歩くスピードが遅い、⑤身体活動が低下（趣味の集まりなどに出かけなくなったなど）のうち3つ以上の項目があてはまると、フレイルと診断されますが、なかでも「筋力の低下」が重視されます。「筋肉が減る」のは、加齢によるものと、栄養障害や運動不足による衰えという2つのタイプがあります。筋力を低下させないためには、栄養と運動が重要ですが、栄養面では、良質で適切な量のタンパク質をとることが最も大切です。

良質なタンパク質をとり、「低栄養」を防ぐ

日々運動する量が減り、少食になってゆく高齢者は、食べものを噛む力や飲み下す力も弱まってきます。その結果、必要な栄養が不足する「低栄養」の状態になることがあります。

肥満は生活習慣病の危険因子なので、食べ過ぎは避けるべきですが、必要以上に食事を制限することも低栄養の原因になります。低栄養は筋肉の減少から体力低下をまねき、転倒して、その後寝たきりになると、認知症に進行する危険もあります。栄養バランスと、食事の量もよく考えてとる必要があります。

血管障害への予防策 水分不足にも注意

人間の体の約7割は水分です。高齢になると体の水分量が成人の健常者より少なくなり、それだけで血液が濃くドロドロの状態になりやすく、脳梗塞《のうこうそく》や心筋《しんきん》梗塞《こうそく》のリスクが増加します。また、暑い季節は脱水症の危険も増大します。

ふだんからこまめに水分をとり、とくに就寝前や入浴後にはコップ1杯程度の水を飲むようにしましょう。

認知症予防に有効な成分を含む食材を選ぶ

認知症予防に最も有効な食材とされている青魚には、DHA、EPAが多く含まれています。そのほか、予防効果があるとされる成分は、赤ワインに含まれるポリフェノール、ホウレンソウやアスパラガスなどの緑黄色野菜、緑茶などに多く含まれている葉酸などです。これらは生活習慣病の予防にも効果があるとされています。

認知症の発症や進行を抑えるうえで、食生活の改善は欠かせません。

まずは栄養バランスのとれた食事が基本ですが、認知症予防には魚介類と野菜、果物を多く食べること。また、「野菜、大豆・大豆製品、海藻類、牛乳・乳製品を中心とした食事が効果大」という、「久山町研究」（P12参照）で発表されたデータも参考になるでしょう。左記の食材リストを、食生活改善に役立ててください。

認知症予防のため食生活を改善する

認知症発症の予防に効果がある食材を選ぼう

魚介類

マグロ（トロ）、
サバ、アジ、
サンマ、ウナギ

効能

オメガ3系脂肪酸のDHAやEPAは認知症予防に効果がある。神経細胞を修復・活性化し、血流をよくして、血中の悪玉コレステロールや中性脂肪を少なくする。

ウナギのビタミンAは体内の活性酸素を減らし、動脈《どうみゃく》硬《こう》化《か》を予防する働きがある。

野菜と果実類

ホウレンソウ、
アスパラガス、
ブロッコリー、
イチゴ

効能

野菜と果実類は認知機能に関わるビタミン（ポリフェノール、葉酸、ビタミンA、C、E）を多く含んでいる。イチゴのビタミンCは抗ストレス作用がある副腎《ふくじん》皮質《ひしつ》ホルモンの分泌を促す。

肉類・卵

レバー、脂肪分の
少ないヒレ、
モモ肉、鶏胸肉

効能

レバーのビタミンB12は脳の働きに関与し、集中力や記憶力を高める働きがある。ヒレ、モモ肉には良質のタンパク質が多い。鶏胸肉には水溶性ビタミン・コリンが多く、認知症予防に効果があるとされる。卵にも血管を広げ、血圧を下げるコリンが多く含まれ、脳の記憶形成を助ける。

油類

エクストラバージン
オリーブオイル、
アマニ油、
エゴマ油

効能

血中の悪玉コレステロールや中性脂肪を少なくし、認知症予防に効果があるアマニ油やエゴマ油に含まれるα《アルファ》リノレン酸（オメガ3系）は認知機能改善に効果がある。

豆類・豆製品

納豆

効能

ナットウキナーゼが血栓を溶解して血液をサラサラにする。

ナッツ類

クルミ、
アーモンド

効能

ナッツ類に含まれるビタミンEが細胞を損傷する過酸化脂質を減らし、動脈硬化を予防する。

飲みもの

赤ワイン、
緑茶

効能

赤ワインのポリフェノールに海馬《かいば》の神経細胞の機能を改善する働きがある。緑茶は脳血管障害を防ぐ作用がある。

認知症の予防

体を動かす習慣で脳の働きを刺激する

有酸素運動で脳内の血流を活発にする

認知症予防は「脳を使うこと」が第一、と思われがちですが、脳のトレーニング以前に、脳内、とくに前頭葉《ぜんとうよう》の血流をよくする有酸素運動が効果的であることが報告されています。

有酸素運動はたとえばウォーキングや軽いジョギング、水泳などが有効です。

認知機能が活性化、再生される仕組みとは

定期的に有酸素運動を行って持続的に酸素を体内に取り入れると、脳由来の神経栄養素とつながり、脳の新陳代謝が活発になります。こうして脳の神経細胞が新しくつくられ、神経細胞同士を結び付ける働きを持つシナプスが増え、記憶力を増強させます。

また、脳内の血流が活発になることで、ダメージを受け機能しなくなっていた毛細血管の再生も促されます。

これらによって脳の記憶を司る海馬《かいば》の脳内ネットワークがうまく機能しなくなることで起こる認知症を予防することにつながるのです。

認知症対策に効果的な1日30分の運動習慣

市民マラソンにいきなり参加しようとしたり、休日だけ長時間ジムで運動しようとしたり、というのは無理が生じて、まず続きません。それより、1日30分、週3、4回のペースで行う運動習慣を付けることのほうが意味があり、効果的です。

続けて行うためにも楽しむ要素を取り入れましょう。ウォーキングも近所の仲間をつくって話しながら歩く、スポーツクラブで家族と一緒に取り組むなど、方法を考えてみましょう。

生活に歩くことを取り入れデュアルタスクを活用する

運動習慣がない人にとっては、体力の低下を自覚すると、軽いウォーキングでさえ、ハードルが高いと感じる人もいるかもしれません。このような場合は「有酸素運動」と身構えずに、まずは「歩くこと」を意識します。

その際、「歩きながら、…をやる」のように、2つのことを同時に行う「デュアルタスク」が効果的です。

タスクとは課題。たとえば、歩きながら100から3ずつ引いていく引き算をする、また、歩きながら出会った子どもの数を数えるというのをやってみましょう。〝ラクに〟できてしまうタスクではなく、多少の負荷がかかる、適度に緊張するくらいのタスクがよいとされています。これをこなしながら歩くことで、脳が活性化するという効果は実証されています。

室内でもできるエクササイズはある

雨の日など、ウォーキングに出られない時には、室内の運動に切り替えましょう。階段を上ったり下りたりを繰り返す「ステップエクササイズ」です。階段がなければ、適当な台の段差を利用します。音楽を聴きながら、また歌を歌いながらなど、楽しんでやりましょう。

体を動かす習慣を付けて認知症予防

「○○しながら…する」デュアルタスクが効果的

その1 歩きながら計算する

「1、2、3…」のようにリズムよく歩きながら、3歩進むごとに100から3を引いて声に出し、進んでいきます。つい計算に気をとられますが、立ち止まってはいけません。歩きながら別のことに集中する「ながら歩き」をやってみましょう。

その2 散歩しながら「1人しりとり」

1人でしりとりをします。つい言葉を探して立ち止まりそうになりますが、動きを止めないようにします。ブラブラしながら、体は動かしながら「1人しりとり」をやってみましょう。

その3 「スカーフキャッチ」をやってみる

ステップ1

スカーフを軽く結んで投げやすくします。

ステップ2

2人で2メートルくらい間隔をあけて向かい合って立ち、結んだスカーフを投げ合います。投げる人は、投げる前に「右」(または「左」)と声に出して相手に投げます。キャッチする人は、同じように「右」(または「左」)と声に出しながら右手(または左手)でキャッチします。これを繰り返します。

ステップ3

2のベースの動きが済んだら、今度はキャッチする時に、声を出してキャッチすると同時に、反対の足を一歩前に踏み出す動作を加えます。たとえば、「右」と指示されたら、「右」と言いながら右手でキャッチし、同時に左足を一歩踏み出します。

(「シナプソロジー普及会」資料をもとに作成)

デイケア施設でよくやっています。家でも相手になってくれる人がいたらやってみましょう。

認知症の予防

脳と体を同時に使って記憶力をきたえる

「運動しながら頭の体操」がコグニサイズ

コグニサイズという言葉を聞いたことがありますか。これは、国立長寿医療研究センターが開発した運動と認知課題（頭の体操＝計算、しりとりなど）を組み合わせた、認知症予防を目的とした取り組みの総称を表し、英語のコグニッション（認知）とエクササイズ（運動）を組み合わせた造語です。

考案されているおもな運動スタイルはコグニステップ、コグニウォーキングなどです。

コグニサイズを行う時のポイント

コグニサイズは簡単に言うと、「運動しながら、（課題を）考える」または「考えながら、体を動かす」ということですが、どちらかに注意が集中しないよう、どちらにも注意しながらすることがポイントです。

また、運動は全身を使ったもので、「軽く息がはずむ程度」、脈拍数が上昇する（身体負荷のかかる）運動であること。それと同時に行う認知課題が、「たまに間違えてしまう程度」の負荷がかかるものであることにも注意します。

つまり、コグニサイズは、課題をうまくクリアすることが目的ではありません。クリアすることは、脳への負担も少なくなったということだからです。

コグニサイズの目的は、体を動かすことで健康を保ちながら、認知課題を行うことで脳の活動を活発にする機会を増やすこと、その結果、認知症の発症を遅らせることにあります。

課題に慣れ始めたら、次の課題へと進めていきます。「課題を考えること」自体もよい課題になります。

記憶力低下を抑える効果が認められた

このコグニサイズは、厚生労働省老健局の「認知機能低下予防のための調査・研究」のプロジェクトの際開発されました。

愛知県大府市で行われた研究では、軽度認知障害（MCI《エムシーアイ》）と判定された高齢の協力者を対象に、6か月間、週2回、1回90分のコグニサイズやストレッチ、筋トレを実施。終了後、記憶力テストの成績の向上が見られ、脳の萎縮《いしゅく》の進行が抑えられていることがわかったのです。

筋トレやストレッチなど、体を動かす有酸素運動が認知機能の低下を妨げることは証明済みでしたが、この研究によって、記憶力に関してコグニサイズに効果があることが認められ、大きな成果が得られました。

コグニサイズは毎日10分やるのがお勧め

1回10分以上、毎日続けること。そして、頭で迷ってしまっても、体は動かし続けることが重要です。動作がぎこちなくなっても、また間違えてもパスして、次に続けていきます。

運動の「強度」も大切です。「軽く息がはずむ程度」とは、65歳～70歳くらいでは、心拍数は120前後がめやすです。1人でもできますが、グループでやると継続することにつながり、楽しさも倍増します。

意外に難しい「コグニステップ」に挑戦

〈3の倍数で手をたたく〉＋〈足踏み運動〉がコグニステップ

考える＝コグニッション課題

「3の倍数で手をたたく」

じっと立ったまま1から順に声を出して数を数え、「3」になったら、声を出さずに手をたたきます。「1、2、(パン！)」という感じです。そのあと「3の倍数」で手をたたいていきます。「1、2、(パン！)、4、5、(パン！)、7、8、(パン！)、…」と続けていき、10分間行います。

体を動かす＝エクササイズ課題

「右足、左足を交互に大きく動かす」

①右足を右横に大きく踏む
②踏み出した右足を戻す
③左足を左横に大きく踏む
④踏み出した左足を戻す

リズムよく右足、左足と交互に開いてステップを踏む、これを繰り返す運動がエクササイズ課題です。

「コグニステップ」をやりましょう

コグニッション課題とエクササイズ課題を同時にやってみましょう。

スタート

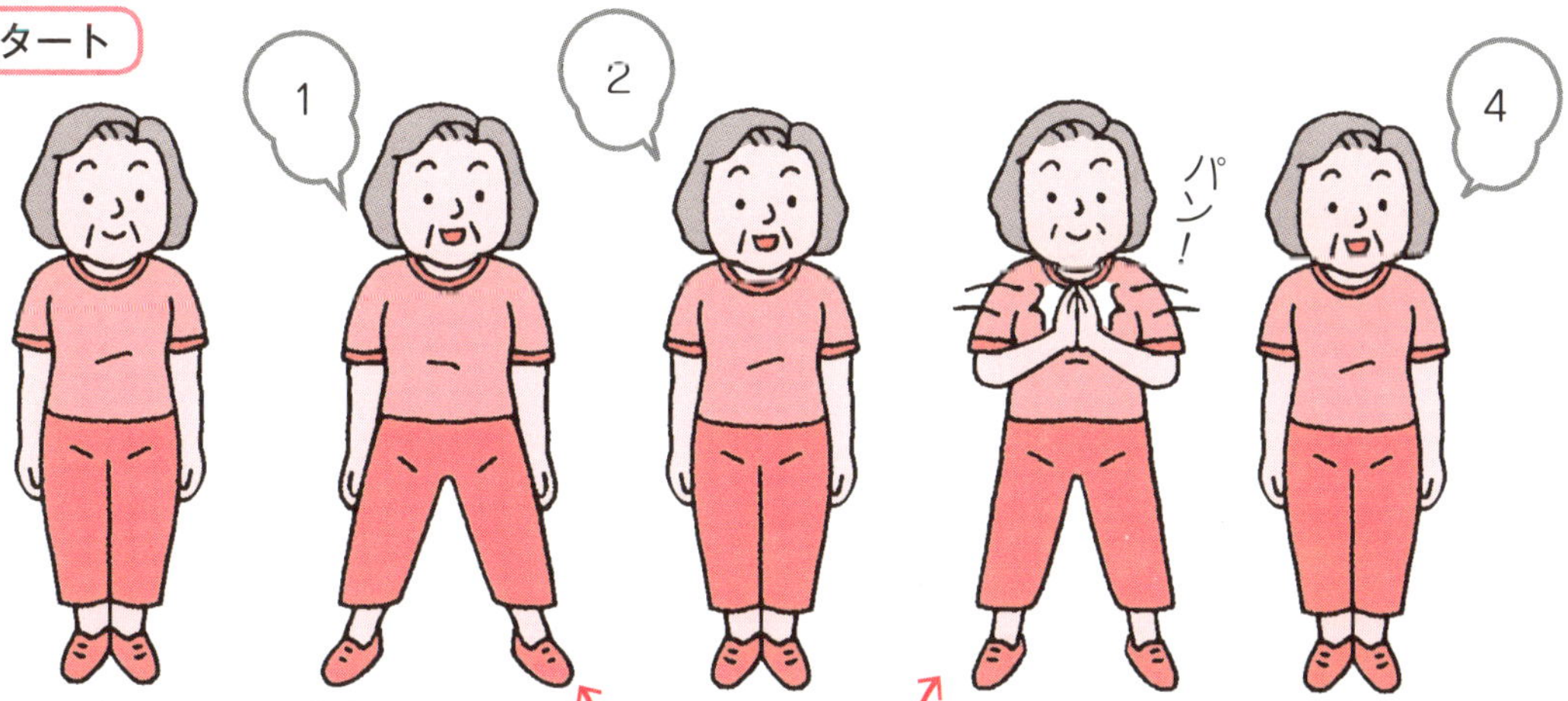

両足をそろえ、背筋を伸ばして立つ

①「1」と数えながら右足を横に大きく踏む

②「2」と数えながら、踏み出した右足を戻す

③「3」は声を出さずに拍手しながら左足を横に大きく踏む

④「4」と数えながら、踏み出した左足を戻す。これを繰り返して約10分間行う

左足は動かさない

右足は動かさない

まずは、上に説明したように3の倍数で、手をたたくことから始めます。慣れてきたら、エクササイズ課題で、足を左右に踏み出すのではなく、前後に踏み出してやってみます。また、コグニッション課題を、13から始めて数を減らしながら、3の倍数になった時に手をたたく、「13、(パン！)、11、10、(パン！)、8、…」のようにやってみます。さらには「手をたたくのは4の倍数の時」など、工夫してやってみましょう。

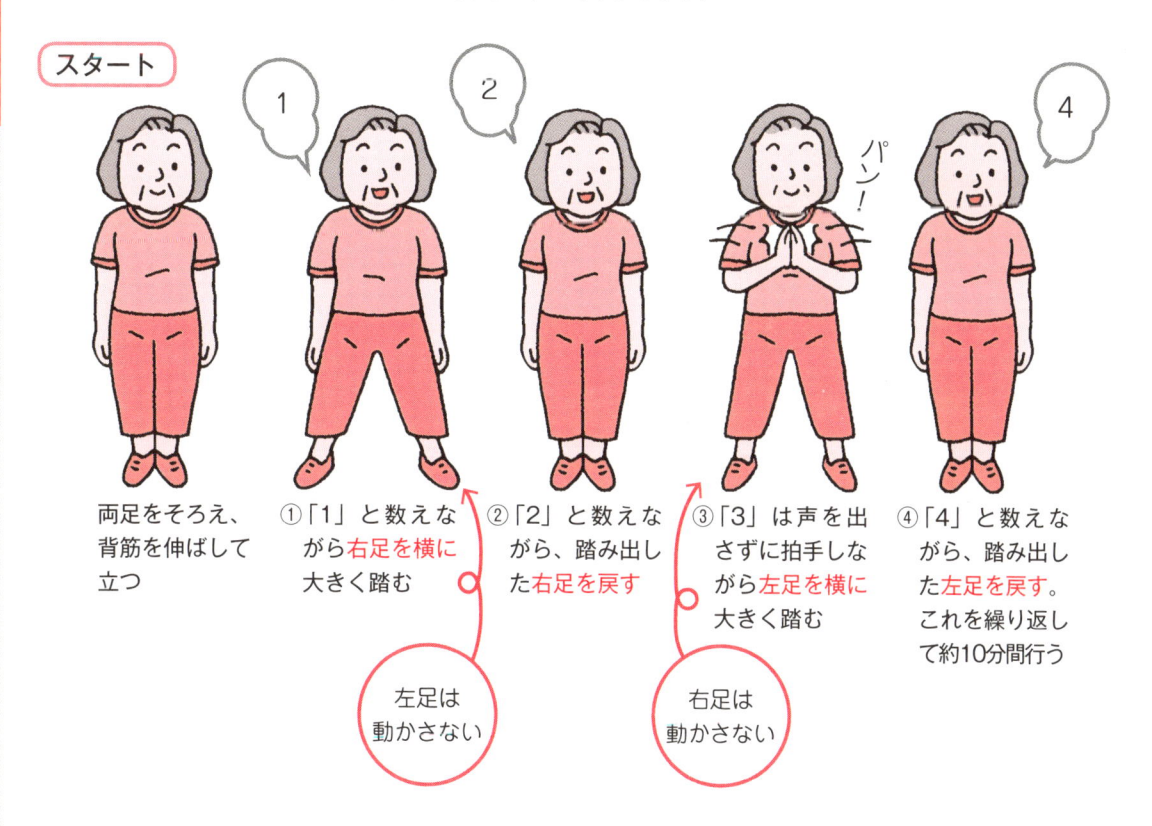

認知症の予防

「脳トレ」で認知症を抑制、予防する

老化へと進む脳の機能を保つためには

認知症を発症していなくとも、人間の脳は20歳を過ぎると年齢とともに、機能が低下していくことは避けられません。脳を働かせていないと血流も悪くなり、脳の栄養である酸素や糖が運ばれず、認知機能も低下します。逆に言えば、つねに脳を働かせることによって、脳の機能を保つことができるのです。

「脳トレ」は認知症抑制に効果がある

近年、注目を集めているのが脳のトレーニングである「脳トレ」。子どもからお年寄りまで幅広い層に親しまれ、一大ブームになりました。この脳トレは、認知症の抑制や予防にも効果が期待されています。いくつか紹介しましょう。

●簡単なパズルを解く

アメリカの研究では、認知症予防にはパズルが効果的だと発表されました。定期的に続けて行うと、ふだんはあまり使わない脳の一部を活性化できます。クロスワードパズルや数独などがあります。

●簡単な計算問題を解く

計算する機能を低下させないためのトレーニングで、小学校低学年向けの計算ドリルなどを流用します。簡単な問題をすばやく解くことがポイントです。

また、買いものをしたらレジで精算する前に、自分で全部でいくらになるか計算し、お釣りも計算しておくというやり方もあります。小銭がたまらないようにお金の出し方を考えるのも、よいトレーニングです。

●読み書きをする

新聞で興味がある記事や、雑誌の短いコラムを声に出して読んでみましょう。声を出すことも、気に入ったら書き出す、というのもよい刺激になります。日記を書くのもよいでしょう。ただし書くときは、パソコンではなく紙に書くことがポイントです。

●囲碁や将棋などゲームをする

ルールをしっかり把握して対戦しなければゲームは成立しません。これが認知症予防として効果が大きいと言われています。

また、ゲームが終わったあと、相手とゲームの内容について語り合うなど、コミュニケーションも自然に生まれ、楽しみながら刺激を与え合う、よい脳トレと言えるでしょう。囲碁や将棋、麻雀やオセロも人気です。

●1人ジャンケン

1人ジャンケンは、右手と左手でジャンケンする勝負です。たとえば、「右手が勝つ」というルールをつくり、両手でジャンケンします。1日5分程度でも効果があります。

●後出しジャンケン、勝たせるジャンケン

2人でやる「後出しジャンケン」ではルールを決めます。たとえば、「勝ってください」と言いながら先にグーを出せば、相手はパーを出さなくてはなりません。または「負けてください」と言えば、相手はチョキを出すのがルールで「勝たせるジャンケン」となります。先に出された手で、自分が何を出せば「勝てるか（負けられるか）」、考えることがポイントです。

さまざまな「脳トレ」に挑戦しよう

市販の脳トレ問題集を次々踏破していくのもよいが、生活の中でできる脳トレに、楽しみながら挑戦しよう

新聞を、声を出して読む

日記を書く

買いものでレジに行く前に、計算してみる

囲碁や将棋を楽しむ

両手を使って1人ジャンケンをする

2人で「後出しジャンケン」をする

軽度認知障害

記憶力の低下が軽度認知障害の始まり

軽度認知障害（MCI）は認知症ではない

認知症に関する情報が、この10年の間に身近にあふれるようになりましたが、その中で「軽度認知障害」という言葉を目にすることも多くなりました。「軽度認知障害」は、MCI《エムシーアイ》（＊）とも言われますが、病名に〝軽度〟と付いているので「軽い認知症」のことなのか、と思われるかもしれませんが、実は認知症ではありません。認知機能に障害はあっても、生活に支障はない状態を言うからです。

記憶力の低下を自覚したら軽度認知障害を疑う

軽度認知障害は記憶力が低下している、という自覚から始まると言われています。

▼ものの名前が出づらくなり、つい、「あれ」「それ」などの代名詞を使って話すことが多くなった

▼直近のできごとを忘れてしまうことがよくある

▼会話をしている時、話の内容についていけないことがある

▼積極性がなくなり、人との付き合いや趣味・習い事などから足が遠のく、あるいは理由をつけて休もうとする

▼集合の日時を間違えたり、約束事を忘れたりする

▼それまでできていた仕事、料理や掃除などの家事の段取りが悪くなり時間がかかる

これらの症状がいくつか見られ、これまでの自分とは違うという不安があるものの、日常生活にはとくに影響はない状態が、軽度認知障害です。

日常生活に見える軽度認知障害のサイン

左のページのチェックリスト項目を見てください。軽度認知障害のサインが隠れています。

たとえば、①ゴミ出しの日の間違いや、②洗濯ものの干し忘れ、③同じものを忘れて買う、などは1度くらいはうっかり、ということもありますが、何度も繰り返すようなら記憶力低下が疑われます。④外出が面倒に思えるのは、「行動する意欲」の低下や、人とのコミュニケーションが困難に感じる、自発性の低下（アパシー）や抑うつ症状も考えられます。⑤買いものでついお札を出してしまうのは、計算する能力が低下したのかもしれません。また、⑥料理のような段取りよく進めなければならない作業が面倒になってくるのは、実行機能障害が始まっている可能性もあります。⑦料理の味付けが妙になるのは、味覚障害より前に、判断力の低下も疑われます。⑧車をこするのは、空間認知能力が低下し、遠近感を把握する力が弱まっているせいかもしれません。

いろんな場面でミスが増え、なんとなくおかしい、と自分で気づく。この自覚が重要です。違和感があれば、それを年のせい、とばかり考えないこと、これが軽度認知障害を発見するポイントだと言われています。健常な状態と認知症の間のグレーゾーンと言えるのが軽度認知障害。この8項目のうち、4つ以上当てはまれば、軽度認知障害の疑いがあるので、物忘れ外来の受診をお勧めします。

＊MCI＝Mild Cognitive Impairment

軽度認知障害のサインはこんなところにある

生活にそれほど支障はなくても、最近、「なんだかヘンだ」と思ったら、次の項目をチェック。４つ以上当てはまったら、軽度認知障害が疑われる

① □ ゴミ出しの曜日を間違えることが増えた
② □ 洗濯をしても干すのを忘れてしまう
③ □ 同じものを何度も買ってしまう失敗が増えた
④ □ 外出するのが面倒になった
⑤ □ 小銭での支払いが面倒で、お札で支払うことが多くなった
⑥ □ 手の込んだ料理をつくらなくなった
⑦ □ 料理の味付けが変わったと言われる
⑧ □ 車をこすることが増えた

ゴミ出しの曜日を間違えた
➡「記憶力低下」のサイン

洗濯ものを干すのをまた忘れた
➡「記憶力低下」のサイン

同じものを何度も買ってしまう
➡「記憶力低下」のサイン

外出するのが面倒になった
➡「自発性の低下（アパシー）」や「抑うつ症状」のサイン

小額の買いものにもお札を使う
➡「計算する能力の低下」のサイン

手の込んだ料理をつくらなくなった
➡「実行機能障害」のサイン

味付けが変わったと言われる
➡「判断力の低下」のサイン

車をこすることが増えた
➡「空間認知能力の低下」のサイン

軽度認知障害

早期対応すれば回復の可能性がある

軽度認知障害（MCI）は4年以内に半数が認知症に

　認知症は、ある日突然、というものではなく、少しずつ進行していきます。健康な状態から移行していく、その境目にあるグレーゾーンが「軽度認知障害」（MCI《エムシーアイ》）だと言ってよいでしょう。軽度認知障害は厚生労働省による2012年時点での調査では、約400万人とされていましたが、2016年でのMCI患者数は約450万人にのぼると言われています。

　軽度認知障害患者は認知症予備軍と呼ばれることもありますが、認知症ではないので、日常生活にはとくに支障はありません。しかし、何も対処せずに放置すると認知機能の低下が続き、約1年でおよそ10％が認知症を発症し、3～4年で半数近くが認知症に移行するという研究報告もあります。

認知機能が正常に戻る可能性も少なくない

　一方、早期対応で、2年間は認知症の進行を食い止められることがわかっています。

　軽度認知障害と診断されたすべての人が、すぐに認知症になるわけではなく、5年たっても、進行が見られない人（10％）も、逆に改善して軽度認知障害を脱する人（40％）もいるのです。

　軽度認知障害と診断されても、認知機能が元に戻ることがあるのは、脳が「可塑性《かそせい》」という回復する力を持っているからです。

　神経細胞のネットワークはつねに変化し続けていますが、ある部分が使えなくなると、ほかのネットワークにつなぎ換えることができます。また、運動習慣によって、海馬《かいば》の神経細胞が再生できることが、動物実験では明らかになっています。

MCIと診断されたら放置していてはいけない

「もしかしたら軽度認知障害かも？」と思ったら、放っておかずになるべく早く「物忘れ外来」や「認知症外来」などがある医療機関で受診しましょう。専門医がわからない場合はかかりつけ医に相談したり、日本認知症学会、日本老年精神医学会のホームページ（＊）で検索します。

　たとえ軽度認知障害と診断されても、認知症への移行を妨げ、または遅らせることができます。早い段階で適切な処理を行い、食生活の改善や運動不足の解消など、生活習慣の見直しを行うことが重要です。

生活スタイルの改善で認知機能が改善

　軽度認知障害の疑いのある人を対象に実施された「フィンガー研究」と呼ばれる報告があります。2009年から約2年間に及ぶ大規模な介入調査でした。フィンランドのカロリンスカ研究所の研究者グループによる調査研究で、食事、運動、認知トレーニング、血管リスクの管理という4つの生活スタイルによる「介入」を行い、軽度認知障害の疑いのある人の「認知機能が平均25％改善した」という結果が報告されました。今後の認知症予防の現実的なモデルとして注目されています。

＊日本認知症学会URL＝http://dementia.umin.jp/　日本老年精神医学界URL＝http://www.rounen.org/

軽度認知障害は早期対応が決め手

同じMCIと診断された人でも、その後の対応で違いが出てくる

放っておく

↓

約1年でおよそ10%が認知症発症

↓

3～4年で約半数が認知症に移行

早期に対策をとる

↓

対策をとれば、2年間は進行を食い止められる

2年目以降は個人差がある。ただし、認知症予防を続けることは大切である。専門医などのもとで適切な治療を受けながら、認知機能アップのトレーニングや生活改善を図りたい。

知っておきたい軽度認知障害の5つの定義

1. 本人に記憶障害の自覚がある、あるいは家族の訴えがある
2. 日常の生活動作は正常である
3. 全般的な認知機能は正常である
4. 年齢や教育レベルの影響だけでは説明できない記憶障害がある
5. 認知症ではない

待って
いるんですが、
何かあり
ましたか？
あー！
またやっちゃった！
…俺、どうか
しちゃったんだ…

「打ち合わせの約束を忘れる」という失敗を１度ならず何度もしてしまって落ち込む…

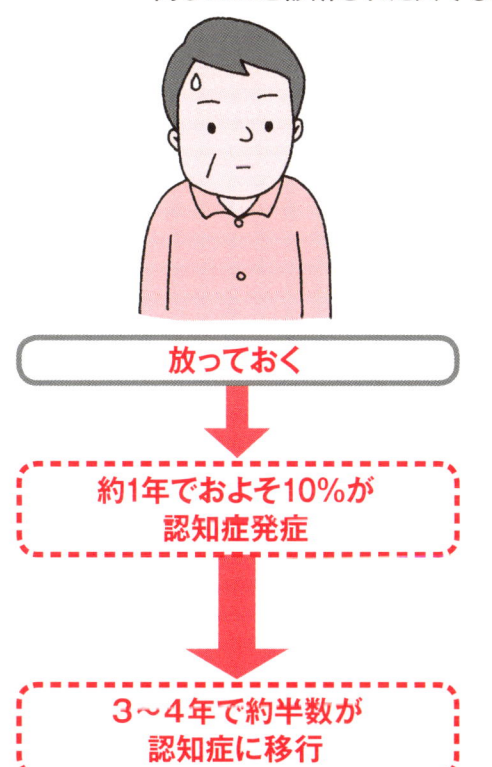

軽度認知障害

できるだけ早く専門医で受診する

軽度認知障害か認知症かの鑑別は問診で

軽度認知障害には確立された診断方法はありません。認知機能の低下を訴える本人への問診の結果を中心にして診断が下されます。

患者本人の状態が医師に客観的に正確に伝わるよう、また、その後の治療を検討するためにも検査には原則として、家族が同行したほうがよいでしょう。

「軽度認知障害か認知症か」は、認知機能の程度や日常生活への支障の度合いで鑑別されます。認知機能の低下が認められても、生活にそれほど支障がないなら軽度認知障害、生活に困難が生じているという場合は認知症を疑います。

問診以外にも、原因を確かめ病状を詳しく知るため、脳の画像検査が行われます。

認知症以外の病気は血液検査で調べる

血液を調べれば、全身の状態がほとんどわかると言われています。認知機能の低下は、栄養障害、甲状腺《こうじょうせん》機能低下症などの病気でも見られます。血液検査のほか、血圧測定などの内科的検査で、重大な病気が隠れていないかチェックします。

「認知症ではない」と鑑別されたら、一般的に認知症の検査で使われている認知機能テストを行いますが、とくに軽度認知障害の人が低下しやすいとされる記憶（「エピソード記憶」）、複数のことを同時にする機能（「注意分割機能」）、目的を持って段取りする機能（「実行機能」）などを評価し、総合的に判断することになります。

遺伝子検査で認知症リスクをチェック

アルツハイマー病を発症しやすい遺伝子（アポE4）を持っているかどうかを調べる「APOE遺伝子検査」も行われています。アポE4型遺伝子を2本持っている人の発症リスクは持たない人の1・5倍高くなります。MCI《エムシーアイ》スクリーニング検査と同時に受けることができ、費用は2万円程度です。

血液検査だけでわかる軽度認知障害検査

軽度認知障害の自覚症状がない段階でも、一般の医療機関で一般の健診や人間ドックと同時に受けることができる軽度認知障害の簡易検査があり、「MCIスクリーニング検査」と言います。検査費用はおよそ2〜3万円です。なぜ、そんなことが可能なのでしょうか。

簡単に説明すると、アルツハイマー病の原因物質であるアミロイドβ《ベータ》という老廃物を除去する働きをする3種類のタンパク質の量を調べることで、軽度認知障害のリスクを判定する仕組みです。つまり、少なければアミロイドβも多い、ということになり、認知機能低下が疑われる結果になります。

軽度認知障害の早期発見を狙いとし、診断を受けるための〝スクリーニング〟（予備審査）ということですから、「軽度認知障害の可能性がある」と判定されたら、専門医を受診し、確定診断を受けることが重要です。

採血だけで軽度認知障害（MCI）がわかる MCIスクリーニング検査とは

① 採血だけでなぜわかるのか —— 検査の仕組み

アルツハイマー病は、脳にアミロイドβという老廃物が蓄積することが原因です。健常状態ではアミロイドβは、脳内から脊髄液《せきずい》を介して血液に排出されますが、これが脳内に蓄積しないよう排除する仕組みなどが備わっています。

血液中には、脂質代謝に関連する「アポリポタンパク質」、免疫機能に関わる「補体タンパク質」と中枢《ちゅうすう》神経系の疾患に関わる「トランスサイレチン」という、3つのタンパク質が、アミロイドβを脳内から排除し、その毒性を弱める働きに関わっていることがわかっています。これを利用し、3つのタンパク質の血中濃度を調べることで、アルツハイマー病やMCIのリスクを判定します。

これらタンパク質の機能の低下は、結果的に認知機能障害につながると考えられるのです。

検査の仕組み
神経細胞にダメージを与えるアミロイドβと3種のタンパク質

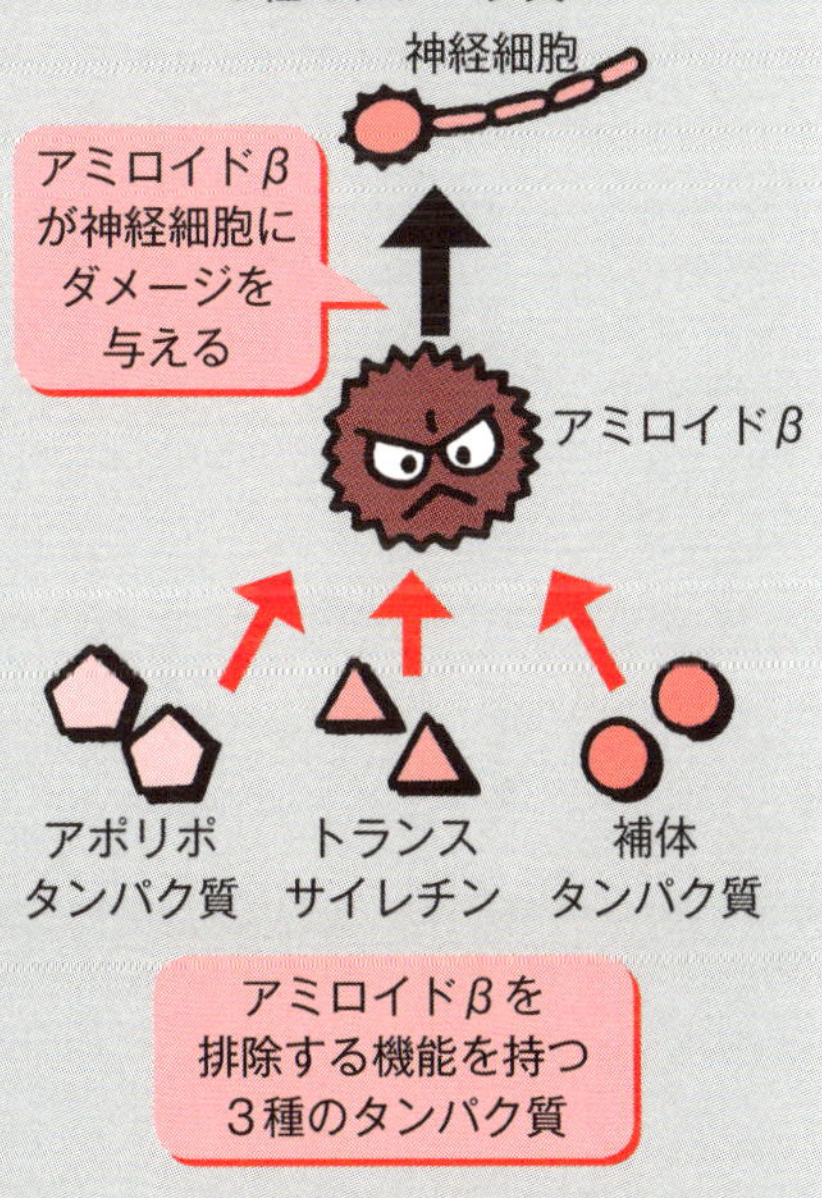

② 検査を受けるには

①検査を実施している検査機関

MCIスクリーニング検査、およびAPOE遺伝子検査を提供する株式会社MCBIのホームページより実施医療機関を検索し、問い合わせます。

→株式会社MCBI　検査実施医療機関
　http://mcbi.jp/initiative/checkup/checkup.html

②検査の内容

通常の血液検査と同様、採血の10時間前から絶食し、水やお茶で済ませます。医療機関で7cc採血します。

③検査結果

検査結果が出るのは2～3週間後。結果に応じて今後の認知症の対策を図ります。

検査結果
- A判定：健常。1～2年に1回検査を受ける。
- B判定：リスクは低め。1年ごとに定期健診を受ける。
- C判定：リスクは中程度。6か月～1年ごとに定期健診を受ける。
- D判定：リスクは高め。詳細がわかる2次検査を受ける。

軽度認知障害のサポートプログラム

軽度認知障害だと告知されたら

もしあなたが「軽度認知障害です」と告知を受けたら、どう反応するでしょうか。

「軽度認知障害は認知症ではないって言うけど…でも、そのうち認知症になるってことでしょ（もうダメなんだ…）」とすべてに絶望するでしょうか。

「だいたい、私が認知症なわけはないんだ。その診断が間違っているんじゃないか…」と全面否定するでしょうか。

「軽度認知障害は認知症じゃないってことは、つまり認知症の一歩手前、ってことなんだな。なんとかその一歩手前で食い止めるぞ！」と、ショックを感じながらも前向きになり、治療やトレーニングに取り組もうとするでしょうか。

これは3つのタイプに分かれる、ということではなく、告知を受けた当事者の誰もが感じる複雑な感情とも言うべきものです。周囲がこのような状態を理解し、冷静にサポートしていく必要があります。

軽度認知障害をサポートするさまざまなプログラム

直後は落ち込んだものの、立ち上がることができたのは、同じ境遇にある当事者の会で「認知症に向き合う人の元気な姿を見たから」という声を聞きます。

ほかにも地域の認知症カフェ、認知症予防教室など、さまざまなプロジェクトがあります。これらに積極的に参加することがスタートになるでしょう。「認知力アップをめざすプログラム」を実施しているデイケア施設もあります。近くの「地域包括支援センター」などで紹介してもらうこともできます。

認知症予防につながるトレーニングに取り組む

現在の生活を見直し、認知症予防プログラムに取り組むことを勧めます。軽度認知障害のうちに改善策をとることで、認知症の発症を遅らせることも可能だからです。この段階で、低下する機能を重点的にきたえるとよいでしょう。

●エピソード記憶のトレーニング

体験したことを記憶する訓練です。今日ではなく、昨日の日記、おとといの日記など、負荷をかけてトレーニングします。また、昨日の買いものを、翌日に思い出しながら家計簿をつける、など工夫しましょう。

●注意分割機能のトレーニング

複数のことを同時に、意識しながら行う機能が「注意分割機能」です。散歩しながら俳句づくりなどの「脳トレ」もよいですが、いくつかの料理を同時進行でつくる、人に話をしながら、相手の気持ちを考えるのも、注意分割機能を使っています。自分に合ったトレーニングをやってみましょう。

●実行機能のトレーニング

「実行機能」とは、1つの目的のある行為をするための〝段取り〟を考える働きです。実際に出かけるつもりになって旅行の計画を立てる、麻雀や将棋など、作戦を練って対戦するゲームをやるのもよいトレーニングになります。

知っておきたい若年性認知症の悩み

若年性認知症とは

頻繁《ひんぱん》な物忘れで仕事上のミスが続くなどの「なんかおかしい」という自覚があった場合、ＭＣＩ《エムシーアイ》が疑われる以外に、若年性認知症の可能性もあります。

若年性認知症とは、65歳以下で発症する認知症を言います。MCIに加えて、若年性認知症の実態と問題点について、少し見ておきましょう。

全国の若年性認知症者数は約４万人で、男女比はほぼ６：４で、男性のほうが多いと報告されています（＊）。同じ調査によると推定発症年齢の平均は51.3±9.8歳（男性51.1±9.8歳、女性51.6±9.6歳）で、もととなる病気は高齢者の認知症の分布とは違って、脳血管性認知症（39.8%）、アルツハイマー病（25.4%）、頭部外傷後遺症（7.7%）、前頭《ぜんとう》側頭葉《そくとうよう》変性症（3.7%）、アルコール性認知症（3.5%）、レビー小体《しょうたい》型認知症（3.0%）の順になっています。これは若年性認知症の原因となる疾患《しっかん》が男性に多いためと考えられます。

若年性認知症特有の問題点

家族に対する生活実態調査では、最初に家族に気づかれた症状は「物忘れ」(50.0%)、「行動の変化」(28.0%)、「性格の変化」(12.0%)、「言語障害」(10.0%) でした。また家族介護者の約６割が「抑うつ状態にある」と判断され、若年性認知症発症後、約７割が「収入が減った」、と回答しました。

患者が65歳以下という家庭では、発育期や思春期の子どもを抱え、介護にはまた特別な配慮が必要になり、精神的な悩みも増えます。また、本人がデイケアに通うのも高齢者を対象にした施設では対応が難しく、在宅介護にかかる負担も大きくなる可能性もあります。しかし一番大きな問題は、働き盛りにある人が発症するケースが多いので、失職すると経済的に厳しい状況に追い込まれるということでしょう。

「働きたい」を支援する若年性認知症支援コーディネーターの存在

こうした経済的な苦境にある若年性認知症の人を支援するために、若年性認知症支援コーディネーターが全都道府県に配置されています。相談窓口を設け、就労が続けられるよう、また社会保障制度の利用の手助けなどサポートしています。

2012年、東京都には若年性認知症総合支援センター（NPO法人「いきいき福祉ネットワークセンター」に運営委託）が置かれ、健康保険組合の傷病手当金や障害年金の申請などを手助けしたり、休職した人には若年性認知症の人向けのデイサービス施設を探したりと、生活再建の手助けを行っています。職場での降格人事を告げられ、子会社に異動になったあと就労は難しいと言われ相談に来た人には、職場の状況を知るためにコーディネーターが直接職場を訪問し、本人の「働きたい」という希望がどのようにしたら実現できるのか、本人に代わって会社と交渉して解決策を模索するなど、きめ細かな支援を行っています。 ［相談窓口］若年性認知症コールセンター（0800-100-2707）

＊若年性認知症の基礎疾患の内訳（2009年・厚生労働省発表）

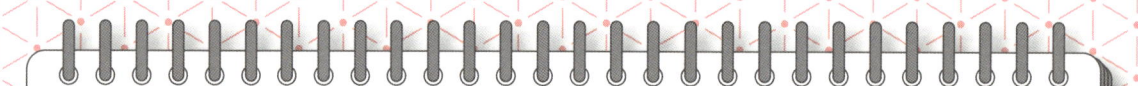

介護のプロの技とは②
施設介護での
エピソードから

55%の力

貴子さん（83歳）は、民謡を踊ったり、手芸をしたりとさまざまなことに進んで取り組み、積極的に人と触れ合いながら施設での暮らしを楽しんでいました。

ところが緑内障を発症し、やがて両眼とも完全失明されます。すると、貴子さんは「なぜ私があのスタッフにあんなふうに指図されたり命令されなければならないのですか！」「どうしてあの人はあんな言い方をするのですか！」と、スタッフに対する苦情を強く訴えるようになりました。担当スタッフが以前と変わったわけではなく、スタッフの対応に以前と変わったところは何もないように見えます。いったいなぜ、貴子さんはそのように受け取るようになったのでしょうか。

アメリカの心理学者アルバート・メラビアンの報告によると、相手に何かを伝えようとする時、言葉から7%、声の調子から38%、表情・姿勢・ジェスチャーから55%という割合で伝わるとされています。失明前の貴子さんはスタッフとの関わりで、相手に伝える要素の55%にあたる表情・姿勢・ジェスチャーでコミュニケーションをとっていたのです。スタッフの言い方に問題があっても、笑顔やジェスチャーから意味を読み取りコミュニケーションが成立していたのでしょう。ところが、失明してこの55%がなくなると、言葉や声の調子だけが頼りになります。その結果、笑顔やジェスチャーでカバーされていた言葉が「命令」「指図」として聞こえるようになったのです。施設のスタッフたちはこの事例で、ふだん、指導者的な言葉遣いをしていたことに気づかされました。

＊　＊　＊

このことは、逆に認知症の方とのコミュニケーションに活用することができます。認知症の方には「どうせ言ってもわからない」という結論を出したがります。しかし、言葉で伝わるのがわずか7%だとすると、残り93%の非言語的コミュニケーションでコミュニケーションは成り立つのです。そう考えれば、認知症の方とのコミュニケーションも決して難しいものではないということがわかるでしょう。声の調子や表情、ジェスチャーなどを意識したコミュニケーションを心がけたいものです。

第3章

認知症介護の実際

家族が認知症だとわかった時、
まず何を、どう始めたらよいのでしょうか。
治療はどうなるのか、家族は本人を
どんなふうに支えたらよいのでしょうか。
——家族ができる介護の実際と
コツを紹介します。

受診と診断

まずは認知症チェック

「認知症の始まり」を見逃さない

認知症では、早期発見・早期治療が重要であるということが広く知られてきています。一方で、家族が認知症初期の症状に気づいていても、専門医にかかるまで2年以上かかっているというデータがあります。

これは、本人だけでなく家族にも、「認知症だなんて、認めたくない!」というブレーキがかかっていることが考えられます。年をとれば確かに、いろいろな機能も衰えてきます。しかし、すでに1章でも触れましたが、誰もが経験する〝単なる老化〟と認知症は違う状態であることを理解しましょう。

親、または夫や妻が「最近、様子がおかしい。認知症?」と感じる〝ふとした不安〟を見逃さないこと。「年をとったせい」と、そのまま放置してしまい、結果的に家族だけではどうにも対処できなくなる…。その前に、家族でもできる認知症チェックをしてみましょう(左ページ)。そしてかかりつけ医に相談しましょう。

認知症に間違われやすい状態もある

ただし「なんだか様子が…」という場合も、認知症と決めつける前に、別の可能性を考えてみることも必要です。

高齢になると、いろいろな病気で薬を何種類も服用しているものです。薬の種類や量が増え、思ってもみない副作用が出ることもあります。また、うつ病や脱水症状など認知症と似たような状態が、認知症と間違われることもあります。

●老人性うつ病を疑う

記憶力、判断力が低下し、ぼんやりしていることが多くなり、動作も鈍くなります。そんな様子に気づいて「認知症?」と疑う家族もいますが、うつ病かもしれません。本人が「この状態をなんとかしたい、治りたい」と思っているなら、認知症ではないかもしれません。かかりつけ医などに受診し、抗うつ剤などの処方も含め、相談するとよいでしょう。

●老化による難聴を疑う

会話をしていて、トンチンカンな受け答えをしたり、同じことを何度も聞いたりする——認知症の症状によく似ていますが、実は「よく聞こえていない」ということかもしれません。聴力が衰えると話を聞き取りにくくなり、何度も聞き返すのも嫌気がさし、会話することがおっくうになります。

このようなコミュニケーション力の低下をもたらす難聴は、認知症発症の危険因子として、注目されています。認知症へと進行する前に、耳鼻科医で診察を受けましょう。補聴器で改善するなど聞こえを補う処方が必要です。

●栄養不足や脱水症状、貧血状態を疑う

意識がもうろうとし、幻視や錯覚が起こり暴れて意味のわからないことを口にする「せん妄」や、一時的に突然意識を失う「失神」、外部の刺激には全く反応しない状態を言う「昏《こん》睡《すい》」などが見られる場合、「これは、何か重大な病気かもしれ

家族でもできる認知症チェック

次に挙げた項目は、「認知症の初期症状」または「前認知症段階」と言われる症状。
５つ以上該当するものがあれば「認知症」の可能性がある

- ☐ ものの名前や人の名前が出てこない
- ☐ ものをしまってある場所、しまった場所を忘れてしまう
- ☐ 漢字を忘れてしまう
- ☐ 同じことを何度も言ったり聞いたりする
- ☐ たった今しようとしていることを忘れてしまう
- ☐ 日付、曜日、月がわからない
- ☐ いつもの道がわからなくなる
- ☐ 使い慣れた道具の使い方がわからなくなった
- ☐ 判断したり決定することができなくなった
- ☐ 薬の管理ができなくなった
- ☐ 買いものや預金を下ろすなど、お金の使い方がわからない
- ☐ 勘違いや誤解が多く、話がずれる、かみ合わない
- ☐ 簡単な計算に手間取ったり、間違えるようになった
- ☐ 失敗が多くなり言い訳をする
- ☐ 自分の失敗を人のせいにする
- ☐ ものを盗られたという妄想が起こる、被害妄想的になる
- ☐ 相手の意見を聞かない
- ☐ ひどく疑い深くなった
- ☐ 些細なことで怒り出す、落ち着かなくなった
- ☐ ぼんやりして、ガス栓を閉め忘れる、水道を止め忘れる
- ☐ 身だしなみに構わなくなった、だらしなくなった
- ☐ 決まった日課をしなくなった
- ☐ 化粧をしなくなった
- ☐ ワケもなく気持ちが落ち込むことが多くなった

ない」と家族はあわてます。このような意識障害が、栄養不足や脱水症状、貧血状態から来ることもあります。高齢になり少食と運動量の低下で、代謝が極端に低下しているせいかもしれません。かかりつけ医などに受診して、健康管理に気をつけましょう。

●薬の影響を疑う

幻覚やせん妄がある場合、服用している薬の副作用も視野に入れる必要があります。とくに認知機能の低下が起こる可能性があるのは、「神経系作用薬」である抗パーキンソン薬や、コリン薬、抗不安薬（安定剤や睡眠薬など）、抗うつ薬です。また「循環器用薬」としてβ遮断《ベータしゃだん》薬、利尿剤など、さらに「消化器用薬」としてＨ２《エイチツー》遮断薬、その他、抗がん剤やステロイド剤などがあります。このような薬が処方される時には、医師から説明があるはずですが、本人の状態を詳しく伝えて、服用量を減らすなどよく相談しましょう。

受診と診断

認知症専門医を探す

まず、かかりつけ医に相談しよう

「家族が認知症かもしれない」と思ったら、どこに相談したらよいでしょうか。いきなり大きな病院に行くより、まず、かかりつけ医に相談しましょう。

かかりつけ医とは、ふだんから当人の体調をよく把握している主治医のことですが、かかりつけ医がいることは大切なことです。のちに、介護保険の介護認定の申請時に主治医意見書が必要になります。また、かかりつけ医が認知症の専門医でなくても、そうした医師を紹介してもらうことができます。

どこで相談？認知症専門医の探し方

そんなかかりつけ医がいない場合は、地域包括支援センターに相談します。認知症の専門医が、どこの病院にいるのか、ここで情報が得られます。そのほか、地域の保健所、保健センター、認知症疾患医療センターも相談窓口になっています。

認知症疾患医療センターは、厚生労働省によって定められた2つの要件〈①認知症治療のための機能と、②地域連携の機能を担う〉を満たした医療機関にあります。全国に336か所設置（2015年12月時点）されていますが、厳しい基準をクリアした指定施設では、院内での治療から在宅支援までの一貫した認知症医療を高いレベルで実践できる医療機関（＊）とされています。具体的には、認知症の鑑別診断と、専門医による医療相談を行っています。

「地域包括支援センター」を知っておこう

地域包括支援センターは認知症の相談窓口になっていますが、それだけではなく、認知症予防に関わる情報も数多く提供しています。介護する側となる家族にとっても有益な情報基地として、知っておくと便利です。

地域包括支援センターは、日常生活圏域（中学校区など、ほぼ30分以内で必要なサービスを提供できる圏域）に、「地域の高齢者の心身の健康保持や生活の安定のために必要な援助を行う」ことを目的として設けられています。

2005（平成17）年の改正介護保険法によって、「地域包括ケア」を有効に機能させる地域の中核機関として、地域包括支援センターが制度化されました。市区町村または委託を受けた医療法人、社会福祉法人などが設置し、保健師、社会福祉士、主任介護支援専門員の専門職が配置されています。

「地域包括ケア」とは、介護必要となった高齢者を、在宅ケアだけに閉じこもることなく、住み慣れた地域においてできる限り継続して生活を送れるよう、地域として支援していこうという仕組み。具体的には、介護予防のためのケアをはじめ、総合的な相談、また支援を受けるための窓口となっています。成年後見制度など介護が必要となった人の権利を守るための業務のほか、さまざまなケアを連携し、包括的に支援を継続していくケアマネジメントをおもな業務としています。

＊「認知症疾患医療センター一覧」は〈認知症予防協会〉のホームページで連絡先情報が得られます。

認知症高齢者を支える医療体制

**認知症の高齢者を「かかりつけ医」が直接ケアできるよう、
地域包括支援センターを中心として、さまざまな支援体制が敷かれている**

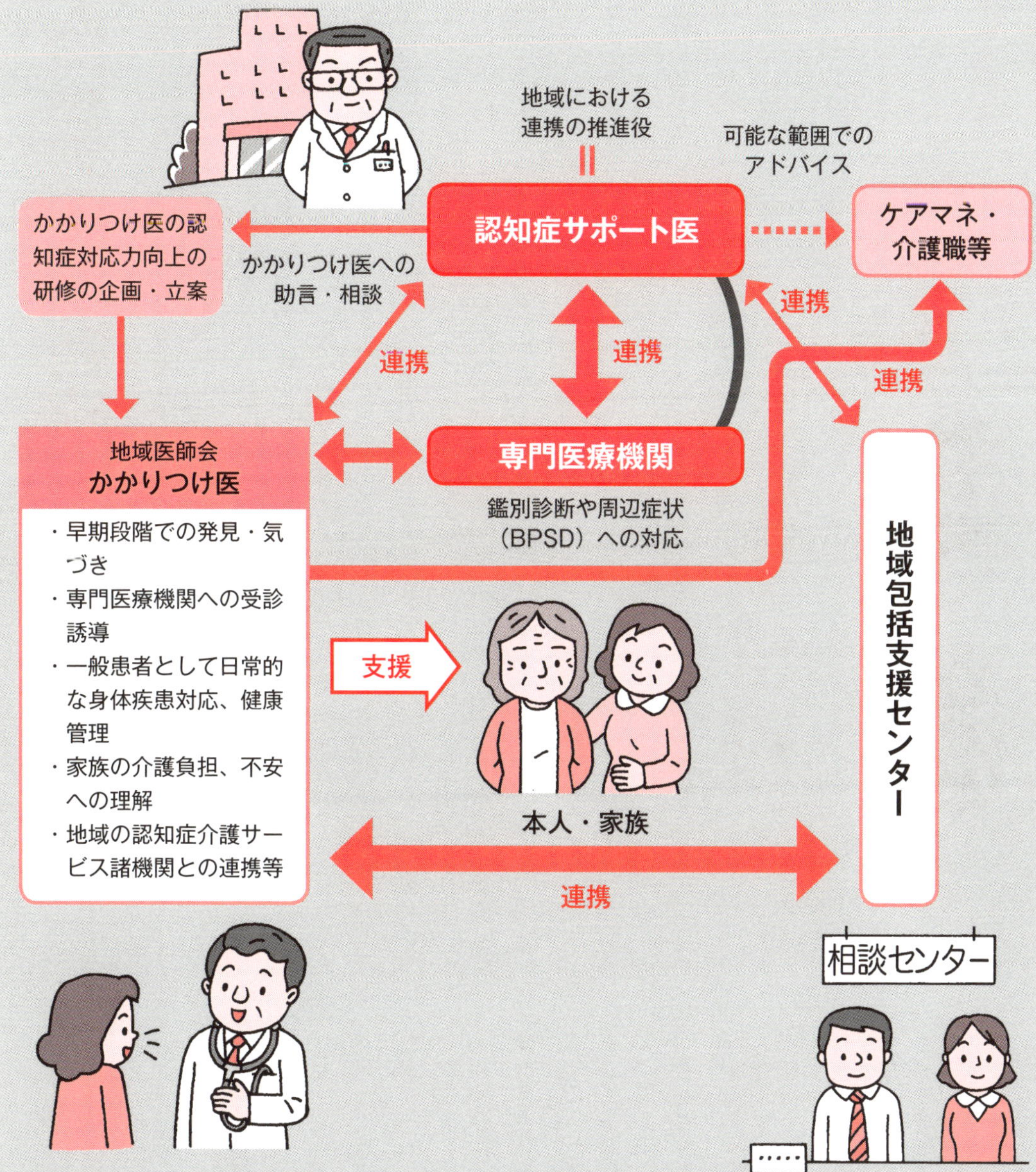
地域における
連携の推進役
可能な範囲での
アドバイス
かかりつけ医の認
知症対応力向上の
研修の企画・立案
認知症サポート医
ケアマネ・
介護職等
かかりつけ医への
助言・相談
連携
連携
連携
連携
地域医師会
かかりつけ医
・早期段階での発見・気づき
・専門医療機関への受診誘導
・一般患者として日常的な身体疾患対応、健康管理
・家族の介護負担、不安への理解
・地域の認知症介護サービス諸機関との連携等
専門医療機関
鑑別診断や周辺症状
（BPSD）への対応
地域包括支援センター
支援
本人・家族
連携
相談センター

（厚生労働省　「かかりつけ医・認知症サポート医が参画した認知症高齢者支援体制」より）

＊認知症サポート医とは、慢性疾患などの治療のために受診する診療所などのかかりつけ医（主治医）に対し適切な認知症診断の知識・技術と家族からの悩みを聞くなどの姿勢を習得するための研修を受けた医者。厚生労働省の主導する認知症地域医療支援事業で、委託を受けた国立長寿医療センターが研修を実施している。

受診と診断

本人に受診を勧める5つのポイント

なるべく早い受診で早期発見へ進めたい

認知症の疑いがあれば、なるべく早めに受診しましょう。早期発見・早期治療に受診が欠かせないのは言うまでもありません。ところが、「なぜ、病院に行くことがあるの？」と受診を拒否する高齢者も多いようです。一刻も早く病院へ連れて行きたい、とあせりつつも「本人が嫌がるから…」と家族は受診をためらいがちです。

この壁を突き破り早期発見へと一歩進めるために、本人の受診をスムーズにする5つのポイントを挙げておきましょう。

ポイント1 脅したり叱ったりは逆効果

まず、「だって、最近、ヘンなことばっかりやってるし…」と失敗をタネにして迫る、というのは強迫と同じです。本人が行く気になるはずがありません。また、「さ、診てもらわなきゃダメよ！」などと高圧的な言い方では、たとえ本人に不安な気持ちがあっても、かえって「必要ないよ」と意固地になりがちです。

「健康診断に行ってみましょうか」、「風邪も流行ってるから、かかる前に、先生に一度診てもらったらどうかしら」など、心配している気持ちを伝え、気軽に誘うのがよいでしょう。

ポイント2 無理強いはしない

無理強いは避けましょう。黙って車に乗せ、着いたら病院だった、というようなやり方は最悪です。「だまされた」と思った本人が、家族に不信感を持ってしまうと、のちのちの介護などで決してよいことはありません。本人に健康診断ということで病院へ行くことを納得させ、先方の医師にそのように告げ、合わせてもらうという方法もよいでしょう。

どうしても拒否する場合には、次の気分のよい時まで待つ、くらいの気持ちのゆとりがあるほうがうまくいきます。

ポイント3 必ず予約を入れる

病院には必ず予約を入れておきましょう。病院に着いてから長い待ち時間があると、「帰る」と言い出すかもしれません。待ち時間をなるべく少なくするためにも予約は必要です。

ポイント4 受診は直前に伝える

早くから受診する日を言っておくと、近づくにつれて緊張し、当日になって「行かない」と言い出す人が多いようです。その日の朝に、「今日、病院に行きましょう」と誘うくらいがよいでしょう。「病院の帰りは、どこかで食事でもしましょうか」と、楽しみをつくって行きやすくするのもよい方法です。

ポイント5 信頼する人が同伴する

本人が一番信頼する人が一緒に行くことが重要なポイントです。安心できる状況で付き添うべきです。「私も一緒に受けるから、健康診断に行きましょう」と誘ってみましょう。

本人に受診を勧める5つのポイント

一刻も早い受診で早期発見につなげたいもの。
病院に行くのを嫌がる本人を「その気にさせる」にはコツがある

ポイント1　脅したり叱ったりは逆効果

説得できないからと、強い言葉で迫るのではなく、心配している気持ちを伝えます。

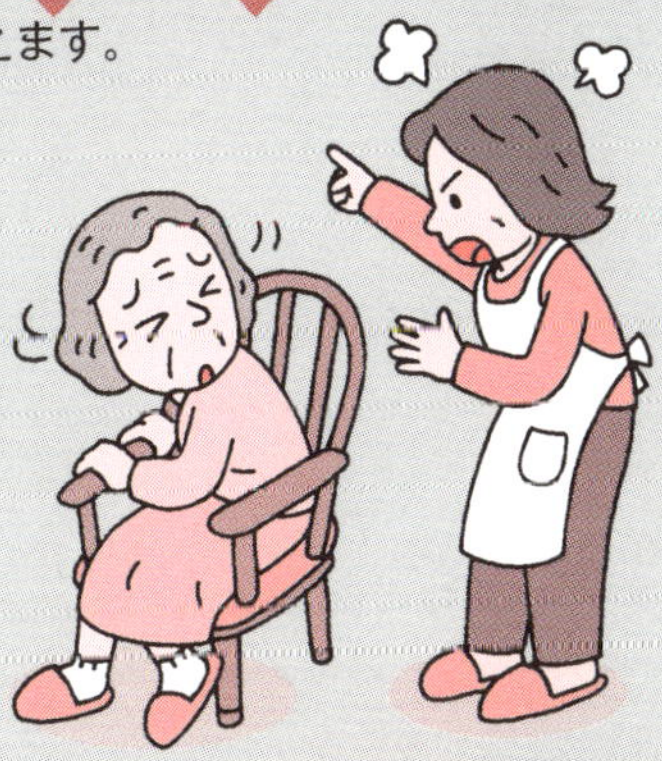

ポイント2　無理強いはしない

力づくで病院に連れていくのではなく、本人が納得できる口実を考えましょう。

ポイント3　必ず予約を入れる

病院に着いてからの待ち時間をなるべく少なくすることは必須条件です。

ポイント4　受診の予定は直前に伝える

早くから言っておくよりも、直前に気軽に誘うほうがうまくいきます。

ポイント5　信頼する人が同伴する

本人の不安な気持ちに寄り添って、安心して受診できる状況をつくります。

受診と診断

診断してもらう

認知症検査と診断の流れ

認知症専門医で受診、検査をへて確定診断が得られるまでには、1~2か月ほどかかり、治療開始はその後、ということになります。それだけに、なるべく早く受診したほうがよい、ということがわかるでしょう。初診から確定診断までの流れを見ておきましょう。

本人や家族に対しての問診からスタート

認知症の専門医による診察は、診察室に入った瞬間から始まります。本人が入室する動作や歩き方、挨拶のしかたなど、細かく観察されます。

診察で緊張した本人の状態とは別に、ふだんの様子から大切な情報が読み取れることもあります。家族は、いつごろ、どんな状況でどんな症状が現れたかなど、できるだけ具体的な情報メモを用意しておくと、問診がスムーズに進みます。

内科的検査と神経学的検査で全身の状態を見る

体温、脈拍、血圧、呼吸を調べる内科的検査で、健康状態をチェック。必要に応じて、心電図や胸部X線撮影も実施します。

神経学的検査というのは、静かな部屋で臨床心理士と一緒に詳しい知能検査を行い、さまざまな角度から認知機能の低下の程度やその人独特の症状をとらえることを目的とする検査です。そのほか、運動マヒの有無、反射、知覚障害の有無なども調べます。検査の結果は点数で表示されます。これは客観的な評価として、その後の経過を見ていくうえで、症状の改善あるいは悪化の指標となりますから、その意味でも重要な検査です。

ここで仮の診断が出て、認知症が疑われる場合には、脳の働きを調べる詳しい画像検査を行うことになります。

画像検査で、脳の萎縮の度合いや脳の働きを見る

画像検査は2種類あります。まず「形態画像検査」では、C《シー》T《ティー》画像やM《エム》R《アール》I《アイ》検査で脳のかたちを映し出し、脳の萎縮《いしゅく》や脳梗《のうこう》塞《そく》・脳出血の有無などを調べます。たとえば、アルツハイマー型認知症が原因の場合は脳の萎縮が見られ、血管性認知症の場合は脳梗塞や脳出血が見られます。ただし、健康な人も加齢によって脳が少しずつ萎縮するため、脳の萎縮だけでアルツハイマー型認知症と診断することはできません。

認知症ではダメージを受けた脳の神経や細胞がある部分は活動が低下し、流れている血液の量も少なくなっています。どの部分の血流が、どれくらい低下しているかを調べることで、どのタイプの認知症かを診断しようとするのが、SPECT《スペクト》による「機能画像検査」です。アルツハイマー型認知症の場合、初期の段階から頭頂葉《とうちょうよう》の後部や後部帯状回《たいじょうかい》という部位の血流低下が見られます。

また、アルツハイマー型認知症やレビー小体《しょうたい》型認知症では、脳の特定部分の糖質の代謝が低くなるため、FDG-PET《ペット》で糖質の代謝を調べるPET検査による診断も行われています。

脳に関する画像診断

認知症の脳画像検査には数種類ありますが、どんな内容の検査を行うものなのか、簡単に説明しておきましょう。現在、認知症診断で主流となっているのは、ＭＲＩ検査による形態画像検査と、より精密な診断をするために行われるＳＰＥＣＴによる機能画像検査です。２つの画像検査の結果を組み合わせて診断を行います。

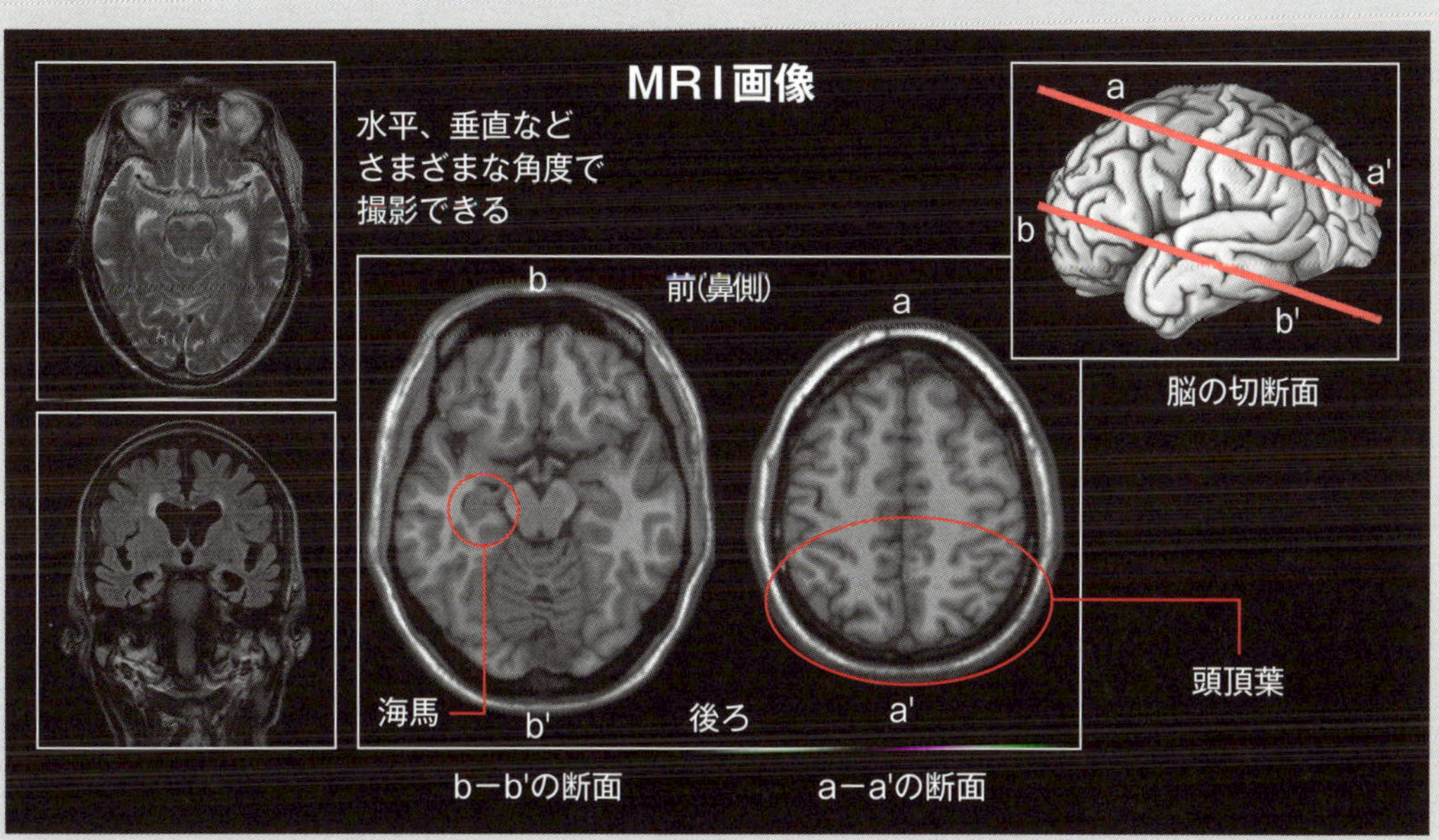
MRI画像
水平、垂直など
さまざまな角度で
撮影できる
前(鼻側)
b
b'
a
a'
海馬
後ろ
頭頂葉
脳の切断面
b−b'の断面
a−a'の断面

（画像は朝田隆氏提供）

ＣＴ（Ｘ線コンピュータ断層撮影装置）

Ｘ線を使ったコンピュータ断層撮影です。ＭＲＩとともに、脳のかたちを見て評価する形態画像撮影です。脳出血、くも膜下《まくか》出血、脳梗塞《のうこうそく》なども発見できます。

ＭＲＩ（磁気共鳴画像）

ＭＲＩは人体の磁気共鳴作用を利用した検査です。認知症検査では頭の周りに磁気を当て、輪切りの画像だけでなく、あらゆる角度の断面図を得ることができます。上の図はＭＲＩによる画像サンプルです。検査する断面を選ぶことで、海馬《かいば》や頭頂《とうちょう》部《ぶ》に萎縮《いしゅく》があるアルツハイマー病と血管性疾患との鑑別などに役立ちます。このように、Ｘ線の吸収の原理を使ったＣＴ検査に比べ、より詳細な情報が得られるのがＭＲＩ検査ですが、強い磁気による検査なので、ペースメーカーや古いタイプの人工関節などがある人はできない場合もあります。また撮影時間が比較的長く（30分以上）、検査中は装置から大きな音が鳴り、患者には大きな負担がかかります。

ＳＰＥＣＴ（スペクト）脳血流シンチグラフィー

微量の放射性医薬品を静脈に注射し、その分布状態を見て脳の血流の様子を調べます。アルツハイマー病の場合は、後部帯状回《たいじょうかい》や海馬《かいば》、頭頂、後頭部連合《れんごう》野《や》で血液の流れが悪いのが見られます。血管性疾患では、血流の分布が均一ではなく、局所的な低下が見られます。

ＰＥＴ（ペット）（ポジトロン断層撮影装置）

ペットは体内にごく少量のポジトロン（陽電子）を静脈注射して、そこから放出されるガンマ線を断層画像にする装置。

脳の細胞が死滅するとブドウ糖の利用状態（代謝）が悪くなります。ＦＤＧというブドウ糖に似た物質を静脈に注射して、その代謝状態を映し出し、分布状態でアルツハイマー病を発見できます。

ＰＥＴもＳＰＥＣＴも、大掛かりな装置の中に入り、30～40分じっとしていなければならないので、認知症の進んでいる人は受けるのが難しい検査です。

受診と診断

確定診断が出て認知症だとわかったら

この先の準備に向け冷静に受けとめる

家族が認知症だとわかった時、ある程度の予測はついていたとしても、当初は誰もが大きなショックを受けます。

「もしかしたら…」と心配して緊張していた気持ちから、「やっぱり…」と事実がはっきりしても、すぐには冷静に受けとめられないかもしれません。この先、どうしたらよいのでしょうか、検討すべきことを整理してみましょう。

本人を支える態勢づくりは家族で話し合って

高齢者の介護は長期戦を覚悟して、と言われていますが、認知症患者の場合、老化のスピードが速い、というのが大きな特徴の1つです。別の意味で、介護する家族にとっては心理面でもかなり負担の大きな闘病生活が予測されます。

だからといって、家族で最初から深刻になってしまってはいけません。本人を支えていく態勢づくりは、さまざまな状況、変化する状況にも対応できるようなものを考えていくことが重要になります。いつも決まって1人が介護というかたちは必ず破たんします。

まず、本人の介護をする家族のキーパーソンとして、医師や介護サービスを利用する場合の窓口を担うのは誰か、家族で話し合って決めましょう。同居する家族で、本人のことをよくわかっている人がなるのが一番ですが、「話し合って決めること」が重要です。そのうえで、皆が負担を分かち合うことが、もっと大切でしょう。

介護者が1人では抱えきれない場面も増えてくることも予想し、介護サービスなどをうまく活用して、本人も家族も穏やかな時間を過ごせるような環境づくりを考えましょう。

家族の対応によって症状の進行に影響する

認知症は、周囲の環境や家族の接し方が大きく症状の進行に影響します。感情的になって叱ったり、嘆いてみせたり、また逆に理詰めで説得しようとしたりすると、症状を悪化させることになります。

ポイントは、認知症のさまざまな症状は、病気のせいなのだと理解し、本人の不安や苛立ち、気持ちの乱れなどに寄り添う努力をすることです。

一方、介護保険の申請などがまだ済んでいなければ、ケアマネジャーを決め、かかりつけ医と相談しながら進めるという仕事もあります。

本人の状態に合わせた認知症介護の予測を立てる

認知症が進行する度合いは認知症の種類によって、また個人差もありますが、おおまかに初期（軽度レベル）、中期（中等度レベル）、後期（重度レベル）に分けられます。それによって現れる症状にも特徴があり、介護の方法も変わってきます。おおまかな介護予測を立てておくとよいでしょう。

●初期　2〜3年間

認知症の診断を受けたからといって「生活のしかたすべてを

認知症の進行に応じた介護のポイント

認知症の症状にも特徴があり、進行の度合いに応じた接し方がある

初期(軽度)　必要に応じたサポートで生活は自立できる

○自分でやれるように、見守りと声かけ、手助けをする
○事故にならないための工夫や気配りをする、声かけをする
○本人の不安を高めることのないような言葉遣いに注意する
　たとえば、「こんなこともできないの？」「えっ？忘れちゃったの？」はNG
○どんな場面でもあわてず、穏やかな口調で、落ち着いて対処する
○責めたり、叱りつけたり、といった口調で追い詰めないようにする

中期(中等度)　さまざまな場面でサポートが必要になる

○周辺症状（BPSD《ビーピーエスディー》）の行動症状が出ないよう、不安をできるだけ抑える関わり方に注意する
○転倒などの室内の事故に注意する
○徘徊の予防に精神的な面とGPS《ジーピーエス》などの器具を活用するなど工夫する
○薬の誤飲、異物の飲み込みなどに注意する
○認知症による本人の性格の変化や人格の変化などを受け入れる

後期(重度)　日常のほとんどで介助が必要な状態

○日常の観察を怠らないこと
○体温、血圧、脈拍などのバイタルチェックをする
○薬の事故に注意が必要
○感染症にとくに気をつける
○便秘、脱水にならないよう気をつけておく
○床ずれに気をつける

変えなければならない」ということはありません。

本人の生活上のさまざまな失敗は増えるかもしれませんが、家族が必要に応じてサポートすれば、日常生活を送ることができる時期です。なるべくこれまでの生活を維持していけるよう、介護サービスをうまく利用することも必要になるでしょう。

●中期　4～5年間

記憶障害が進み、さまざまな場面でサポートが必要になります。混乱がひどくなり徘徊などの対応が難しい周辺症状（BPSD）が多くなる時期です。家族はその1つひとつに振り回されないよう心がけます。ケアマネジャーなどに相談することも含め、冷静な対応ができるよう工夫したり、気持ちをおおらかに持つことが必要になります。

●後期　2～3年間

運動機能、身体機能が低下し、意欲も低下、寝たきりに近い状態になります。生活のすべてに介助が必要になります。

認知症を理解するための6つの特徴

「不安なのは本人自身」ということに気づこう

介護者の家族は、認知症になった本人が「これまでとは別の人間になってしまった」かのように感じ、嘆くことになるのですが、実は本人こそ、「自分でなくなるような」恐怖の中で暮らしていることを忘れがちです。強い不安やあせりで、かえって「平静を装い」、家族は気づきにくいこともあります。

認知症は1つではありませんが、症状について共通する特徴があります。これらは本人を冷静に理解するための、大きな手がかりを与えてくれます。

特徴1 「激しい物忘れ」にもクセがある

クセとは、「新しいことが覚えにくい」「経験したことを丸ごと忘れている」「過去の記憶は残っている」の3つ。「何度言ってもわからない頑固者」なのではなく「覚えていない」のです。

特徴2 症状は最も身近な人により強く出る

たまにしか姿を見せない親せきには何の問題もないような様子を見せるのに、身近で親身になって世話をしている人には、わがままになり、感情が抑えられなくなります。頼りにしているからこそ、不安感から身近な介護者に対して被害妄想を抱くこともあります。

特徴3 自分に不利なことは認めない

自分に不都合なことは絶対に認めようとしないのが特徴です。自己保存本能が働いていると考えられます。記憶力と判断力の低下で、本人には「人のせいにしている」という自覚はありません。

特徴4 意識がしっかりしている時もある

認知症になったら、いつも異常な言動をする、というわけではありません。家族と以前と同じように話をしていたかと思うと、「えっ、こんなこともできないの？」と驚き、戸惑うことがあります。これも認知症の特徴と受けとめましょう。

特徴5 1つのことにこだわると抜け出せない

家族には何でもないように思えるような1つのことやものに執着して、そこから抜け出すことが難しくなります。近所からゴミのようなものを拾ってくるなどの収集癖もその1つです。

説得しようとしたり、無理にやめさせようとしても効果はありません。対処には、違うものに興味を移させる、場面転換を図るなどの間接的な対応が必要になります。

特徴6 できごとの中身は忘れても感情は残る

何かトラブルがあった、失敗をした、という時に強く叱りつけられたりして、嫌な思いをすると、そのできごとは忘れてしまっても、その時の不快な感情は消えません。理性ではなく感情が支配する世界に暮らしている、というのが認知症患者の特徴です。

認知症の「困った」症状に接した時の声かけNG例

やりがちなのは感情的になって口走る、こんな言い方。
言われた時の本人の気持ちを考えてみよう

ケース1 外に出かけて また迷子になった
またですか？ いい加減にしてください！
バカにしてる
ケース2 これまでやっていた ことができなくなった
ええっ、これまで ふつうにできた じゃないですか！
恥ずかしい 悲しい
ケース3 何でもないと 思われることができない
こんなことも できないんですか
意地悪を言うのはやめて
ケース4 着替えなどに 時間がかかっている
何してるの！ ちゃんと やってください！
なんで 叱られるの 情けない
ケース5 コンロにかけた 鍋の火を消し忘れた
二度と やらないで くださいよ！
さみしい くやしい
ケース6 アイロンがけの途中で 眠ってしまった
もう何も しなくていいから。 じっとしてて！
つらい… 見捨てないで

対応する前にひと呼吸おいて

このような共通する特徴はありますが、それぞれの認知症患者にはそれぞれの対応が必要であり、一様には対処できません。突然の思いもよらない行動で、日々介護する家族が対応に戸惑うこともあるでしょう。しかし、どんな場合にも、なぜそうなるのか、患者本人がどんな気持ちでいるのか考えてみましょう。声を出す前に、ひと呼吸おきましょう。

＊　＊　＊

次の72ページから117ページまでは、認知症で起こりやすい「困った」症状のおもな場面を紹介していきます。こんな時、介護者家族はどう付き合ったらよいのでしょうか。どんな声かけをすればよいのでしょうか。本人と家族のどちらのストレスも減らせる方法、それぞれの症状に適した方法を探ってみてください。

こんな声かけ

食べたばかりなのに「ご飯はまだ?」と言う
「いま用意しますよ」

食べることが大好きな裕二さん（男性85歳）。最近、食事が終わって何分もたたないのに、「ご飯はまだ？」「早くご飯を食べたい」などと言うようになりました。

ご飯、まだ？
早くしてくれよ
さっき食べたのに、
お腹がすいてるって
ことかしら…？
あんなに食べたの、
忘れてしまったのかしら？

まず観察 ついさっきのことが覚えていられなくて、食べたことを忘れてしまった。満腹感を感じなくなる障害があるのかもしれない。

本人の気持ち ご飯も食べさせてくれないなんて、自分だけ忘れられている気がして、寂しくなるよ。

症状のレベル **中等度**

強い言葉で叱りつけたりしない

いつも食事のあとでこんなことになり、「どうせ食べたことを覚えていない」のだからと、ついぞんざいな対応をしてしまいがちです。たとえば、「さっき、食べたばっかりじゃないですか！」「食事の時間じゃないですよ」「食べ過ぎはダメです！」などと、強い言葉で叱りつけるのは禁物です。

本人の「ご飯を食べていない」「ご飯を食べたい」という気持ちを最大限に尊重し対応することが大切です。こんな時には、「いま、ちょうど用意しているところです」「お茶を飲みましょうか」などと言って、本人の訴えを否定しないで、その場をおさめましょう。

「直前の記憶が保てない」のが原因の1つ

さっき、ご飯を食べたばかりで、食事のあとの洗いものをしているのに、もう食事の催促をする、このような行為は、「食べたことを忘れてしまう」記憶障害が原因でしょう。ついさっきの記憶（短期記憶）が保てないのです。

別の原因として、「見当識《けんとうしき》障害」という、時間や日時、場所などがあやふやになる障害が考えられます。朝ご飯、昼ご飯、夕ご飯といった決まった時間の食事がわからなくなっているのです。

また、脳の満腹中枢《ちゅうすう》（食欲中枢）が障害を受けていて満腹感を得にくくなっている場合も考えられます。

「食べていない！」と本人は思い込んでいる

本人にしてみれば、食べたことを覚えていないので、「おれは、絶対、食べていない！ どうして食べさせてくれないんだ！」と訴えるしかありません。また、「なんか忙しそうにして、おれの食事のこと、忘れているんじゃないのか。ご飯ぐらい食べさせてくれよ！」「意地悪して食べさせてくれないんだ！」など、家事で忙しい家族を目にして、自分だけ忘れられているのでないかという寂しい気持ちもあります。「食べてないから言ってるのに、どうしてわかってくれないのか」と、思いが伝わらない苛立ちを感じています。

本人の気持ちに向き合い納得してもらう

本人が「食べていない」と訴えているのですから、その言葉を強く否定することはやめましょう。「わかりました。もうすぐですよ」など、その場はいったん、受け入れておさめます。

時間をおけば、その時の自分の訴えや空腹を忘れることもよくあります。「さっき、食べたでしょ」と言って、すでに食べたことを無理に思い出させるような声かけはかえって逆効果となります。

食後、すぐに食器を片付けずに、食卓でゆっくりと話をし、食事が終わったことをしっかり印象付けることもよい方法です。本人がまだ食べているのに、はしから食器を片付けたり、家族が立ち上がったりすると、食事をしていたことが理解できず、混乱することもあります。

食事が終わって、食器を残しておいても、どうしても本人が納得してくれない時は、「そうだったわ。ご飯を炊くのを忘れていたわね。待っていてくれる？」と言ってみます。そして、待たせている間に、お茶やお湯などの水分を補給する、また低カロリーのおやつを出すなどしてみましょう。

本人の食べたいという欲求を満たしてあげることで解決することもあります。

声かけのコツ

- ☑「まだ食べてない」という言い分を否定しない
- ☑本人の気持ちに合わせてその場はお茶などで対応する

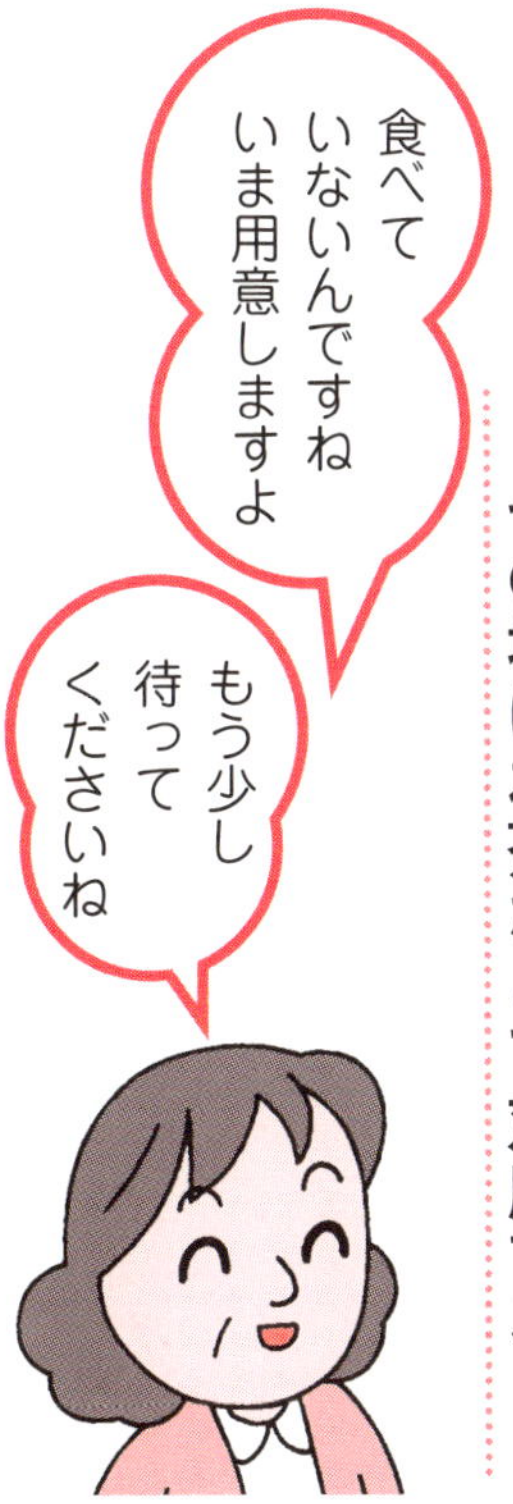

食べていないんですね いま用意しますよ
もう少し待ってくださいね

こんな声かけ

ご飯を食べてくれない

「一緒に食べましょうか」

葉子さん（77歳）は、食卓に出された料理を、見ているだけで、食べない時があります。このままだと栄養失調になってしまうのではないかと心配です。

まず観察　出された料理を「見たことがないもの」と思っている。「食べるもの」だとわからないので、どうしたらよいか戸惑っている。

本人の気持ち　これ、何かしら？　見たことがない。どうすればよいのかな。これを食べるってどういうことかしら。

症状のレベル　中等度

感情的になってとがめるのは禁物

せっかくつくった料理を食べてもらえないと介護者はむなしい気持ちになります。しかし、子どものように、わがままを言って甘えているわけでも、ダダをこねているわけでもない、と考えるべきでしょう。ですから、食べてくれなくても、「せっかくつくったのに…なぜ食べないの！」「早く食べて！」「あとでお腹がすいても、知らないから！」「食べないのなら、片付けてしまいますよ！」などと強くとがめる言葉は禁句です。

何か理由があるはずです。本人が黙っているのは、「どう言ったらよいかわからない」と思っているだけかもしれません。

食べない原因を見極めることが先決

なぜ食べないのか、原因はどこにあるのか、しっかり見極める必要があります。

年をとってただ、食欲が落ちたせいなのかもしれません。また、入れ歯が合わない、虫歯が痛むなどの理由が隠れていることもあります。本人が黙っていても、まず、このような可能性を確認します。

それでもまだ理由が見当たらないなら、テーブルに用意された料理が、「食べものとして認識できない」とか「どうやって食べたらよいのかわからない」ということなのかもしれません。これは、認知症の中核《ちゅうかく》症状である「記憶障害」と食べるという行為の「実行機能障害」によるものだと考えられます。

「見たこともないものがある」と思っている

本人は、食卓にのせられた料理を「これ、何かしら？　見たことがない」と思っています。それなのに、「なぜ食べないの？」と言われて戸惑い、「わけのわからないものを食べろと言うの？　どうすればよいのかしら？」と、不安な気持ちにもなっているでしょう。

思いやりを持って食べるように誘ってみる

向かい合って食卓につき、「一緒に食べましょうか」と声をかけてみます。食べるところを見せながら、「あら、これうまくできたわ。おいしいわよ！」と言って促すのもよいでしょう。やさしい、思いやりのある言葉遣いを心がけましょう。

本人のなじんだ食べ方で工夫するのも一案

おにぎりなら食べる、ということがあるなら、栄養不足にならないよう、おにぎりの具に工夫するなどして、本人がなじんでいるかたちでいろいろためしてみましょう。

おかずを食べてもらえない時は、ご飯の上にのせると食べてくれることがあります。ただし、食べている最中に横からのせないこと。本人が見ていないすきを見て、少しずつのせます。最初から丼物のようにご飯に盛り付けたりするのもよいでしょう。

「おかずが見えていない」可能性も確かめてみる

おかずの皿にまったく手を付けない時、視野が狭くなっている「視野狭窄《きょうさく》」の場合もあります。食事が見えているか確かめて、見えている部分が片寄っていれば見えている範囲に並べ換えます。または仕切りの付いた大きな一枚皿にいくつかの惣菜をバランスよく盛り付けるなど工夫しましょう。

また、途中で箸が止まったら、「ほら、ここにお漬けもの」など、わかりやすく声かけをしてみましょう。

声かけのコツ

- ☑ 食べない原因を見極める
- ☑ 「食べもの」と思っていない時は食べてみせてやさしく促す言葉をかける

一緒に食べましょうか
あら、これ、おいしいわよ！

こんな声かけ

食べもの以外のものを食べようとする「こっちのほうがおいしいですよ」

認知症を発症して5年目の美和子さん（81歳）は記憶障害がかなり進んでいます。ある時、目の前の花瓶に活けられた花を手に取って口に入れ、食べようとしました。

むしゃむしゃ
……
わわ、どうしたんですか？それ、花ですよ！

まず観察 目の前のものが、これは食べるものではない、または食べると危険なものだ、などの判断がつかなくなっている。

本人の気持ち つい口に入れてしまっただけよ。何もすることがないし、手持ちぶさただったから。これ、食べるものじゃないの？

症状のレベル **重度**

大きな声をかけると危険な場合も

食べもの以外のものを食べることを「異食」と言いますが、発見した家族は、大きなショックを受けます。それで、つい大声を出して、

「どうしてそんなもの、食べちゃったの！」

「汚いでしょう！」

「死んじゃうわよ！」

など、強い言葉で責めたりしがちですが、これは禁物です。本人が驚いたあまり、飲み込んでしまったり、のどに詰まらせたりすることもあるからです。

なんとか口の中のものを吐き出してもらわなければなりませんが、無理強いはせず、

「歯磨きをしましょう」

「入れ歯を外しましょう」

などと声をかけ、口を開けてもらいましょう。

身の回りのものすべてが異食の対象

「異食」は、認知症が進むと目立つ行動の1つです。一番の原因は「判断力の低下」や「記憶障害」です。「これを食べると危険だ」「これは食べるものではない」などの判断がつかなくなっているのです。

「異食」の対象になるものは、美和子さんが口にした花のほか、ティッシュペーパー、石けん、ゴミなど、身の回りにあるものすべてです。「こんなものを！」と家族は驚きますが、洗剤や薬品など、あきらかに体に害があるものも含まれることを忘れてはなりません。

あせったり、無理に出したりは逆効果

いったん口に入れたものを、無理に出させようとすると、かえって口をしっかりつぐんでしまったり、抵抗して飲み込んでしまう場合もあります。代わりの食べものを渡すなどして、「このほうがおいしいよ。口の中のはペッ、と出して」と声かけし、自分で進んで口から出すように促します。

もし吐き出すのを嫌がるようなら、ものによっては、かき出すことも必要です。噛まれる場合もあるので注意します。

体に害がないようなものなら、無理に取り上げずに、菓子などを見せて渡し、さりげなく交換するのがよいでしょう。

手持ちぶさたで口に入れることもある

何もすることがなく、手持ちぶさたでつい、口に何かを入れてしまう、という場合もあります。そんな時は、「ねえねえ、お母さん、お隣の林さんだけどね…」と話しかけてみる、「夕ご飯の買いものに行くんだけど、一緒に行く？」と言って外出を促すなどして、食べることから関心をそらすよう、努めてみましょう。

危険なものは近くに置かない

別のケースでは、ペットを飼っているお宅で、かわいがっている犬のドッグフードを食べていた、ということもありました。ドッグフードは毒物とは言えないものの、「異食」には違いありません。そのほか、洗剤や薬品など危険なものは目につかないところに移し、そこに「触るな！危険」という貼り紙をします。体に害があるものを万が一、飲み込んでしまった場合は、適切な応急処置を行い、すぐに救急車を呼びましょう。

「異食」を防ぐには、近くに何も置かないか、食べてはいけないものを食べないようにいつも目を離さないようにするしかありません。24時間の見守りが難しい場合は、デイサービスで過ごす時間をつくる、または施設入所を検討してもよいかもしれません。

声かけのコツ

- ☑無理に取り上げようとしない
- ☑関心を違うものに向けさせる
- ☑食べたものを吐き出させるには歯磨きの声かけもよい

歯磨きをしましょうか
こっちのほうがおいしいですよ

こんな声かけ

手づかみで食べる
「箸はこうしたら使いやすいよ」

いつも息子夫婦と一緒に食事をする文雄さん（72歳）。ある日の朝食で、サラダを突然、手づかみで食べました。息子に叱られた文雄さんは傷つき、それからは「1人で食べる」と言い出しました。

えっ！
箸を使ってないよ
どうしたの！
手が汚れる
じゃないか

まず観察 手を動かす筋肉に障害が出たわけではないのに、箸がうまく使えなくなっている。

本人の気持ち 箸はどうやって使うんだっけ、忘れてしまった。うまく使えない。うーん、手でつかんで食べるか…。

症状のレベル 中等度

ショックは本人のほうが大きい

手づかみで食べるのを見て、「親のこんな姿は見たくなかった」とショックを受けるのは当然かもしれません。けれども、本人が「箸が使えない」とは思ってもみないので、

「なんでまた、箸、使わないんですか！」「お箸があるんだから、お箸、使ってよ！」「手づかみなんて、不潔じゃないですか」「やめてください！」

などと、強く叱りつけたりしてしまいます。本人は、叱られたことにショックを受け、プライドは大いに傷つきます。

「お箸はこうしたほうが使いやすいですよ」

「取りにくいなら、私が取りましょうか」

と、手伝ってあげるようにさりげなく声をかけましょう。

それまではできた動作ができなくなる

認知症が進行すると、箸を上下さかさまに持ったり、1本だけで食べようとするなど、箸がうまく使えなくなる場面が出てきます。さらに進行すると、手づかみで食べようとするようになります。

これは、手や足に障害があるわけではないのに、それまでできていた簡単な動作を行うことができなくなる「失行」と呼ばれる症状です。箸やスプーンなど、使い慣れた道具の使い方や手順がわからなくなるのは「観念性失行」と呼ばれます。大脳の頭頂葉《とうちょうよう》という部位の障害によるものです。

プライドを傷つけるような言い方は避けて

本人は、「箸が使えないなんて、情けない…」と、口には出せない悩みを抱えています。「うーん、しょうがない、手でつかむか…」と、苦肉の策で手づかみしたら、息子に強くとがめられてしまった。気落ちして、食事も一緒にしたくない、ということにもなります。本人のプライドを傷つけないよう、言い方には注意が必要です。

実際に見せながら、やさしく誘導する

箸が使えないなら、と持ちやすいスプーンに変更してしまいがちですが、高齢者は箸のほうがうまく使える場合も多いので、安易に「できない」と決めつけないほうがよいでしょう。

箸の持ち方が間違っている場合は、「お箸はこうしたほうが使いやすいですよ」などと、実際にやってみせながら、さりげなく、根気よくやってみます。

食べやすくする工夫も大切

また、食材を取りやすい大きさに切っておく、ユニバーサルデザインの食器を使うなど、食べやすくするための工夫も必要でしょう。主食をおにぎりやサンドイッチ、トーストなどに切り替えて、手で食べられるようにするのも一案です。

箸が使いにくく、手で食べても構わない、と容認する場合には、感染症を避けるために食前の手洗いを徹底します。

「できないこと」をできるだけ手助けする

このような「失行」の症状は、ほかにも、服を着たり脱いだりできなくなる（着衣失行）、指先でのこまかい動作ができなくなる（肢節《しせつ》運動失行）など、日常生活でのさまざまな動作が思いどおりにいかなくなってくる状態です。

こうした状態にいる本人の気持ちを考え、思いやることが、まず大切です。「できないこと」をどうやって手助けするのがよいか、どう声かけしたらよいかを考えてみましょう。

声かけのコツ

- ☑ プライドを傷つけないよう言い方には注意する
- ☑ できないことをできるだけ手助けする

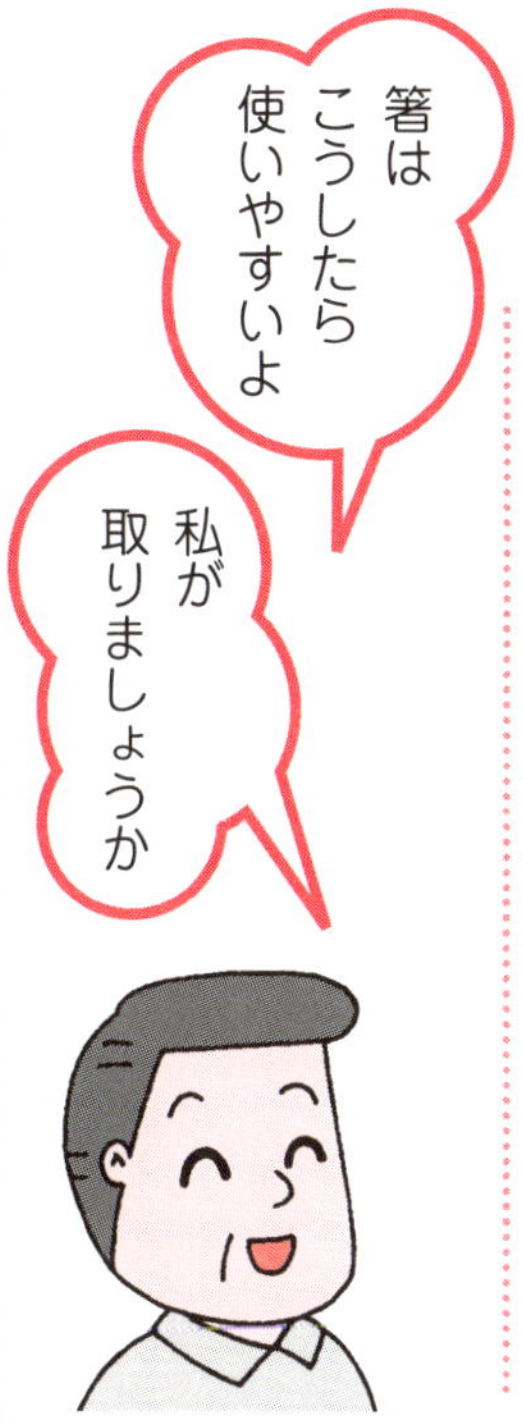
箸はこうしたら使いやすいよ
私が取りましょうか

こんな声かけ

入浴を嫌がる「久しぶりに一緒に入ろうよ」

信吾さん（77歳）は、以前はお風呂好きだったのですが、最近、「汗をかかなかったからいい」などと理由をつけ、入浴を嫌がります。「今日は入って」と勧めると、興奮して怒り出します。

嫌だって言ってるのに！
何日も入らないと体に毒だよお風呂に入って

まず観察 服を脱ぎ風呂場で体を洗い、体を拭いて服を着るという「入浴」の一連の行為が「手順が難しい」と感じ、時間がかかることに嫌気がさしている。

本人の気持ち お風呂ってどうすればよいのかわからない。最初に何をするんだったか。間違うんじゃないかと不安だし、時間もかかる。疲れるから嫌だ。

症状のレベル **中等度**

力づくで入れようとするのは逆効果

入浴を嫌がるからといって、「ずーっと入ってないじゃないですか、汚いですよ、入ってください！」「おやじ、なんか臭うよ、入ってよく洗ってきてよ！」などと言いながら、力づくで風呂場に連れて行き、入浴させようとするのは逆効果です。

「汗を流すと体がさっぱりしますよ」「ゆっくりお湯につかると体がぽかぽかしますよね」「久しぶりに一緒に入ろうか。背中を流してあげるよ」と、やさしく誘ってみましょう。

お酒好きの人なら、「お風呂から上がったら、ビール飲みませんか」と、入るきっかけをつくってあげるのもよいアイデアです。

一連の動作が「難しい」と感じる

入浴を嫌がる理由の1つは、服を脱ぐ、体を洗う、髪を洗う、浴槽に入る、出る、体を拭く、服を着る、といった「入浴する」ための一連の動作が「難しい、わからない」と思うようになる症状のせいです。「実行機能障害」と呼ばれます。

それまで何ということもなくできていたことが、「難しい」と感じて時間がかかるようになり、それを家族に知られたくないので嫌がっているということが考えられます。

また、身だしなみや清潔さにも鈍感になっていることがあるかもしれません。

風呂場ではどうするのかわからないから不安

お風呂に入れと言われても具体的に何をしたらよいのかわからない、入ったら出るまで時間がかかり、疲れるからもう入りたくない、など不安な気持ちで嫌気がさしているのかもしれません。それで、「お風呂に入って」と声をかけると「今日は足が痛いからいい」などと言って嫌がるのは、その不安の表れということもあります。そんな時は「お風呂場で足の様子を見せて」と風呂場まで誘導してみましょう。

風呂場まで誘導したら、さりげなく手伝う

それでも入ってくれない時は、「それじゃあ、たまには一緒に入りましょうか」と声をかけるのもよいでしょう。脱衣から入浴するまでを手伝って、さりげなく手順を示しながら、一緒に入ります。

お風呂に入るきっかけをつくるのも一案

入浴を勧めるのに、「お風呂に入ってください」という言い方にこだわることはありません。「この前、背中がかゆいって言ってたでしょ。お風呂場にいって背中を見せて」など、関心を入浴以外のところに向けながら、風呂場へと誘導します。嫌がらずに服を脱いでくれたら、「（お風呂は）気持ちいいですよ。ゆっくりお風呂につかってみましょうか」と声をかけて、入浴を促しましょう。

家族以外の人に入浴を勧めてもらう

かかりつけの医師、訪問看護師などの介護スタッフなど、家族以外の第三者に入浴を勧めてもらうのも1つの手です。

どうしても無理なら、足湯や手、腕をお湯で洗うなどして、湯につかる快適さを味わってもらい、促すのもよいでしょう。

施設でもお風呂を敬遠する方はいますが、脱衣所まで誘導できれば、そこでほかの人がお風呂に入っている様子を見て安心するのか、すんなり入浴してくれる場合もあります。

声かけのコツ

- ☑ 一緒に入ろうと誘い手順に沿ってさりげなく手伝う
- ☑ 風呂場に行くきっかけをつくって誘ってみる

久しぶりに一緒に入ろうよ
入るとさっぱりするよ

こんな声かけ

着替えに手間取り、ちぐはぐな格好をする

「ゆっくりでいいですよ」

認知症と診断されて6年目の安子さん（80歳）はデイサービスに行くのに、いつも長い時間かけて着替えをします。夏の暑いある日、厚手のセーターにブラウス姿で、息子さんをびっくりさせました。

まず観察　「着替える」という動作が難しくなってきている。ボタンを外す、腕を通すなどの動作が手順よくできない。天気や季節に合った服を選ぶ、ということも難しくなってきた。

本人の気持ち　服を着替えるのは大変。次に何をしたらよいかわからなくて時間がかかってしまって。服を選ぶのも、まるで自信がない。

症状のレベル　中等度

着替えに手間取るのは本人も自覚している

認知症が進むと、日常生活のさまざまな動作に時間がかかるようになります。着替えにもまた、長い時間をかけ、なかなか終わりません。本人もそれはよくわかっているのですが、うまくいかないのです。待たされている家族はつい、

「（迎えの車がきているよ。）さっさと着替えてよ」

「カーディガン着るだけで、なんでそんなに時間がかかるの！」

などと、せかしてしまいます。

また、着てきた服を、

「えっ、それ、ヘンじゃない？」

などと、驚いて見せたり、とがめたりしがちです。

どちらも、本人はプライドが傷つき、嫌な気持ちが残るだけですから、やめましょう。

考えながら、順番にやることが苦手に

これまで何の苦労もなくできていた着替えのような動作ができなくなるのは、「失行」という認知症の症状の1つです。「着替え」という動作も、段取りを踏んで順番どおりに行わなければ完成しません。また、天気や季節に合った服を選ぶということも難しくなってきて、本人も不安になるので時間がかかり、あげくに「ヘンな格好」になってしまうのです。さらに選んだ服を否定されたり、せかされれば「バカにして」と嫌な感情だけが残るようになります。

辛抱強く見守り、フォローする

時間がかかっても、せかしたりせず辛抱強く待って、本人にできることは認めて見守りましょう。

「まず、ブラウスからね」

「次は靴下をはきましょう」

「ゆっくりでいいからね」

と言いながら、戸惑った部分だけ、1つずつ、順番に動作をフォローします。

着替えを手伝う時は、「腕を先に通して」などと、動作を1つずつ分けて促しましょう。

タンスに「下着」「ズボン」と貼り紙すると効果的

「えーと、この服はどうやって着るんだったかしら」

「あー、急いでって言われると、よけいわからなくなる！」

本人もわからなくなっているという自覚はあるので不安になっています。安心させることが一番大切です。

着替えの順番がわかるように、着る順番どおりに衣服をたたんで、本人の目につく場所に置いておきます。また、タンスなどに「下着」「ズボン」などの文字やイラストを描いた紙を貼って探しやすくする、場合によっては1、2など順番を振っておくなど、工夫しましょう。

ボタンやファスナーは扱いにくいので、マジックテープなどに変えることも必要でしょう。また脱ぐのはできるが、うまく着られないという時などは、本人ができないことだけを手伝うよう心がけます。

「どうしてできないの？」は禁句

着替えに自信がなくて不安になっている人に、「また、間違えてる。どうしてきちんとできないのかしら」と言ってはいけません。きちんとできないことを悩んでいるのですから。

家事で忙しい時など、「ぐずぐずしてないで、早くしてほしいんだけど」と思っていると、ついこんな〝非難めいた〟ことを言いがちです。繰り返しますが、まずは黙って見守り、辛抱強く待つことです。本人にできることは認めて見守り、それから、戸惑った部分だけフォローするようにしましょう。

声かけのコツ

- ☑せかさず見守ってできないことを手伝う
- ☑順番がわかりやすくなるよう工夫してみる

こんな声かけ

トイレが間に合わない、失敗してしまう

「さっぱりしたら散歩に行こうか」

もともとトイレが近かった正夫さん（73歳）は、数か月前から、トイレに間に合わないことが増え、家族に内緒でこっそり下着やズボンを取り替えたりしています。

あ、また失敗したのねなんとかならないかしら…
……

まず観察 筋力が落ちて体が思うように動かず、間に合わなくなり、頻尿《ひんにょう》や失禁のトラブルが増えてきている。

本人の気持ち あっ、と思った時にはもう、間に合わないんだ。情けなくて嫌になる…。

症状のレベル **中等度**

本人のプライドを傷つけないように

本人は恥ずかしく思い、情けなく思っています。それなのに、「ええっ、またですか⁉」「どうしてなんでしょうね、お願いしますよ！」と、本人の気持ちを逆なでするような言い方は絶対にやめましょう。プライドが傷つき、生活意欲も失い、家族とのコミュニケーションにも問題が生じることになります。

失敗には、本人のプライドを傷つけないよう、できるだけさりげなく対処しましょう。いつまでも失敗にこだわるようなことはせず、ささっと処理も済ませます。

そして、「さっぱりしたら、散歩にでも行こうか」など、気持ちが違うほうに向くよう、促しましょう。

なぜ間に合わないのか 失敗してしまうのか

高齢になれば、筋力が落ちることもあって、頻尿《ひんにょう》や尿もれ（尿失禁）が起こりやすくなります。認知症が進めばさらに、尿意や便意に対して鈍感になり、どうしても間に合わない、ということが起こってきます。

尿意を感じている場合でも、歩行がおぼつかないのでトイレの場所まで間に合わない、もたもたしているうちに失禁してしまう、ということもあります。

病気や薬の影響の 可能性も視野に入れて

また、ふだん飲んでいる薬の中に失禁の原因をつくる成分が入っていることもあるので、急にトラブルが増えた場合には、かかりつけ医に相談します。

失禁は、膀胱《ぼうこう》炎や切迫性尿失禁、男性なら前立腺肥大症《ぜんりつせんひだいしょう》など、病気が原因で起こっている可能性もあります。泌尿器《ひにょうき》科で検査を受けることも考えましょう。

本人も失敗は情けなく 隠したいと思っている

認知症であっても、失禁は恥ずかしい、情けないと思っています。「あっ、と思った時には失敗してるんだ」「どうしても間に合わないんだもの」「情けなくて嫌になる…」「自分でもなんとかしたいんだよ…」という声が聞こえてきそうです。

せめて隠したい、という思いで、汚れた下着をゴミ箱に入れたり、押入れの隅にしまったりするのですが、いずれ家族には見つかって、かえって処理が面倒なことになります。

そうなる前に トイレ習慣を身に付ける

時間帯や1日の回数など、本人の排せつのサイクルを日ごろから観察して把握しておき、さりげなくトイレに誘導します。

体をもじもじさせたり、そわそわしたり、という〝マーク〟がある人なら、それを見落とさずに、

「トイレのタオルを替えてきてくれますか」

「トイレのペーパーが切れてないか、見てきてくれますか」

など、本人がトイレに行くきっかけをつくってみましょう。

尿意や便意に関係なく、時間でトイレに行く習慣を付けるのもよい方法です。

トイレが行きにくい場所になっていないか、トイレ環境を見直すことも必要です。

症状が進めば、おむつを利用することも考える必要がありますが、本人には抵抗がある場合が多いでしょう。

「失敗したくない」という本人の気持ちに寄り添って問題の解決策として勧めていくことが大切です。本人が納得したうえで、パンツタイプのものから始められれば、失敗のあとのストレスがなくなり、介護する家族ともに楽になります。

声かけのコツ

- ☑失敗を責めず さっと手早く処理する
- ☑トイレに行くきっかけをつくり さりげなくトイレに誘導する

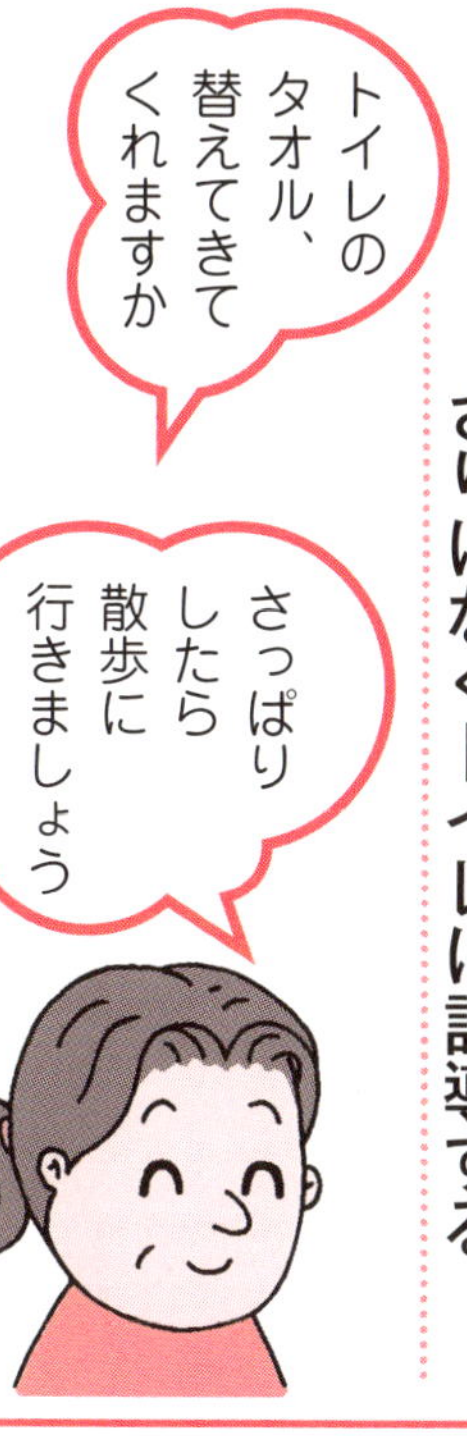
トイレのタオル、替えてきてくれますか
さっぱりしたら散歩に行きましょう

こんな声かけ

トイレ以外の場所で用を足してしまう

「トイレはこちらですよ」

弥生さん（88歳）は認知症ですが、ある程度自立しています。ところが、先日、廊下の突き当たりで弥生さんが用を足しているのを家族が見つけ、全員が大きなショックを受けました。

えっ、お母さん、そこはトイレじゃありませんよ

まず観察 部屋から出てトイレへ行こうとして方向、場所がわからなくなる。トイレや便器の「かたち」を忘れてしまい、バケツやゴミ箱を便器と勘違いすることもある。

本人の気持ち お便所は廊下の隅にあったはずなのに、ないんだもの、あわてちゃうわ。あれ？　こんな便器は見たことがない！

症状のレベル **中等度**

本人はそこをトイレだと勘違いした？

トイレでない場所で用を足すのを見てしまうと、家族は確かに驚愕《きょうがく》します。

「わっ、なんてことするの！」

「そんなところでするなんて！」

と、つい大声を出してとがめてしまいます。

本人がそこを「トイレと認識」して用を足した場合には、たとえ驚いても、本人のプライドを傷つけるような言い方はやめましょう。

本人の気持ちに配慮し、「待って。トイレはこちらですよ、トイレの場所がわかりにくかったかしら。一緒に行くから待ってくださいね」

など、やさしくトイレに誘導しましょう。汚れた場所は、さりげなく、さっと処理します。

目的地がわからなくなる「見当識障害」

トイレとは違う場所で用を足してしまうのは、目的地がわからなくなる「見当識《けんとうしき》障害」が原因です。トイレと間違えやすいのは部屋や廊下の隅、浴室、脱衣所などで、バケツやゴミ箱を便器と間違えてしまうことも多いようです。

認知症でなくても、若い人で泥酔して眠り込み、夜中に起きあがってトイレへ行こうとして、とんでもないところで用を足してしまう、ということがあります。これも一時的な見当識障害と考えられます。脳が一時的に障害を受けたのです。

見当識障害というのは、家の外に出たとたん、周りの建物や風景が見慣れたものだと識別できなくなって道に迷ったり、自分のいる場所や目じるしの建物などはわかるのに、目的地との位置関係がわからず、どちらに進むべきかと立ち往生するというもの。弥生さんは、家の中でこれが起きたと考えられます。

トイレを忘れた「記憶障害」も起きている

認知症が進むと、記憶が現在から過去へさかのぼって失われていく「記憶障害」も起きます。自宅が昔とは違う、という場合、廊下の隅にあったはずだという記憶から、そこを「トイレと認識」してしまうのです。

また、トイレに行っても、「あれ？ こんなトイレ（便器）は見たことがない、トイレがない！」、とあわてる、ということも考えられます。若いころに洋式トイレを使っていなかった人は、和式トイレをイメージしてそのまま床に用を足してしまうこともあるようです。

トイレの場所をわかりやすくする工夫を

トイレのドアに、大きく「ここがトイレです」のような貼り紙をする、トイレが遠い場合は道順を示す貼り紙をするなどして、トイレの場所が明確にわかるようにします。

「トイレ」という言葉よりも、人型の絵文字を使うと、人によってわかりやすいこともあります。本人になじんだものを考えましょう。

また、トイレ近くの廊下やトイレ内の照明を常時つけておくと、目にとまりやすく、夜でも行きやすいでしょう。トイレの工夫については、3章「排せつのトラブルを避ける介護のコツ」（P138〜139）で詳しく述べてあります。こちらも参照してください。

別の場所が完全にインプットされたら

「ここがトイレじゃないって？ だって、ほかにトイレはないでしょ」というように、本人が完全にその場所をトイレと認識してしまったら、そこにポータブルトイレを置く方法もあります。

声かけのコツ

- 強くとがめてプライドを傷つけたりしない
- やさしくトイレの場所に誘導する

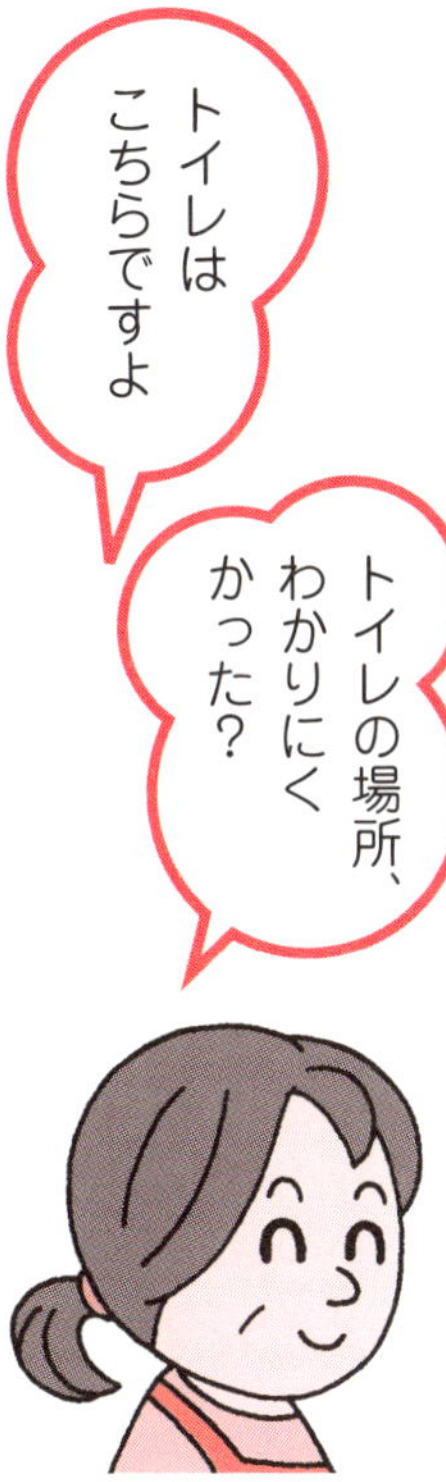
トイレはこちらですよ
トイレの場所、わかりにくかった？

こんな声かけ

家の中でじっとしていられない

「ちょっとひと休みしませんか」

8年ほど前に認知症を発症した弘志さん（79歳）。最近、家をリフォームしたのですが、いつも午後2時ごろになると、家の中を何十分もウロウロして落ち着きがなくなります。

……
お客さんがいるから、ウロウロするのはやめてほしいのに…

まず観察 何か不安を感じることがあって、動き回ってしまう「徘徊」の症状。家をリフォームしたなど環境の急変に気持ちが対応しきれていないことも考えられる。

本人の気持ち 家の中がいつもと違う。ソワソワして落ち着かない。じっとしていられない。

症状のレベル **中等度**

落ち着かないのは認知症の症状

ともかく、じっとしていられないのは、「徘徊」という認知症の症状です。来客中だろうと関係なく、本人はやめられないのです。ですから、

「ウロウロするのはやめてください！」

「いまは部屋にじっとしていてくれませんか！」

と言っても、問題の解決にはなりません。

だったら、と部屋に閉じ込めたりするのはやめましょう。本人が欲求不満になり、代わりに別の問題行動をとってしまう場合があります。

こんな時は、禁止するのではなく、関心を別のものに向ける、ほかに集中できるものに誘導する、など方法を考える必要があります。

関心をほかに向けさせ、気持ちを落ち着かせる

「落ち着かないんですね、何か探しものですか」
「好きな女優さんが出ている番組が始まりますよ」
「山の景色がきれいな本を買ってきましたよ」
「お茶でも飲んで話をしませんか」
などと声かけし、関心を別のものに向け、本人の気持ちが落ち着くよう促しましょう。

いろいろある「徘徊」の症状

認知症の症状である、動き回る「徘徊」は、本人に理由や目的があるものとないもの、2種類に大別できます。

前頭側頭型《ぜんとうそくとう》認知症の場合には、毎日、同じルートを速足で繰り返し歩き続ける「周徊《しゅうかい》」という症状が見られます。この場合は同じルートを歩くので、道に迷うことはあまりありません。夕方になると「家に帰りたい」と言ってウロウロ動き回る「夕暮れ症候群」というものもあります（P90のケースで紹介）。

弘志さんの場合は、明確な「理由がない」ケース。家をリフォームした、介護施設に移ったなど、環境の急変に心身が対応しきれず、この症状が現れた可能性もあります。家や施設で何か不満や不安がないか、さりげなく聞き出してみましょう。

外の徘徊には事前の対処をしっかりと

家の中のように、家族の目が届く場所を歩き回っている場合はまだ安全ですが、家の外に出てしまうと、場所がわからなくなって帰れなくなることもあります。本人の行動パターンを家族や介護スタッフでしっかり共有して、「いつもの行動」が始まったら、本人が興味を持っているものを見せたりして関心をそちらに向け、落ち着いてもらいましょう。

外に出かけてしまう場合は、GPS《ジーピーエス》内蔵の徘徊探知機を帽子やハンドバッグに付けたり、GPS機能付きの携帯電話を持たせたりします。

その他の事例：施設入所者の徘徊

施設に入所して暮らしている人の中には、夕方になると「家に帰りたい」と落ち着かなくなり、歩き回る人がいます。「ここはどこなの？」「なぜここに1人でいるんだろう」と不安やあせりで歩き回るのです。

そんな時の職員は、「お疲れでしょう。ひと休みしませんか」とか、「お出かけですか。気を付けて行ってくださいね」とよく声をかけます。どちらも、「歩き回ってはいけない」と禁止する声かけはしません。安全な場所を歩いている時は止める必要はなく、むしろ「いつも気にかけている」というメッセージを送ることが大事です。

声かけのコツ

- 関心をほかに向け気持ちを落ち着かせる
- 歩いて安全な場所なら無理に止める必要はない

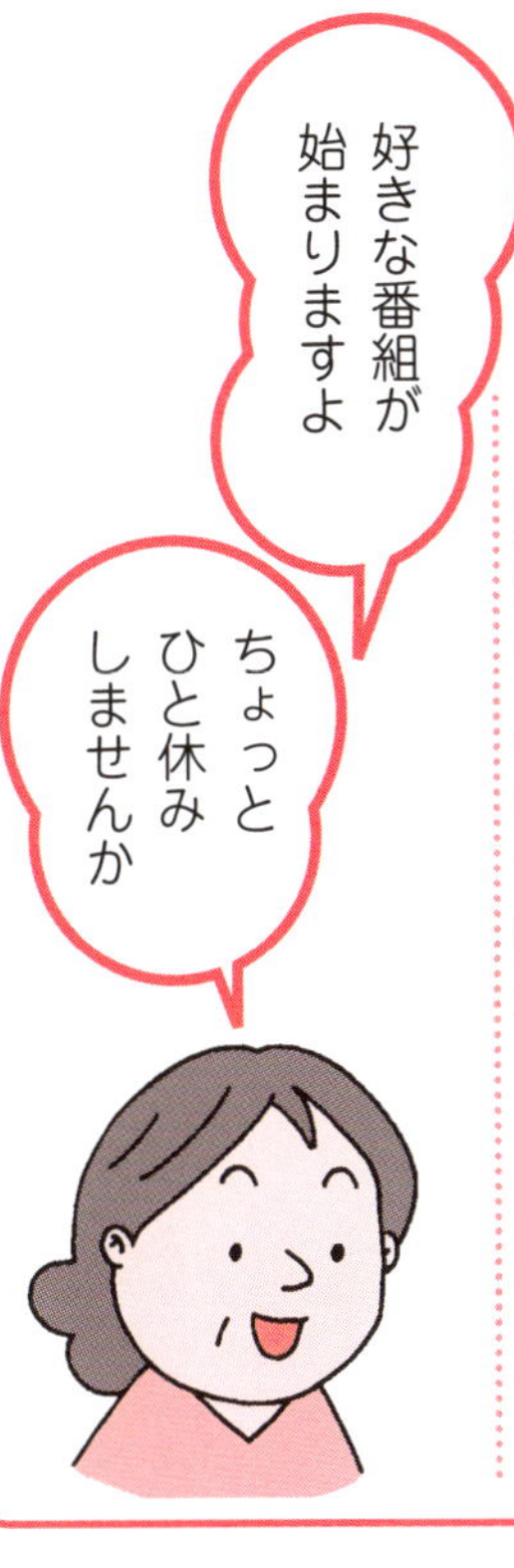
好きな番組が始まりますよ
ちょっとひと休みしませんか

こんな声かけ

夕方になると外出しようとする

「その前に、お茶でも飲みませんか」

体調は良好な年男さん（83歳）は、夕刻、家族の目がちょっと離れたすきに、ふらっと外出することが多くなりました。迷子になって、警察から連絡を受けることもたびたびです。

まず観察 夕方になると、記憶が現役で働いていたころに戻り、いまの自分との関係がわからなくなる。外出先から会社に戻るつもりになったりする。

本人の気持ち おお、こんな時間だ、もう会社に戻らないと。

症状のレベル　中等度

無理に引き止めるのは逆効果

　家族にはわからなくても、本人はしっかりした目的や理由があって行動しています。

　年男さんの場合は、現役だったころ、外回りを終えて会社に戻る時間帯だったのかもしれません。そこで、

「おっと、戻らなきゃ」

と思って、体が出かけるように動いてしまうのでしょう。

「こんな夕方に、どこへ行くんですか！」

「何も用事はないでしょ！」

と禁止するような声かけは逆効果です。

　むしろ話を合わせて、

「そうなんですか。でも出かける前に、一杯お茶を飲んで行きませんか」

と声かけし、気持ちを落ち着かせてみましょう。

「徘徊」症状の1つ 夕暮れ症候群

　年男さんの場合は、「理由や目的がある」徘徊のケースで、記憶障害の中でも、現在から過去にさかのぼって記憶が失われる「記憶の逆行性喪失《ぎゃっこうせいそうしつ》」と思われます。

　年男さんは80代になっても、現役で働いていた若いころの自分に戻って、「外回りを終えて会社に戻ろう」とか、「仕事が終わって飲みに行く時間だ」ということで行動しているのです。現在の自分の状態とつながりがなくなっているので、途中で道がわからなくなり、迷子になってしまいます。夕方になると症状が出るというので「夕暮れ症候群」とも呼ばれます。

本人に話を合わせて声をかける

　対策の基本は、まず、本人の話に合わせて気持ちを落ち着かせることです。出かけるな、とは言わずに「まあまあ、出かける前に、お茶でも飲んだら？」などと声をかけましょう。とりあえず、家にとどまらせることがポイントです。お茶を飲みながらゆっくり話をしていれば、「外出しようとした」こと自体を忘れてしまいます。

　「仕事があるんだ」と言って出かけようとする人には、「電車は今日、ストで動きませんよ。明日にすれば？」など、本人が納得しやすい理由を挙げてみましょう。

　それでも外出しようとする時は、一緒に外出して、家の周りを散歩します。

新しい環境になじめず引き金になることも

　別の事例では、2か月前から息子夫婦と同居を始めた啓子さん（80歳）のケースがあります。夕方になると「家に帰るわね」と言って家を出て行こうとします。同居は以前から望んでいたことなのに、どうしたのか、息子の一郎さんが「ここがお母さんの家ですよ」と言っても、納得できない様子です。

　これは、新しい家になじめない啓子さんの不安が、「夕暮れ症候群」を引き起こしたものと思われます。この場合も、「ここが家でしょ！」と出かけようとするのをやめさせたり、閉じ込めたりするのは逆効果。家人の見ていない時に抜け出したりするので、かえって危険です。

　こんな時は、「そうか、家に帰りたいんだね。でも、今日は天気が悪いから、明日にしない？」などと言って、外出するのをとどまらせる、という方法もあります。

　それでも出かけようとしたら、「じゃ、一緒に行こうか」と言って外に出て、話をしながら、近所をひと回りしましょう。そして、玄関に戻ってきたら「さ、帰ってきたね」と言って、ここが家だということを納得してもらいます。

声かけのコツ

- ☑無理に引き止めず話を合わせて話を聞く
- ☑気持ちを落ち着かせ家にとどまらせる

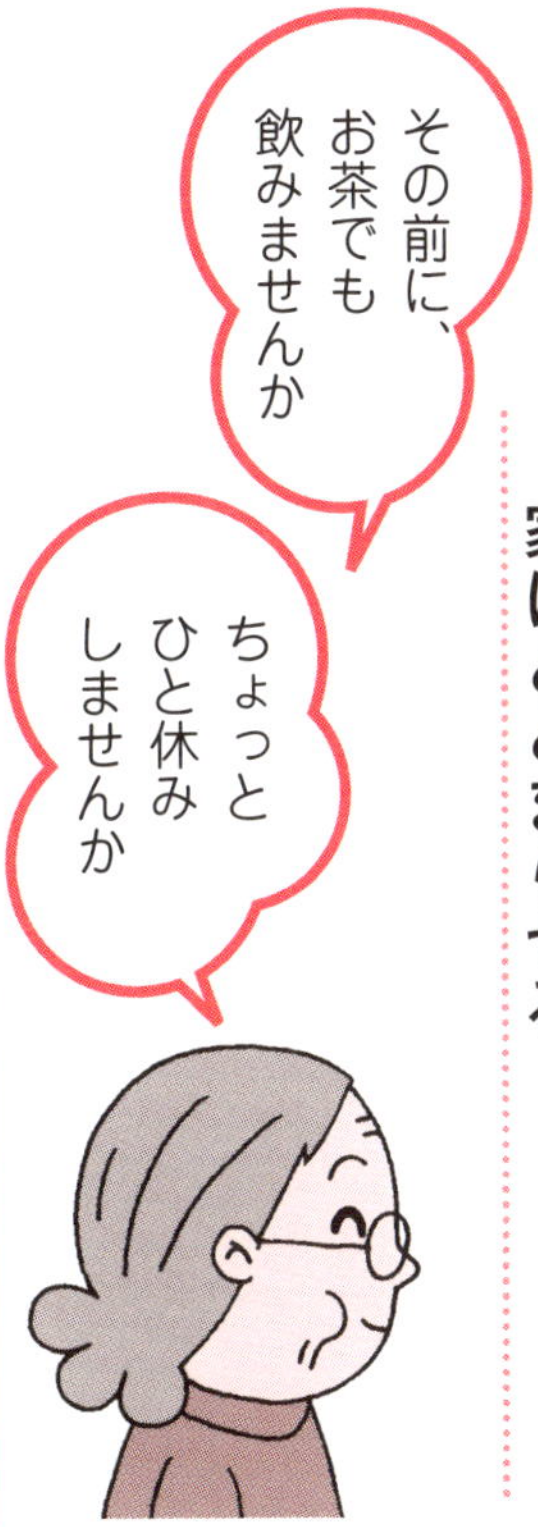
その前に、お茶でも飲みませんか
ちょっとひと休みしませんか

散歩に出ると迷子になり、戻れなくなる
「一緒に行っていいですか」

散歩を日課にしている和子さん（72歳）。健康のためにもいい、と家族もとくに問題にしていなかったのですが、最近、出先で道に迷うことが多くなり、そのたび、交番のお世話になります。

……
またですか…。交通事故にでも遭ってたら、とひやひやしましたよ…

まず観察　周りの建物や風景が見知らぬものに感じて、自分がどこにいるかわからなくなる。散歩に出たということを忘れて、立ち往生することが増えている。

本人の気持ち　私はどこへ行くつもりだったのかしら。いつの間にか知らない町を歩いていて、わけがわからなくなった。家に帰れない。

症状のレベル　**中等度**

外出するのを力づくで禁止するのは厳禁

出て行ったら迷子になるから、と散歩を禁止して、玄関に鍵をかけたり、靴をしまったりするのはやめましょう。これでは、家族の都合を優先するだけで、よい解決策とはなりません。

「また、迷子になるでしょ、出かけないで！」

「1人で出ていってはダメですよ！」

などと、強い言葉をかけるのも厳禁です。気落ちさせて閉じこもり、別の周辺症状（B《ビー》P《ピー》S《エス》D《ディー》）を発症させることにもなりかねません。

出かけようとしたら、

「お散歩ですか。一緒に行っていいですか」

と声をかけて、一緒に出かけましょう。気持ちを落ち着かせ、さりげなく見守りましょう。

迷子になる原因をひもとくと…

迷子になるのは、見当識《けんとうしき》障害の中でも地誌的《ちしてき》見当識が原因です。言い換えると周りの建物や風景を、「見たことがない」ように感じてわからなくなり道に迷う、または、自分のいる場所や建物などはわかっているのに、目的地との位置関係がわからず、どっちに進んだらよいかわからなくなり、立ち往生してしまう、というものです。

和子さんの場合、目的がない徘徊とは違って、「散歩」という目的で出かけていますが、途中で方向感覚を失い、迷子になっているのでしょう。そういう場合と、「散歩に出た」という目的を忘れてしまい、「私はどこへ行こうとしてるのかしら？　ここはどこ？」と、立ち往生し、帰れなくなった、という時もあるかもしれません。また、別の原因として「不安・焦燥」にも注意が必要です。

このような迷子になりやすい人は、「見当識障害」だけでなく、判断力の障害や「せん妄」という、突然意識がもうろうとし、幻覚や錯覚を起こすことがある症状を抱えている場合もあります。このような状態では、散歩の途中、「ここはどこなの？」という場面になれば、不安とあせりでいっぱいになるでしょう。

和子さんのように「交番が保護してくれるから」とか、「いずれ帰ってくる」などと言って放置するのは厳禁です。

閉じ込めることは解決にならない

家族は「迷子になって、そこで交通事故にでも遭ったら…」と心配するのは当然ですが、未然に防ぐ策は「本人を閉じ込めておくこと」や、「ドアに鍵をかけること」というのは望ましくありません。というのは、こうした人は総じて活力があり余っていることが多く、行動を束縛すると欲求不満から、認知症の症状が悪化することもあるからです。

近所の人たちとの日ごろの態勢づくりを

このような場合には、近所の人たちや交番との連携が効果的です。事情を伝えておき、見かけたら連絡してもらうようにするなど、日ごろから協力をお願いして、事故を未然に防ぐよう備えることが大切です。

徘徊者を発見・保護し家庭に連絡する「徘徊SOSネットワーク」を設けている自治体も増えています。事前に登録した番号などを印字した反射ステッカーを、おもに靴のかかとに貼るもので、目にとまりやすく、登録番号から身元がすぐに判明します。徘徊して行方不明になった時、警察や自治体、またステッカーに気づいた地域の人たちが情報提供してくれます。市区町村の役所やホームページなどで調べてみましょう。

声かけのコツ

- 外出を禁止しない
- 本人の不安な気持ちをくみ取る
- 一緒に出かけて気持ちを落ち着かせる

こんな声かけ

同じことを何度も聞く

「ここにも書いておいたから」

多恵さん（80歳）は、「今日は何曜日？」「今度、いつ病院に行くんだっけ？」と同じ質問を日に何度もします。そのたびに家族も返事をしているのですが、さすがにストレスがたまります。

今度、いつ病院に行くんだっけ？
来月の5日！
もー、さっき言ったのに！

まず観察 数分前に言ったこと、聞いたことを覚えていられないので、何度も同じことを聞いている。繰り返しているという自覚はない。

本人の気持ち ふつうに聞いているのに、なんであんなにぷんぷんするのかしら？　私に知らせたくない、ってことかしら？

症状のレベル **軽度**

介護者にはストレスだが本人にもストレスが

　何度も同じことを聞くので、何度も同じことを答えなくてはならない、そのストレスから、つい、

「さっき、言ったじゃないですか！」

「同じこと、何度も言わせないでくださいよ！」

「もう何べんも言ったでしょ！忘れたの？」

などと、けっこう強い言葉で責めてしまうことがあります。

　本人は聞いたことを忘れているので、「ふつうに聞いているのに、なんであんなにぷんぷんするのかしら？」と思っています。場合によっては、「私に知らせたくない、ってこと？」などと、見当違いの疑いを持って、家族の信頼関係が保てなくなる恐れもあります。

記憶障害の「記銘力の低下」が原因

認知症の中でも、アルツハイマー型認知症の最初の症状が記憶障害です。数分前に自分が言ったこと、聞いたことも覚えていられないという状態は「記《き》銘《めい》力の低下」と呼ばれ、初期の代表的な症状です。同じことを何度も繰り返し聞き続けるのはこのためです。

また、日時がわからなくなる「時間的見当識《けんとうしき》障害」のせいで、曜日を尋ねたり日にちを確認しようとしている場合もあります。数回ならず、5回、10回と続くと、つい「またですか！」というような対応をしがちですが、本人には、記憶がないので、同じことをしている自覚はありません。

辛抱強く、毎回「はじめて」のように対応する

「記銘力の低下」や「見当識障害」に対しては、辛抱強く対応することが必要です。

「あ、それは○○ですよ」

「ここにも書きましたよ、見てくださいね」

などと、同じことを何度聞かれても、そのつど、はじめて答えるように、対応します。

また何度も同じことを言っているなと思っても、はじめて聞いたような様子で、

「わかったわ。言ってくれてありがとう」

と言ってあげましょう。

予定を聞かれたら、たとえば通院する曜日を大きな文字で書いて貼っておく、などの工夫をします。今日の日付や時刻などは、本人が見てすぐわかるように、日めくりカレンダーや文字が大きめのカレンダー、時計をかけておくとよいでしょう。

「それ、さっきも言ってたよ」は禁句

別の事例で、共働きの娘夫婦に代わって孫の面倒をみてきた美知子さん（83歳）の場合は、最近、物忘れが多くなったな、と自分で気になるようになっていました。

そんなある日、仕事から戻った娘に「来週の火曜日は、朝歯医者に行くから車で送ってね」と伝えると、娘に「お母さん、その話はさっきもしてたよ」と言われ、自分でもびっくりするほどショックを受け、ほんとうに物忘れがひどくなったのだ、と不安でいっぱいになりました。

「さっきも言っていたよ」というような物忘れを指摘するような言い方は、日常生活の不安を感じながら暮らしている高齢者には、認知症を実感させるようなショックを与えることになります。

日ごろは信頼関係でつながっているはずの娘でさえ、つい、こんな言葉をかけてしまう、という例ですが、そうでない場合には、本人の気持ちに寄り添った声かけにさらに気遣いが必要だということがわかるでしょう。

声かけのコツ

- ☑ 感情的に対応しない
- ☑ 辛抱強く、そのつどはじめて聞いたようにていねいに対応する

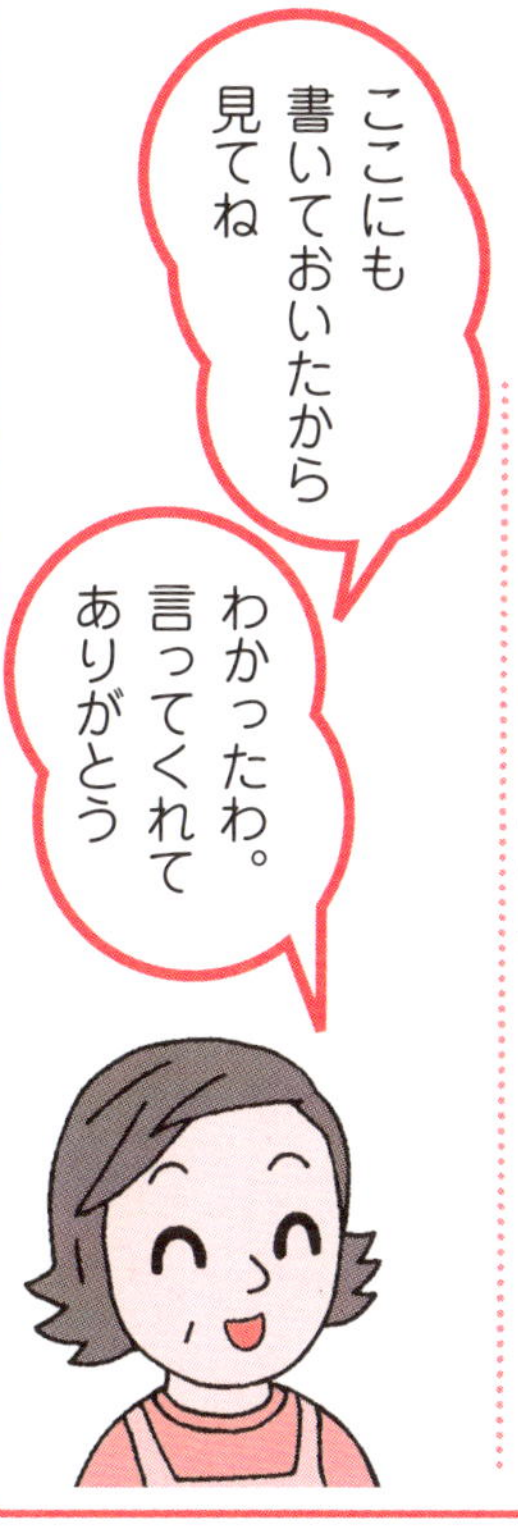
ここにも書いておいたから見てね
わかったわ。言ってくれてありがとう

こんな声かけ

いろいろなものを拾ってくる

「これ、気に入ってるんですね」

毎朝のウォーキングを習慣にしている進さん（80歳）ですが、最近は、壊れた扇風機や雨傘、おもちゃなどのガラクタを家に持ち帰り、自室にため込むようになりました。

また、そんなもの拾ってきて…
おお、今日は大収穫だぞ

まず観察 できないことや失敗が増え、自信を失い落ち込んでいる気持ちを埋めようと、不用品と思われるようなものを集めている。

本人の気持ち 失敗が多くなって、家族にお荷物扱いされて情けない…。どうしてしまったんだろう。もう元の自分に戻れないのか…。いろんなものを拾ってくると気持ちが落ち着くんだ。

症状のレベル **中等度**

不用品を持ち帰る気持ちを考えてみる

いろいろなものを拾ってきては、ため込んでしまう「収集癖」が始まったのはいつからでしょうか。あえて役に立たないような廃棄物を拾ってくるのは、なぜなのでしょう。眉をひそめる前に、ちょっと考えてみる必要があります。

「わ、汚いじゃないですか」
「わざわざ捨ててあるもの、拾ってくるなんて!」
「そんなゴミ、家に持ち込まないでください!」

など、「汚い」とか「ゴミ」と言って否定するのはやめましょう。

歓迎するのは難しいとしても、

「へえ、こんなもの、見つけたんですね」
「これ、気に入ってるんですね」

など、否定しないで受け入れてあげましょう。

「判断力の低下」だけが原因ではない

捨てられている不用品などを持ち帰り、ため込んでしまうような収集癖は、ゴミの集積所から粗大ゴミを持ってきたり、さらに他人の家の軒先や商店の前に置いてあるものに手を出すようになることもあります。

こういった行為は、認知症の症状である「判断力の低下」がもとにありますが、本人の「不安」が原因の1つであると考えられています。不安と言っても、私たちがふだん感じることのある不安とは違います。

心のよりどころを「もの」に求めている

認知症の「記憶障害」や「見《けん》当識《とうしき》障害」によって、これまでできていたことができなくなった、失敗ばかりしている、また間違えるかもしれない、また家族に叱られるかもしれない、元の自分に戻れなくなってしまうのか、などという心の状態の現れが不安です。こうした心のよりどころを求めて、いろんなものをよそから拾い集め、心を落ち着かせようとしているのです。認知症が進行し、収集物に自分を投影して「捨てられてはかなわない」と思っているのかもしれません。

「もったいない」精神も関わっている

また、本人が若いころ、厳しい時代を経験してきた人ほど、ものを捨てずに大事に使うことを美徳とし、「もったいない」精神を強く持っていることも大きな原因かもしれません。

散歩の途中で拾ってくるのは大型ゴミが含まれることが多いですが、家の中でも、冷蔵庫や台所の棚から食料品を持ち出して自室に集めるようなこともあります。消費期限切れのものを食べてしまうこともあるので、食品がよくなくなる場合は、注意して観察してみましょう。家族がポイと捨てた包装紙やレジ袋も、「もったいない」と思う本人には格好の獲物となっているかもしれません。

本人の目の前で処分しない

周囲にとってはゴミでも、本人には宝物同然なので、集めてきたものを本人の目の前で処分するような強硬手段は避けましょう。無理に取り上げたり処分したりすると本人が興奮して攻撃的な行動をとることもあります。

置き場所がなくなった、衛生的に問題があるというような場合は、本人の目の届かないところで、少しずつ処分します。

収集物が衛生面や安全面で問題がない場合は、手を付けずに様子を見てもよいでしょう。また、近所の人や商店などに事情を話し、収集行為を見かけたら連絡してもらうようにしておきましょう。

声かけのコツ

- ☑心のよりどころに集めたものをゴミと言ったり目の前で処分したりしない
- ☑不安な気持ちをくみ取ってあげる

これ、気に入ってるんですね
珍しいもの、見つけましたね

こんな声かけ

調理をしていて火の始末を忘れる

「料理する時は、一緒にやろうね」

夫婦で定食屋を経営していた和子さん（77歳）。引退しても自宅で1日1回は必ず台所に立ちます。しかし、先日、煮物の鍋を火にかけたことを忘れてうたた寝。ボヤ寸前の騒ぎになって…。

まず観察　つい数分前のことも忘れてしまう。火の始末を忘れるのは本人がわざとすることではないので、周囲がよく見守る必要がある。

本人の気持ち　私がコンロにお鍋、かけたって？　そんなことした覚えはない。私のせいにしないでほしいわ。

症状のレベル **中等度**

「もう料理しなくてもいい！」はNG

ボヤ寸前の騒ぎにまでなったのですから、「危ないとこだった！　もう火を使うなよ」とか、「火事になってからじゃ遅いんだ。もう料理はやらなくていい！」とがめたくなるのはわかりますが、強く叱って、料理をやめさせてしまうのはよい方法とは言えません。

「ついうっかりして」という火の不始末の事故とは違います。本人は「私がコンロにお鍋、かけたの？　そんなことしないわ。私のせいにしないでよ」と思っているからです。

いきなり「ダメ！」と禁止されたら、料理だけでなく、生活に対する意欲が減退してしまうでしょう。気落ちして、認知症がさらに進んでしまう恐れもあります。

直近のできごとを忘れてしまうのが原因

なぜ、こんなことになったのでしょうか。和子さんは料理をしていて、コンロに鍋をかけ、煮えるのを待つ間、ちょっと休もうとコンロの前を離れたところで、鍋のことを忘れてしまったようです。料理していたこと自体も忘れてしまい、横になって眠ってしまいました。これは「記憶障害」です。

つい数分前のことも忘れてしまう「記銘力《きめい》の低下」は、時に大きな危険につながります。火の始末のほか、アイロンの消し忘れ、風呂の空だきなども危険です。ところが、これらは本人がわざとしていることではないので、「気をつけて」と言っても効果はありません。

一緒に台所に立ち見守る

記憶障害に加え、コンロに鍋をかけて次に何をするのか、どういう手順で料理をしたらよいのかわからなくなってしまったという「実行機能障害」も考えられます。

コンロを使う料理をする時には、必ず家族が一緒に台所に立つようにします。「今度、お母さんの煮物のつくり方を教えてください」とか、「料理する時は、一緒にやろうね」と安心させる声かけをしましょう。

火を使う作業は家族が受け持ち、本人には食材の準備や味付け、配膳などを手伝ってもらうようにするのもよいでしょう。

安全対策を徹底することが大切

料理やアイロンがけなど本人がそれまで自分でやっていたのなら、いきなり「やめてください」と言い渡されれば、落ち込むでしょう。禁止するのではなく、安全対策を徹底することが先決です。

家族が外出して1人になる時は、ガスの元栓を閉めて、燃えやすいものは片付けておきます。その代わりに、電気式ケトルやポット、電子レンジは使える状態にしておくなど、事前の確認を徹底しましょう。

ガスの元栓については、「元栓を閉めておけば安心」とはいかない場合もあります。元栓の場所を本人がわかっていると、1人でいる時、ガスが点火できなければ、自分で元栓を開けてしまうこともあるからです。そういう場合は、ガス会社に依頼して元栓を見えないように隠す工夫も必要でしょう。

そのほかにもできることは数多くあります。

火災報知器やガス漏れ警報器、お風呂に空だき防止装置を設置する、カーテンやじゅうたんを難燃性のものに交換したり、ガスコンロをIH《アイエイチ》クッキングヒーターに交換するなど、機器もいろいろ充実しています。情報を集めて対応することを検討しましょう。

声かけのコツ

☑ 料理を禁止するのではなく見守りながら、「一緒にしよう」と促し安心させる

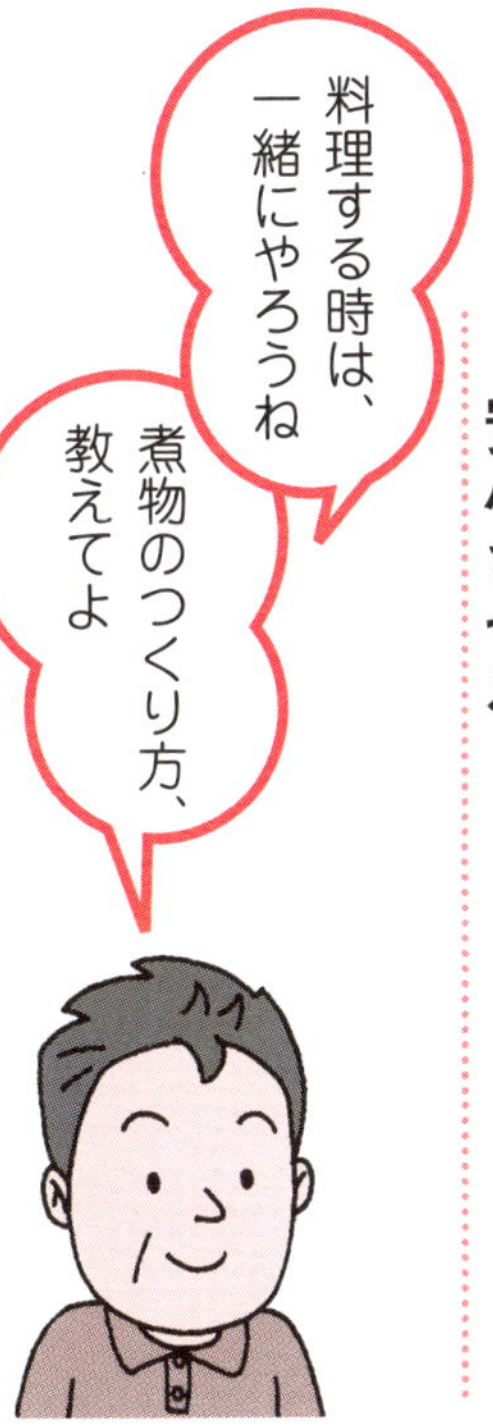
料理する時は、一緒にやろうね
煮物のつくり方、教えてよ

こんな声かけ

見え見えのうそをつくことがある

「まあ、大変でしたね」

トイレの失敗が多くなった正子さん（75歳）。失禁を指摘され、「ネコにおしっこをひっかけられたの」と言いました。家でネコは飼っていません。こんな見え見えのうそをつくなんて…。

ネコが来て、おしっこひっかけられちゃったの
そこ、ぬれてませんか

まず観察　自分のしたことを覚えていられない。自分の身に起こったことを理解できず、つじつまを合わせようとしている。うそをついている自覚はない。

本人の気持ち　（自分の体がぬれているけど）これはいったい、なんでぬれているの？　わけがわからないわ。あ、ネコがおしっこしたせいね。きっとそうだわ。

症状のレベル　**中等度**

本人の言葉を否定しないで受け入れる

見ればわかってしまうのにそんな言い訳をするなんてと、つい、声を荒げて、

「そんなこと言って！　ごまかさないでくださいよ」

「ネコなんてどこにいるんですか！」

と言いがちですが、こんな強い調子で、頭から否定する言い方は避けましょう。


　反射的に怒ったり、まともに論理的に問い詰めることも逆効果です。


　言うことを信じてもらえないと思う本人は「まあ、バカにして」と嫌な気持ちになるだけだからです。

「あ、そうなんですか」

「まあ、大変でしたね、どこのネコでしょう」

と、そのまま受け入れます。

記憶障害から「取り繕い反応」という症状

失禁を隠そうとして、「うそ」をついてごまかそうとしている、と思うかもしれませんが、本人は「うそをついている」自覚はありません。うそではなく「作《さく》話《わ》」で、周囲には信じられないような話でも、本人にとっては大まじめなことなのです。

正子さんの場合、「記憶障害」があり、失禁したことを忘れてしまいました。しかし、自分の体がぬれていることに気づきます。「これはいったい、なんでぬれているの？」と混乱します。そこに「それは何？」と聞かれたものだから、「何か、答えなくては」と、つじつま合わせの話を思いつく、ということになります。

その際、自分に不利なことは認めたくないという自己防衛本能が働くと考えるとよいでしょう。これは、記憶が抜け落ちたのを取り繕おうとする「取り繕い反応」と呼ばれる症状です。

また、「ネコを飼っていないのに」ネコのせいにしてしまうのは、「判断力の低下」があると考えられます。

気づかない振りをすることも必要

取り繕い反応は、失禁などの失敗が元の場合が多いですが、本人の記憶が抜け落ちた結果なので、「うそをついているだろう」と追及しても意味がありません。見逃しても大して問題がなければ、気づかない振りをすることも必要です。

話のつじつまが合わないではないか、と論理的に追及して否定すると、本人の感情がエスカレートし、うそにうそを重ねさせることになります。本人には「身に覚えのないことを追及されている」という嫌な感情だけが残ります。

言い訳にしか聞こえないような、「私じゃない、ネコのせい」とか、「孫がやった」「（晴れているのに）雨が降りこんだ」などと言っても、「まあ、いいわ」「大したことじゃないし」と、軽く受け流しましょう。

おかしいと思っても話をさえぎらない

別の事例では、退職しているのに、以前勤めていた会社に行こうとする善三さん（69歳）は、どこへ行くのと家族に問われ、「同僚の原田が2時に来てくれと、さっき電話があったんだ」と答えます。原田さんはすでに故人ですし、家族には作話だとわかっています。こんな時、「そうなんですか」と、話は最後までしっかり聞きます。そして、「さっき、会社から電話があって、用件は明日でいいそうですよ」と伝えると、善三さんも納得し、外出はやめました。

明らかにうそだとわかる話でも、ぞんざいな対応をとらず、最後までしっかりと本人の話を聞いてあげましょう。

声かけのコツ

- ☑本人の言うことを全否定しない
- ☑話を最後までしっかり聞く
- ☑大して問題がなければ気づかない振りをするのもよい

こんな声かけ

介護者の手を払いのける「どこか、痛いところがありますか」

芳江さん（73歳）は、デイサービスに通って歩行訓練のリハビリを受けています。ここのところ介護スタッフの手を、強く払いのけるようになりました。いったいどうしたのでしょう。

まず観察 これは認知症の人に共通して見られ、介護者を拒絶することがある。介護スタッフを忘れたということも考えられる。

本人の気持ち 知らない人がなれなれしい。この人に何をされるのかしら。怖い！　嫌だ！

症状のレベル **中等度**

本人の状態を確認するのが先決

本人はふざけているわけではないので、手を払いのけて拒否しているのを無視してはいけません。そのまま（リハビリなどを）続けるのはやめたほうがよいでしょう。また、

「わがまま言わないで！」

「どうしたんですか、ふざけてるんですか!!」

などと声に出して叱ってもいけません。

介護スタッフには、つい先日まで良好な関係が保たれていたのに全くわけがわからない、という場合もありますが、何が問題なのか、本人の状態を確認することが先決です。

「何がいけないんだろう？」

「どこか、痛いところがありますか」

など、体調も尋ねてみます。

介護拒否には何か理由があるはず

介護者の手を払いのける「介護拒否」は、認知症の周辺症状の1つとされています。原因は何かあるのですが、人によってさまざまです。

体に触れられるのが嫌なのかもしれません。それとも、どこかに体の痛みがあるのかもしれません。

本人が自覚していない痛みがあって、そこを触られると手を払いのける、ということも考えられます。

こんな時は、別のスタッフに代わってもらい、それでも同様の反応があるのか確かめてみましょう。

介護スタッフを忘れた可能性も

また、「記憶障害」から、それまで良好な関係だった介護スタッフを忘れて、「知らない人がなれなれしい！」とか、「この人に、何をされるのか怖い！嫌だ！」と感じているのかもしれません。

それとも、何か嫌なことを思い出すきっかけがあったのかもしれません。

何が問題か、本人の状況も考えて対策する

嫌がるポイントはどこか、特定の介護スタッフとの関係にあるのか、本人の生活状況や性格などとも照らし合わせ、ケアマネジャーとも相談して、対策を考えてみます。

デイサービスに行くのを嫌がる場合

芳江さんのように、手を払いのける介護拒否ではなく、それ以前にデイサービスに行くのを嫌がる、という人も少なくありません。

「自分はまだデイサービスを受ける必要はない」「大勢集まって何かするなんて、幼稚園児みたいじゃないか。バカにするな」というのが本人の気持ちかもしれません。

自分の「老い」を認めたくない、新しい環境、集団に対する不安など理由はさまざまです。

こんな場合、一番やってはいけないことは、「お願いだから行ってちょうだい」などと、本人の意思に反して施設に行くことを無理強いすることです。これでは、本人にストレスがたまり、やがて介護サービスそのものを「苦痛」と感じるようになってしまうでしょう。

まず、本人の意向を尊重することが大切です。デイサービスに行きたくない理由をしっかりと聞き出して、ケアマネジャーやデイサービスの職員に相談し、本人が気分よく行ける方法を考えてみましょう。そして、実際に利用を始める際は家族が同行し、数時間か半日だけの利用にとどめます。その後、徐々に時間を増やしていくようにするとよいでしょう。

声かけのコツ

- ☑本人が嫌がるのを無視しないで様子を見てみる
- ☑原因はどこにあるか考えて確認する

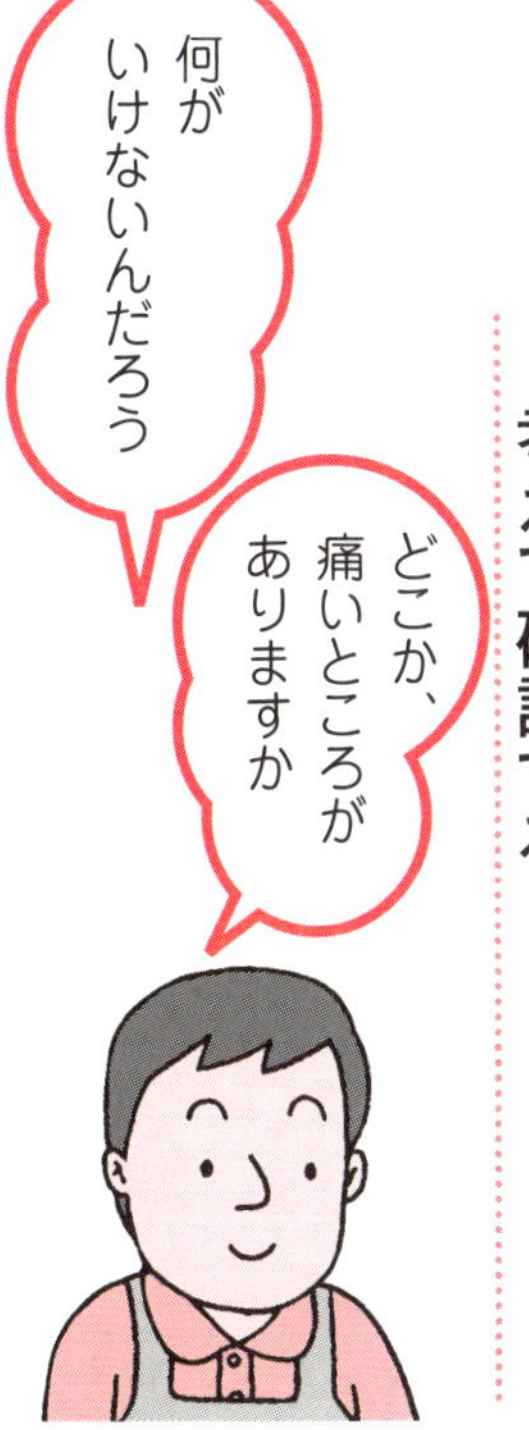
何がいけないんだろう
どこか、痛いところがありますか

こんな声かけ

家族が誰かわからなくなる

「ほら、由美子のとこの賢治ですよ」

信夫さん（84歳）のところに、かわいがっていた孫の賢治君が久しぶりにやってきました。ところが「キミは、誰？」と言います。忘れてしまったようです。賢治君は悲しくなりました。

まず観察 相手が誰だか忘れてしまったり、自分とどういう関係の人間なのか、わからなくなっている。

本人の気持ち なんだかずいぶんとなれなれしいけど、誰だろう？　見たことがない人だなあ。

症状のレベル **中等度**

騒がないで話を合わせる

あんなにかわいがっていたのに、自分の孫を忘れてしまうなんて、と、はじめは賢治君も家族も大きなショックを受けるでしょう。でも、

「なに、言ってるの！　わからなくなっちゃたんですか⁉」

「ひどいじゃないか！」

などと、驚いて騒いだり、責めたりするのはやめましょう。

まず「わからない」と言っている本人に話を合わせます。そして「あやしい者ではない」「親しく思っている者だ」ということが伝わるように

「おじいちゃん、こんにちは」

とやさしい声で挨拶しましょう。

また周りの人は、

「由美子のとこの賢治ですよ」

などとやわらかく接して、説明しましょう。

人に対する「見当識障害」が原因

認知症の症状には、現在の日時や場所、周囲の状況や人物がわからなくなる「見当識《けんとうしき》障害」があります。信夫さんの場合、自分と孫の賢治君という、目の前の相手との関係がわからなくなっています。

認知症が進んでくると、この例のように親しい家族もわからなくなってきます。家族にとってはつらいことですが、実は本人も心細く、不安に感じていることをわかってあげましょう。

感情的になって、「しっかりしてよ、わからないの!?」などと責めたてても何の解決にもなりません。

そのつど、やさしく名前と共に関係を伝える

本人は相手がわからない時、「なんだかずいぶんとなれなれしいけど、誰だろう?」と思っているのでしょう。

「誰?」などと言われたら、そのつど名前と関係を伝えますが、本人のプライドを傷つけない配慮が必要です。

「名前を間違えないでよ」などと言って強く叱るのはよくありません。

覚えていないと言われた当人もつらいですが、その場合は、驚いて逃げたりせず、「こんにちは」とにこやかに挨拶しましょう。話をしているうちに思い出すこともあります。

背景には「記憶障害」や「判断力の低下」が

「見当識障害」は、自分の置かれている状況がわからなくなることですが、それ以外にも「記憶障害」や「判断力の低下」によって、状況を理解し、把握する能力が低下していることが考えられます。

誰かと取り違えていてもそのままに

また、孫を自分の息子と取り違えたりすることもあります。

誰かと間違えている場合は、支障がない範囲でその人になりきって返事をしましょう。途中で話のつじつまが合わなくなっても、決して問い詰めないこと。本人が心を閉ざしてしまうことのないよう、努めます。

誰かと間違える「人物誤認《ごにん》」は、家族の誰かと取り違えている場合のほか、鏡に映った自分を自分だと認識できずに話しかける「鏡徴候《ちょうこう》」があります。

また、誰かが自分の部屋の押し入れに隠れているなどと主張する「幻の同居人症候群」というものもあります。さらに進行すると、身近な人物が、別の他人とすり替わっているとか、別人になりすましていると主張する症状も現れることもあります。

相手が誰だか全くわからず、言葉が出ない場合もあります。そんな時は、無理に声をかけようとしなくても、黙ってほほえむだけでもよいでしょう。

声かけのコツ

- ☑ わからないことを責めないであわてずに話を合わせる
- ☑ やさしく接して親しい人だとわかってもらう

おじいちゃん、こんにちは
ほら、由美子のとこの賢治ですよ

こんな声かけ

「私の財布を盗った」と騒ぐ

「それは大変！」

清美さん（86歳）が、突然「財布がない！」と騒ぎ始め、「盗んだのはあなたでしょ！」と娘さんを責めます。もちろん娘さんは盗んでいないし、清美さんが自分でしまった場所も知っています。

財布がない、盗んだのはあなたでしょ！
ええーっ!?

まず観察 大事な財布をどこかにしまったあと、その行為自体を忘れ、自分は被害者だと妄想している。

本人の気持ち 大事な財布を、私がなくすわけがないし、いつも入れていた場所にないんだもの、盗られたに違いないわ。

症状のレベル **軽度**

あわてず騒がず、一緒に探す

本人が興奮して騒いでいるので早くおさめようと、探しているものを家族がすぐに見つけて、「引き出しにありますよ！　ほら、ここにあるじゃない！」と、財布を持って出してくるのはよい方法とは言えません。というのも、本人の「犯人はやっぱりお前だったんだ」という疑いをさらに強めることになるからです。

また、「私じゃありませんよ！」「お母さんがさっきしまったでしょ！」などと言っても、「さっきしまった」という記憶は、本人には残っていないので、意味がありません。

「あら、それは大変」「一緒に探しましょう」と、一緒に探して、本人が見つけるよう誘導します。

アルツハイマー型認知症に多く見られる症状

清美さんは、「記憶障害」によって、本人にとって大切な財布をいつもとは別のどこかにしまったあと、その行為自体を忘れてしまった、という状況です。それで、いつもの場所にない、「誰かに盗まれた」と思い込んだのです。

この「物盗られ妄想」は、アルツハイマー型認知症の、とくに女性に多く見られる症状です（P20を参照）。

自分の大切なもの、財布や通帳、印鑑などが「盗まれた」と確信し、多くの場合、最も身近な人に疑いを向けます。そばで懸命に介護している家族は、疑われ、「あんまりだ」と感情的に対応しがちですが、本人は自分が被害者だと思っています。

原因は「記憶障害」による妄想

なぜ、こんなことになるのでしょうか。原因は「記憶障害」ですが、生活に支障が出ている現在の自分の状況に、不安を感じながらも、それが認知症のせいだという認識がないことなど、さまざまな要素がからまって「妄想」に至ります。

本人の視点からすると、「大事な財布を、なくすわけがない」→「誰かが持って行った」→「財布のことをよく知っているのは誰か？」→「あの娘《こ》に違いない」と、こんなふうに妄想し、確信するのです。

訴えをしっかり聞いて一緒に探す

本人の「盗まれて、私は被害者なのだ」という訴えをしっかりと聞きましょう。

そして「盗んだのはあなたね」という訴えにも「私じゃないわよ！」と、真っ向から否定するような言い方はしないようにすることが大事です。

疑われた側にとっては、つい反射的な反応をしがちですが、ひと呼吸おいて落ち着いて対応することが必要です。

決して険悪な顔を見せたりせずに、被害者だと思っている本人の気持ちに沿って、「一緒に探しましょう」と促します。

一緒に探す時は、場所がわかっていても、すぐに見つけ出さずに、やや時間をかけて探します。そのような姿を見てもらうと、「この人は味方だ、協力者だ（犯人じゃない）」と認識してくれます。

事前の対策としてできること

本人が大切なものをしまいそうな場所を、あらかじめ把握しておくことも役に立ちます。

また、「盗まれた」と言い出すものが、お気に入りのコートや食器などの場合は、本人と一緒に、置き場所やしまった場所を紙に書いてよく目につくところに貼っておく、というのも一案です。

声かけのコツ

- ☑本人の言い分をしっかり聞き一緒に探してあげる
- ☑自分が「協力者」であるとわかってもらう

こんな声かけ

テレビをつけてくれ、と言う（リモコンが使えない）

「ここを押せばいいんだよ」

恭三さん（70歳）は、リモコンがそこにあるのに、テレビをつけないでじっとしています。家族がそばに来ると、「テレビ、つけてくれ」と言います。

まず観察 テレビのリモコンをはじめ、家電製品の操作が「難しい」と感じるようになっている。

本人の気持ち リモコン、どこをどうすればテレビがつくんだったか、わからない。壊してしまったら大変だ。誰かにやってもらおう。

症状のレベル **軽度**

リモコン操作は「簡単ではない」と考える

「テレビをつけて」と言われてリモコンを手渡されても、「え、どうして自分でつけられないの？」という思いが家族の最初の反応かもしれません。それで、「自分でやればいいじゃん。簡単なんだから」と、本人の気持ちを傷つけるような言い方をしがちですが、これはNGです。

本人は「リモコン、どこをどうするんだか、わからない。なんか、壊しそうでコワイな…」と不安に思っているのです。「え？　わからないの？」などと言わずに、「ここを押せばいいんだよ」と言いながら、一緒に触って操作してみましょう。

忘れたら、また一緒にやってみることを繰り返します。

目的を持った動作が「難しい」と思えてくる

それまでは自分でやっていたのに、「これやって！」と、当然のように言われたら、家族は戸惑い、「何でも人にやらせようとしている」と勘違いすることもあります。

恭三さんの場合は、テレビを見るためにリモコンのスイッチを押す、という目的を持った動作が「難しい」と思えてきて、実際にできなくなっています。

これは「実行機能障害」と言い、日常生活で、私たちが習慣的に行っているような「何かを計画し、どうしたら実行できるか考え、その方法を選び、実行する」という一連の動作をすることが困難になる障害です。

とくにリモコンなどの家電製品を扱うことに不安を持つことが多く、しかし、本人はそのことを言い出せないのです。「こんなことができないの？」と言われそうで、知られたくないと思っていることもあります。

操作しやすいように、色やラベルを付ける

リモコンをシンプルに、たとえば、必要なボタンだけに色を付けたり、蛍光テープを貼ったりして目立つようにする、使わないボタンは覆いをする、などの工夫をしてみましょう。

本人と一緒に触って操作してみます。忘れても、怒らないで何度も一緒にやってみます。

テレビのリモコンだけでなく、操作が必要な家電製品のリモコンの場合、順番をわかりやすい絵にしてそばに貼り付けておく、順番を目につくところに書いておく、というのもよい方法です。

甘えたいという気持ちを感じてあげる

別の事例で、施設で生活する光男さん（78歳）の場合は、服を着たり脱いだりすることが難しくなり、時間がかかりますが、自分でなんとかやれています。でも、パジャマに着替える時には「ボタンをとめて！」といつも職員に手伝いを頼みます。言われた職員が、ちょうどほかの作業で手が離せなかったので思わず、「ボタンくらい自分でとめてください」と言ってしまいました。すると光男さんはせっかく着ていたパジャマを乱暴に脱ぎ始めました。「この程度のことを頼むなんて」と思ってしまいますが、本人にしてみれば重大なことかもしれません。

こんな時は、「いいですよ。一番上はやりにくいでしょうから私がやりますね。二番目は、見ていますから自分でやってみてください」と応じましょう。

光男さんはボタンというより、「自分に関心を持ってほしい」「こっちを向いていてほしい」という甘えたい気持ちを訴えていたのかもしれません。この人は甘えたいんだなと思って受けとめてあげることも大切です。

声かけのコツ

- 「こんなことを…」と簡単なことだと考えない
- 一緒に操作して繰り返しやってもらう

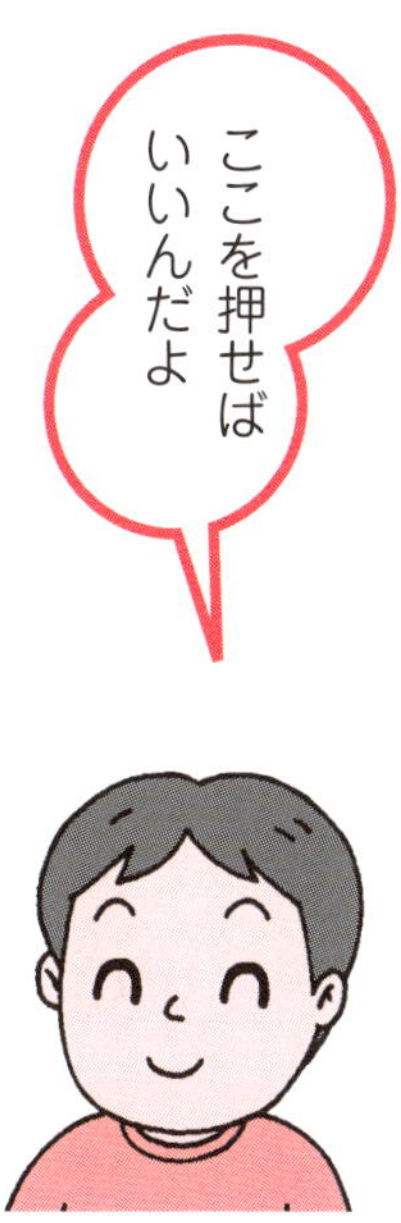

こんな声かけ

家族に異常な嫉妬心を起こす「どうしたんですか」

退職して、奥さんの咲江さんと2人暮らしの光一郎さん（68歳）。奥さんが買いものから帰ると、「どこへ行っていたんだ」と怒ります。どうも「浮気している」と思い込んでいるようです。

誰に会ってたんだわかってるんだぞ！
いったい何を言いだすの!?

まず観察 退職後の虚脱感や孤独感で気持ちが不安定になり、妻にも見捨てられるのではないかという思いから、嫉妬妄想が起こっている。冷静に考えられない認知機能の低下もある。

本人の気持ち 自分を置いて出かけたら、なかなか帰ってこないのはあやしい。浮気しているに違いない。

症状のレベル 軽度

強く否定して言い返すのは厳禁

「なに言ってるんですか！　そんなこと、あるわけないじゃないですか！」「ヘンなこと言うの、やめてください！」と、強く否定して言い返すのは禁物です。

本人は、「買いものにしては時間がかかりすぎじゃないか。何をしてたんだ」とか「咲江は俺のことなどどうでもよくなっている」と、思い込んでいます。こんなに否定するのはやっぱりあやしい…、と感情的になっています。

同じように興奮して感情的にならないことが肝心です。落ち着いて穏やかに対応し、「そんなことはありませんよ」「どうしたんですか」と言って安心させましょう。

男性に多く見られる嫉妬妄想

仕事が生きがいだった光一郎さんが、退職後の虚脱感もあって、妻にも「見捨てられるのではないか」という不安がつのり、「嫉妬妄想」という形で現れたのではないかと考えられます。

配偶者が「浮気をしているに違いない」という妄想は認知症の初期の症状の1つで、「認知機能の低下」を自覚し、不安になっている時、孤独感から妄想が始まります。男性に多いのが特徴です。

相手に関心を持っていることを行動で示す

一度持ってしまった妄想は確信となっていて、「浮気なんてしていませんよ」と否定しても、簡単には解消しません。日ごろからよくコミュニケーションをとり、相手に対する関心がなくなっていないことを示し、「自分が見捨てられる」という不安をなくすようにします。その際、手や肩に触れるなどスキンシップしながら声をかけるのも有効です。

買いものや散歩などの外出はなるべく一緒に行き、1人で出かける時は行き先や理由をしっかり説明するようにして、出先であまり長居をしないようにしましょう。

興奮がおさまらない時はひと時その場を離れる

本人の興奮がおさまらない時は、話題を変えたり、何か用事をつくったり、お茶を入れるために席を外すなどしていったんその場を離れ、気持ちが静まるのを待ちましょう。その際、避けるような態度は逆効果になるので注意が必要です。

妄想は閉鎖的な環境で起きやすい

妄想は、家に閉じこもりがちで、孤独感と不安にさいなまれている場合に起こりがちです。そうした閉鎖的な環境を解消するにはデイサービスを利用するなど、人間関係を広げるよう努めましょう。

本人から相談を受けた場合の対応

別の事例で、夫と仲の良かった幸子さん（78歳）は、以前夫婦でよく行っていた居酒屋の女性と夫が「浮気をしている」と思い込み、デイケアのスタッフや近所の人にも告げ口するようになりました。

まともに受けて、「本当にそんなことあるんですか。まさか」などと疑いをはさんで否定すると、逆に「自分の言うことを信じてもらえない」と不安や怒りでかたくなになり、妄想が強くなることがあります。

こんな時は、「そうですか。困りましたねぇ」などと相づちを打ちながら訴えを聞き、否定もせず、肯定もしない態度で接することが大切です。

声かけのコツ

- 強く否定するのは逆効果
- 孤独感や不安感をくみ取って冷静にやさしく対応する
- スキンシップなどの愛情を示す

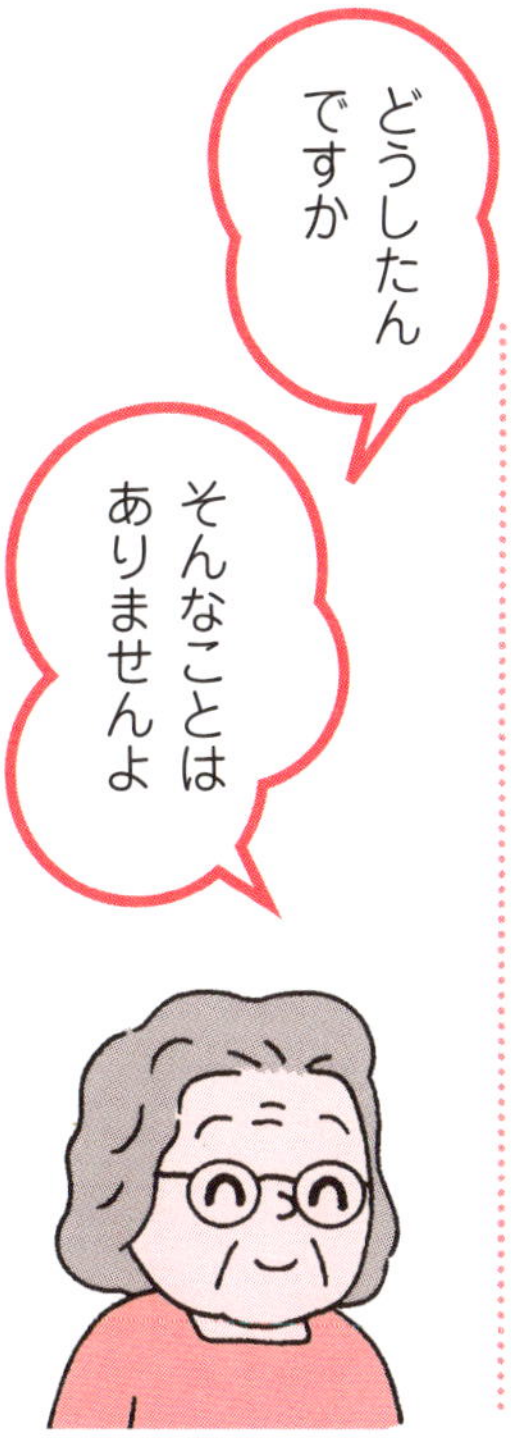
どうしたんですか
そんなことはありませんよ

こんな声かけ

すぐに感情的になり暴力を振るう

「何か気になることがあるのね」

史郎さん（73歳）は、脳梗塞《のうこうそく》を発症したあと、家族を殴ったり、ものを投げつけたりと、暴力を振るうようになりました。以前は穏やかな性格だったので、家族は大きなショックを受けています。

まず観察　自分の現在の状況が理解できず、感情、とくに怒りをコントロールできない。気持ちが不安定になり、いらいらして、言葉が出にくくなって暴力に訴える。

本人の気持ち　なんで自分だけ、こんな状態になってしまったんだ。俺は被害者なんだぞ。俺の気持ちなんかわかっていないのに、みんなが言い聞かせようとしている。

症状のレベル　**中等度**

冷静になって話しかける

誰でも、突然殴りかかられたりすれば、まず、自分の身を守ろうとします。場合によっては相手を押し返しながら、「何をするんだ！」「やめて！」「どうしてそんなこと、するんですか！」などと言って、強い言葉で反撃しようとするでしょう。

ところが、相手が認知症の人の場合、本人を強く否定してこちらの言うことを聞かせようとしている、と思い込ませることになります。

どんな時にも、こちら側がまず冷静になり、

「どうしたんですか。まずは落ち着いてください」

「何か気になっていることがあるんですね、言ってみて」

など、落ち着いて静かに、話しかけましょう。

怒りをコントロールできなくなる

このような「暴力」は、脳の状態から説明すると、前頭葉《ぜんとうよう》が障害されることで、神経伝達物質であるアセチルコリンが増えたり、同じく神経伝達物質のドーパミンが増えて攻撃的になり、怒りをコントロールできない状態に陥ることで現れます。すぐにかっとする、言わば切れやすくなるのです。

前頭側頭型《ぜんとうそくとう》認知症の場合、怒りだけでなくさまざまな感情のコントロールが難しくなります。

また、脳梗塞《のうこうそく》や脳出血などの脳血管障害では言葉が出にくくなり、その苛立ちから暴力行為に及ぶこともあります。

ほかにも、さまざまな要因が影響している

認知症になって、それまでできていたことができなくなり、気持ちが不安定になっています。これまで経験したことがなかった障害が現れた自分の状態が受け入れられずに苛立っています。なぜ、自分だけがこんな状態になってしまったのかという被害者意識や、人とうまくコミュニケーションがとれないもどかしさ、身体的な不自由感と不快感、そして、周囲への不満など、さまざまな要因がからまって、暴力というかたちに現れる、と考えられます。

「見当識障害」による暴力のケースもある

自分がいまどういう状況にいるのか、理解できなくなる「見当識《けんとうしき》障害」によっても、その不安から極度の興奮状態に陥ることもあります。

別の事例で、順一さん(78歳)の場合は、バスに乗っていて、隣に乗り合わせた何の関係もない他人に突然殴りかかってしまいました。

一緒にいた娘さんが必死に止めて、なんとか事をおさめることができましたが、なぜ殴りかかったのか、理由はわかりませんでした。

順一さんには、隣に座っている人が、急に恐ろしい人物に思えてきて、自己防衛的に殴りかかったのかもしれません。

興奮を発散させる工夫も必要

人が多い場所、刺激が多く興奮しやすい場所はなるべく避けて行かないようにします。

暴力的になった時は、こちらがまず、落ち着いて、それ以上興奮を亢進《こうしん》させないよう、穏やかな態度でゆっくりと話しかけましょう。

興奮状態が続くことがしばしばある場合、クッションや空のペットボトルなど、投げたりぶつけたりしても安全なものをあらかじめ周囲に置いておき、ある程度発散させるというやり方もあります。それでも暴力的な行動が続く場合は、精神科の専門医に相談しましょう。

声かけのコツ

- 感情的に反応しない
- 冷静になって落ち着いて対応する
- 話を聞く姿勢を示す

何か気になることがあるのね
話を聞きますから、言ってみて

こんな声かけ

夜中に家族を起こして騒ぐ

「ずっと一緒にいるから」

八重子さん（76歳）は、深夜、突然目を覚ますと、大声で家族を呼びます。わけがわからないことを言い、興奮してなかなか寝付けません。こんなことが続いて家族は寝不足です。

助けて！来てちょうだい！
いったい、どうしたの？悪い夢でも見たのか？

まず観察　昼夜逆転の生活で、睡眠が浅くなり、夢の内容に体が反応してしまっている。怖い夢を見て、不安で助けを呼んだようだ。

本人の気持ち　夢でも見たんだろう、って言うけど、あれは夢じゃないわ。ほんとに私、怖い目にあったのよ。誰も助けに来てくれないなんて、あんまりだわ。

症状のレベル　**重度**

一緒になって興奮してはならない

夜中に突然起こされ、挙句にわけのわからないことを言う、というので、

「うるさいっ！　何時だと思ってるんだ！」

「わけのわからないこと言って。夢でも見たんだろ！」

と、どなりつけたくなりますが、これはNGです。

また、何度も起こされてつい、

「はいはい、わかったから、さっさと寝て！」と適当にあしらうような言い方をするのもやめたほうがよいでしょう。

こんな時は、ともかく興奮しているのですから、気持ちを落ち着かせます。

「だいじょうぶ。私がここにいるから」

「ずっと一緒にいるから」

と声かけして安心させせましょう。

レム睡眠時行動障害が原因

睡眠中に突然、大騒ぎして暴れたりするのは、レビー小体《しょうたい》型認知症の症状の1つです。眠りの浅いレム睡眠の時に起こり、「レム睡眠時行動障害」と呼ばれています。

これは、脳幹《のうかん》が障害を受けることによって、眠っている間も手足を動かす筋肉が緊張したままになるので、夢の内容に反応して、時によっては暴言を吐いたり暴力を振るったりします。

何かをつかもうとして手を上に伸ばす、そばにあるものを投げる、室内を動き回る、窓に突進する、などの行動をとることもあります。隣に寝ている配偶者にけがをさせたり、自分が大けがを負うこともあります。

睡眠中に何が起こっているのか

私たちも怖い夢を見ることはありますが、見ている間は「体はじっとして」、つまり眠っていて、起きると忘れているか、夢だったということがわかります。睡眠中は体が動かないよう、制御されています。

レビー小体型認知症の場合、このレム睡眠時行動障害によって、眠っている間も体を動かすことができるので、夢の内容に反応して、暴れたり、暴力を振るったりします。目を覚ましても夢とは思われず、「現実のもの」と思ってしまうのです。

八重子さんのケースのように、大声で寝言を言う、「助けてくれ」などと叫ぶ以外に、誰かを大声で罵倒《ばとう》するなど、激しい攻撃的な言動が見られることもあります。

血管性認知症の夜間せん妄が原因の場合もある

夜になると大声でわめく、暴れるなどの症状は、血管性認知症の場合、せん妄が原因で起こることもあります。

せん妄というのは、急激に起こる軽度の意識障害で、幻覚や興奮、不安などの症状を伴う状態を言います。レム睡眠時行動障害とは違います。

恐怖を感じているのなら、声をかけて安心させる

繰り返し起こされると、家族も「またか」と辟易《へきえき》するのはわかりますが、1人で放置しておくのはやめましょう。不安や恐怖を感じているのですから、やさしい声かけをして安心させてあげてください。

睡眠障害なので、昼間の活動量を増やし、夜はぐっすり眠れるようにして、昼夜逆転が起きないよう気をつけます。水分不足の可能性もあるので、水分をしっかりとるようにします。

寝室が暗すぎて、かえって不安で騒ぐこともあります。音や照明など落ち着ける環境を整えましょう。

医師に相談し、薬を処方してもらうことも検討します。

声かけのコツ

- 感情的に反応しない
- 夢だ、と否定して興奮させない
- 不安な気持ちをくみ取りやさしく対応し、安心させる

こんな声かけ

「そこに子どもがいる」と指さしながら言う「私が追い払いましょうか」

パーキンソン症状も出始めている作次郎さん（81歳）。最近は、部屋に誰もいないのに部屋の隅を指さし、知らない子どもがカーテンの陰から見ていると言って、怖がるようになっています。

まず観察 脳の一部が障害され、実際にないものがリアルに「見えている」。壁のシミなどを見間違っていたり、目の病気かもしれないので確認する。

本人の気持ち ほら、そこにハッキリ見えている。とても「幻」とは思えないよ。何度もやって来るのは、何か理由があるんだろうか。怖い。不安だ。

症状のレベル **中等度**

「何も見えない」と言って否定しない

最初は何を言っているのかわからず、驚いてどうしたらよいのか途方に暮れる、というのが家族の本音でしょう。だからといって、

「誰もいないじゃない？」

「どこにいるのよ、何も怖がるようなものはないわよ」

と、頭ごなしに否定したり、どこにいるのかと問い詰めたりするのは禁物です。

認知症の症状の1つだと理解すること、本人が怖がっていることを受けとめることが一番大切です。

「子どもがいるのね」と確認し、「お家に帰りなさい」と言い、「私がここにいるから安心してください。ほら、もう誰もいなくなったから大丈夫よ」と言って安心させましょう。

レビー小体型認知症に特徴的な症状

実際にその場にないものが見える「幻視」はレビー小体《しょうたい》型認知症の代表的な症状です。人や動物、虫などが本人にはリアルに見えることが特徴で、「亡くなった祖父が話しかけてきた」というように幻聴を伴う場合もあります。

幻視は、現れる時間や日にちが決まっていたり、季節によって、症状が強く出ることもあるなど、症状の出方が変化するのも特徴です。季節の変わり目に症状がよく出る人、夕方から夜にかけて症状が出る人、など個人差もかなりあるので、本人の傾向をよく見極める必要があります。

リアルで具体的な幻視

幻視で最も多いのが「人」ですが、ぼんやりと見えている、というのではなく、「半ズボンをはいた少年」とか「髪の長い若い女性」など、具体的でリアルな人物が見えているのが特徴です。幻視で現れた子どもに、食事を用意するというケースもあり、存在しないはずの対象に、本人は身体的実感を持って応じようとすることもあります。

「怖い」という気持ちを共有して理解する

別の事例では、友子さん（83歳）の場合は、同居して介護する娘さんがいますが、「お手伝いの人を雇っているの？」と言います。そんな人はいないよ、と言うのに、「家の中によその人がいるじゃないか」と主張します。

これも人物の幻視ですが、「そんな、勝手に他人が家にいたら怖いわよね」と娘さんが言うと、「怖いよ」と友子さんは答えました。

娘さんには見えませんが、「怖い」という気持ちを分かち合うことで、友子さんは少し安心したような表情を浮かべました。

どんな場合にも、「本人には見えている」ということを理解してあげることが大切です。

何かがもとになっている「誤認」の場合もある

本人が指さして「そこに子どもが…」と言う時、家具や棚の上の飾り、壁のシミなどがもとになっている場合があります。何か原因になっていると思われるものを見つけたら、置く場所を変えたり、目に入らない所へ移動させます。これは「誤認《ごにん》」と言われるもので、幻視とは違います。

認知症以外の病気が原因の場合もある

幻視や、実際にない声が聞こえる幻聴は、目や耳の疾患で起こる場合もあります。レビー小体型認知症でない場合は、眼科や耳鼻科の診察も受けてみましょう。

声かけのコツ

- ☑本人には「見えている」ので全面的に否定しない
- ☑「怖い」という気持ちを理解し安心してもらう声かけが必要

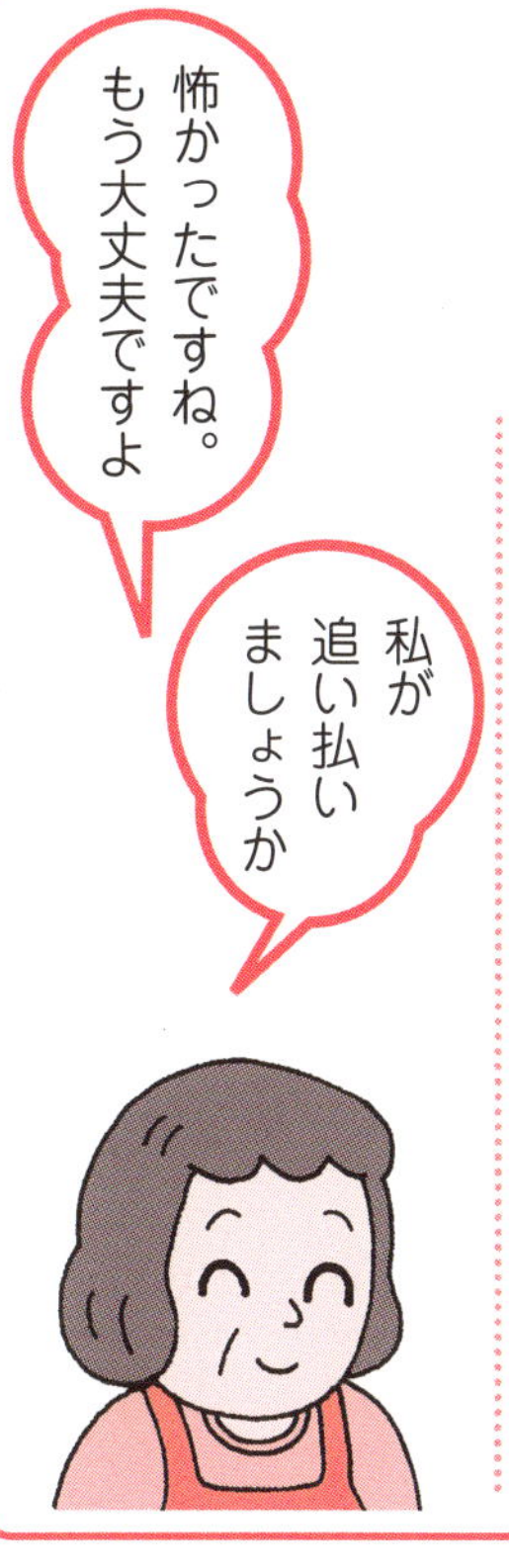
怖かったですね。もう大丈夫ですよ
私が追い払いましょうか

在宅介護

安心して暮らすための環境づくり

認知症患者に起きる体の変化

認知症になると、体にもさまざまな変化が起きます。

●体が硬直する
●動作が鈍くなる
●座ったり立ったり、という基本的な動作も難しくなる
●姿勢が前かがみになる（または、後ろに反ってしまう）
●足を引きずるようになる

こんな状態のお年寄りにとっては、家の中は転倒や骨折などの事故に遭う危険がいっぱい、と考えておくべきでしょう。

認知症の人の場合、骨折などをすると、「入院、手術すれば一件落着」ということはありません。治療や療養で自宅に戻るまでに時間がかかり、その間のリハビリも遅れます。それによって、そのまま「寝たきり」状態となり認知症も悪化ということになりかねません。

室内の安全チェックで、事故の危険を取り除く

認知症患者だけでなく、高齢者が自宅で安心して暮らすための対策として、「段差の解消」や「手すりの設置」などのバリアフリー化が第一に挙げられますが、それだけで大丈夫でしょうか。実際に本人が家の中を移動する後ろを追いかけながら、何が必要か、どんな工夫をしたらよいか考えてみましょう。

見直したうえで以下のような対策を考えてみましょう。

［階段・廊下の工夫］

●階段のステップの縁に目立つ色のテープを貼る
●開閉しやすいドアノブに付け替える
●ドアを片手で開けたり閉めたりする場所には、つかまる取っ手や手すりを付ける
●階段の、できれば両側に、手すりを付ける
●滑らないよう階段のステップに、できればマットを敷く
●ドアを壁と識別しやすい色にする
●廊下や通路の足元を照らすフットライトを付ける

［玄関の見直しポイント］

●靴を履いたり脱いだりするのに危険はないか、点検する。手すりを付けたり、イスを用意する
●滑りにくい床材にする
●玄関マットが滑らないか、スリッパが邪魔になっていないかチェックする。余計なものは置かない
●段差をなくす。大きな段差には台を置く

事故に備えて工夫が必要になる

家族の見守りを逃れて外へ出ていってしまう時は、ドアを開けると自動的に大きな音が出るベルを付ける、玄関やガラス戸の鍵をもう1つ取り付け、簡単に開けられないようにするなどの必要があります。

また、鍵がかかるトイレや浴室は、外からも開けられるものに取り換えましょう。

何でも口に入れてしまうという症状がある場合には、戸棚や引き出しに、危険なものが入っていないか点検し、危険なものは手の届かないところに保管する、または開けられないようにしておきます。

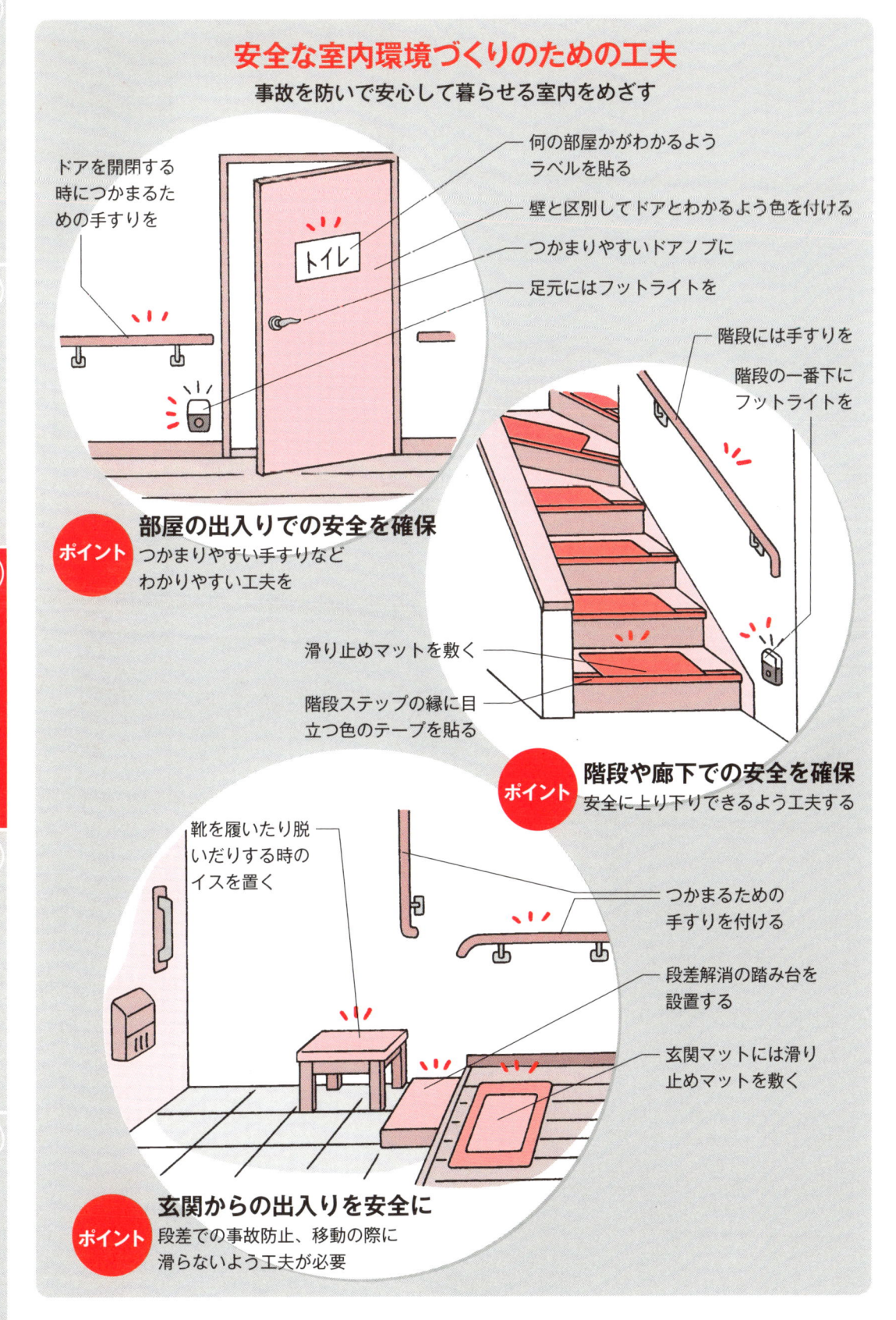

安全な室内環境づくりのための工夫

事故を防いで安心して暮らせる室内をめざす

ドアを開閉する時につかまるための手すりを
何の部屋かがわかるようラベルを貼る
トイレ
壁と区別してドアとわかるよう色を付ける
つかまりやすいドアノブに
足元にはフットライトを

ポイント

部屋の出入りでの安全を確保

つかまりやすい手すりなどわかりやすい工夫を

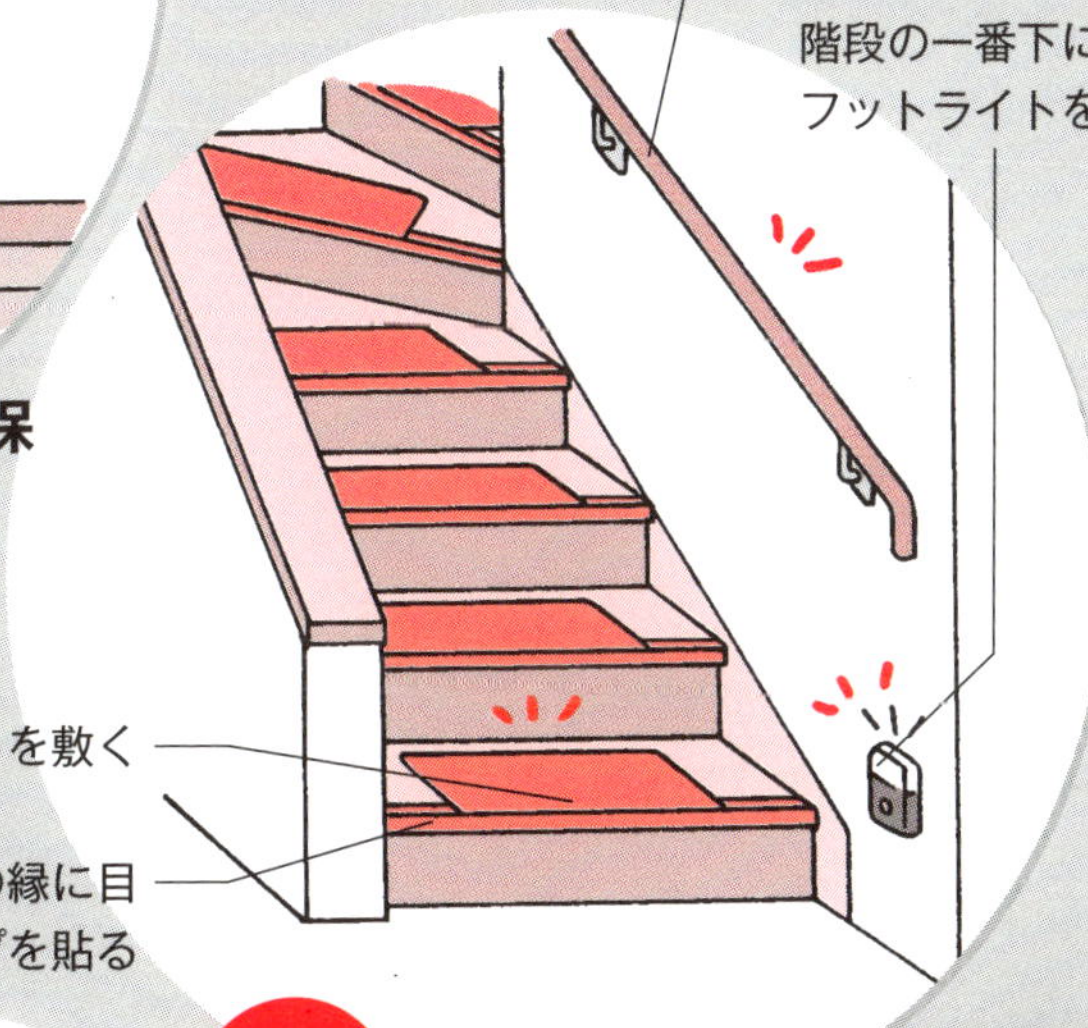

階段には手すりを
階段の一番下にフットライトを
滑り止めマットを敷く
階段ステップの縁に目立つ色のテープを貼る

ポイント

階段や廊下での安全を確保

安全に上り下りできるよう工夫する

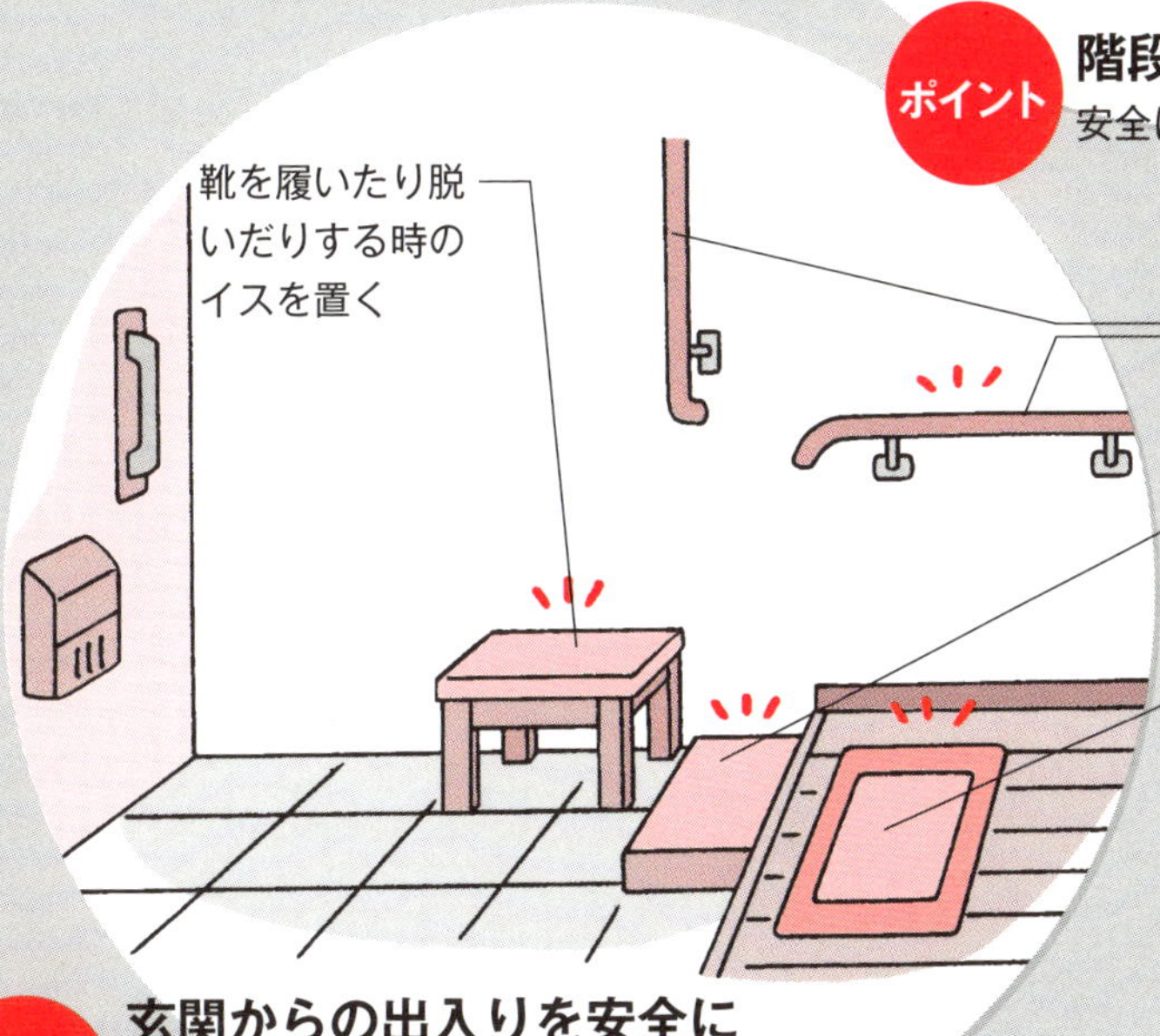

靴を履いたり脱いだりする時のイスを置く
つかまるための手すりを付ける
段差解消の踏み台を設置する
玄関マットには滑り止めマットを敷く

ポイント

玄関からの出入りを安全に

段差での事故防止、移動の際に滑らないよう工夫が必要

在宅介護

生活の質をできるだけ保つ（認知症初期）

家族といつも触れ合える場所にいてもらう

認知症の人が自宅で安心して暮らすための基本とは、どんなものでしょうか。まず、認知症初期の場合を考えてみましょう。本人だけでなく、一緒に暮らす家族にとっても暮らしやすい住環境が理想です。そのための工夫が必要になるでしょう。

安全性を確保することを第一に考えるべきですが、これまでどおりの生活をできるだけ保てるよう、本人ができることを生かす工夫や、安心して快適に過ごせるように配慮することが大切です。

最初に検討したいのが、本人の寝室の位置。なるべく1人にせず、家族と触れ合える環境にあることが望ましいでしょう。そのため家族団らんの場所に近いところ、開放するとリビングなどが見える位置にあると理想的です。

それが難しい場合は、子どもを含めた家族が通りがかりに声をかけたり、顔を出しやすい寝室の位置を検討しましょう。家族が日常的に通るような動線に接していることが大切です。

なじんだ環境をできるだけそのままにする

最も大切なことは、大掛かりな変更をしないこと。認知症の人は新しい環境になじむことが苦手です。便利でも、生活環境が全く変わってしまうとかえって混乱し、症状が悪化する危険もあります。とくに自分の居室である寝室は、自分が一番安らぐ場所なので、室内はできるだけ雰囲気が変わらないよう、注意します。

安全性のため、どうしても家具の配置や設備、色などを変える必要がある場合は、少しずつ部分的に時間をかけて変えていくようにします。それでも「以前と違う」と本人が不安に感じているようなら、一緒に話し合いながら行います。それを繰り返すことで、混乱するのを避けることができるでしょう。

そのうえで家具の配置を変える、手すりなどの福祉設備を取り付けるなど、すぐできることから始めて、その後、本人の状態を見ながら、必要であれば、リフォームを考えていきます。

日常生活に必要なことはできているか

洗顔や歯みがき、着替える、食事をする、移動する、階段を上り下りする、入浴する、トイレに行く、また（必要な人の場合）車イスに乗り移る、などの日常生活に必要な基本動作は継続できているでしょうか。症状の進行とともに、できないことも増えてきます。そうなった場合に変更することは可能か、長い目で見て室内のレイアウトを考えましょう。「できること」は自立を促し、「できないこと」を介助する時、どんな介護が必要になるかを考えることがポイントです。

トイレに移動する時迷わない工夫をする

寝室からトイレに移動する際、トイレがどこだったのかと迷う場合があります。トイレ（または洗面所）のドアなどに、説明

住まい環境を整える工夫

本人をできるだけ1人にしない、いつも家族と触れ合えるような環境が理想的

寝室は、家族が集まるリビングなどにつながる配置が望ましい

トイレの場所をわかりやすくする工夫

トイレに迷わず行けるようにするために、トイレのドアにひと工夫する

大きく「トイレ」と書く　イラストで楽しく表示　トイレの中をイラストに

するイラストや大きな文字で書いた紙を貼り付けておくのはよい方法です。また、中はどうなっているのかがわかるイラストもあると理想的ですが、どれが本人に「わかりやすいか」、合ったものを工夫しましょう。

また、寝室へと戻る時、自分の部屋がどこだったのか迷う場合は、部屋のドアに本人の好きなものなどをイラストにして貼り付けておきます。自分の部屋だとぱっと見てわかるものなら、何でもよいのです。

方向を示す〝目じるし〟を付ける時に注意すること

また、寝室からトイレに行こうとして、方向に迷うこともあります。〝目じるし〟の矢印を付けますが、この時、本人の目線の高さや位置を意識しましょう。たとえば、部屋の中で座っていることが多ければ、座った位置から、その目じるしが見えるようになっているでしょうか。チェックしておきましょう。

在宅介護

認知症が進んだら必要になる介護のコツ（中期から後期へ）

道具が「使いにくい」と感じている可能性も

これまで何の苦労もなくやっていた料理や洗濯、掃除などで使っている道具や器具が、認知症が進行するにつれて、使いにくい、使うのが難しいと感じるようになります。

まずは、本人が実際に家事をやったり、道具を使ったりしているところを観察しましょう。そして何が問題になっているか、どうすれば使いやすく、またやりやすくなるか、方法を検討してみましょう。

事故を防ぐための便利グッズを利用する

家族が気をつけているつもりでも、思ってもみないタイミングで起きる事故もあります。そうした際のために準備をしておくと安心です。

たとえば、廊下の壁にフットライトを付けて、夜間、1人で起きだしてトイレに移動する際、転倒する危険に備えます。センサーで感知し、自動点灯するもので足元を照らすようにするとよいでしょう。寝室からトイレに誘導するような形でいくつか設置できれば安心できます。

センサーはそのほかにも、ベッドから下りたのがわかる足元に敷くマット式離床センサーや、玄関ドアを開けた時にアラームが鳴るものなどがあります。家族が気づけば、大きな事故を防ぐことができます。徘徊など1人で出歩く症状がある場合には、本人に位置確認センサーを持ってもらうという方法もあります。持つのを嫌がる場合は、携帯電話や、靴に入れてGPS《ジーピーエス》情報をとれるものなどもあります。

火事対策も忘れずに

火災報知機は、一般の家庭ではすでに設置されていると思いますが、火を使う場所のほか、寝室にも設置しましょう。また、火災を防ぐ備えとして、できればガスコンロをIH《アイエイチ》ヒーターに取り換えることも検討したほうがよいでしょう。

ただし、設備器具を取り換えると、使い方がわからなくなるかもしれません。認知症患者は新しいことを理解するのが難しいからです。しばらくは付き添って一緒に使ってみる、ということを繰り返しましょう。

また、できるだけ使い方が単純でわかりやすいもの、やり方を間違えても危険でないものを選ぶようにしましょう。

ベッドで1日の大半を過ごすようになったら

認知症が進むと、記憶力も落ち、体力も衰えてベッドで過ごす時間が長くなります。

ベッドを体に合った使いやすいものにする、採光や照明、空調のスイッチをできるだけ手元でできるようにするなど、本人の状態や意向に合わせた快適な環境づくりも必要です。

また、食事、排せつ、入浴などで移動するとき、移動距離をなるべく短くするために、家具の位置を見直すことも大切です。2階にあった寝室を風呂やトイレがある1階へ移動すれば移動距離が短くなり、転倒などの危険を減らすことができます。

寝室を整えるための工夫

本人の状態や意向に合わせた環境づくりをめざす

●ベッドを置く場所は

□窓に近く、日当たりや風通しがよい
□空調の温風や冷風が直接当たらない
＊１日の大半をベッドで過ごすようになったら、快適な場所へ模様替えも必要です。

●寝室の設備は

□照明のスイッチはリモコン式がよい
□床材は滑りにくいものがよい
□布団よりもベッドのほうが立ち上がりの際、動きやすい

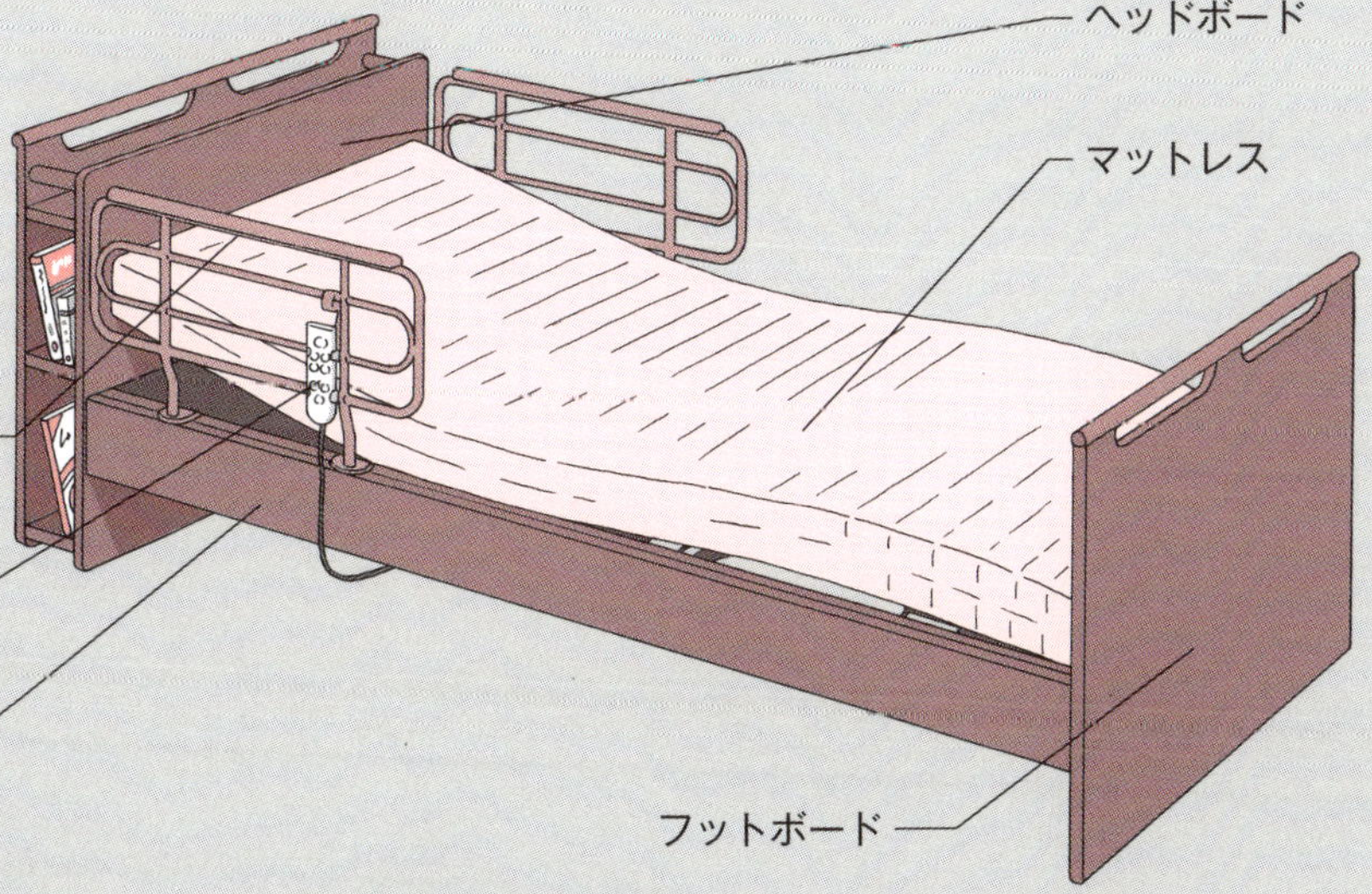
ヘッドボード
マットレス
介助バー
（兼サイドレール）
リモコンスイッチ
サイドフレーム
フットボード

介護用ベッドの例

どんなベッドにすればよいか

お勧めのベッドの仕様

ベッドの幅：100 ～ 120cm
ベッドの高さ：座った時、膝が90度に曲がる高さ

①幅は広く、高さは低いものを

病院のベッドは、医師や看護師が処置を行いやすくするために、幅が狭く、高さがありますが、家庭で介護をする場合、本人の安全性を考慮して、ベッドは幅が広く、高さが低いものを選ぶようにしましょう。

②マットは硬めがよい

ベッドに使われるマットは、柔らかいものがよいように思えますが、体が沈み込みすぎると寝返りや起き上がり時に不安定になり危険です。厚さは５～６cmで、ある程度硬めのものがよいでしょう。

③介助バー付きがよい

ベッドからの起き上がりや立ち上がり、車イスへの移乗を安全かつ確実に行うために、介助バー付き、あるいは介助バーを後付けできるものを選びましょう。なお、介助バーに体がはさまれる事故には要注意です。

食事の介護

むせ込みに注意

飲み込む力が弱いので食べ方を工夫する

食事は単なる栄養補給ではありません。単調になりがちな生活の中で大きな楽しみになっています。しかし、認知症の人は食べものを噛む力や飲み込む力が弱くなっています。むせ込むことが多くなり、誤嚥性《ごえんせい》肺炎の原因となります。

これを防ぐためには、食べものを飲み込みやすい大きさに切る、噛み下しやすい硬さのものを選ぶ、のどに詰まりにくくするために「とろみ」をつける、などといった工夫が必要です。

食品にとろみをつける製品や、献立になったレトルトの介護用食品も市販されています。ケアマネジャーが相談にのってくれるでしょう。

食べる時の姿勢に注意して近くで見守る

イスに深く腰かけ、ややあごを引き、軽く前かがみの姿勢をとって食事をすることを心がけましょう。イスは背もたれが直立しており、肘掛けが付いているものを選びます。

テーブルは肘がちょうど乗る高さ、足は必ず床に着いているように、着かなければ足台を置くなど調整します。

食事をする時は目を離さず、近くで見守りましょう。

むせ込んだ時には落ちついて対処する

十分に気をつけているつもりでも、むせ込むことがあります。そんな時には、

- ●思い切り咳をさせる
- ●声を出させる
- ●背中をさすったり軽くたたいたりする

などを、やってみましょう。本人も苦しく、あわてているので、「そばにいるから」という安心感を与えるだけでも違います。落ち着いて対処しましょう。

またむせている最中に水を飲ませるのはやめましょう。誤嚥《ごえん》を引き起こす危険があります。

食べものがのどにつかえた時の緊急措置

硬いものや飲み込めないものが口に入り「のどにつかえて下りて行かない！」というのは窒息の緊急事態です。すぐに119番通報します。

救急車到着までの時間に、できることをやってみましょう。

呼吸が止まってから3～4分が生死を分けると言われています。

①指でかき出す

口の中をのぞき込んで、つかえているモノが見えるなら、人差し指にガーゼやハンカチなど、小さい布を巻いてかき出します。入れ歯をしている場合、外すとくっついてくることもあります。

②背中をたたく

本人を前かがみにして支え、または介護者の立てた膝に本人の胸が当たるようにうつ伏せにして抱えて、背中をパン、パンとすばやく手のひらでたたきます。続けて4～5回たたきましょう。体格が大きな人なら、横向きに寝かせてたたきます。

あわてた介護者が握りこぶしや、手のひら全体で力いっぱいたたくことがありますが、これはNGです。手のひらの手首に近い、根元の部分でたたきます。

食べる時のNG姿勢に注意する

食事の際の姿勢に気をつけて、むせ込まないよう、必ず近くで見守る

背中が丸まっていると食べたものが気道に入ってむせやすくなる。本人の体格に合わせて、食卓とイスの高さを調整する。

極端に浅く腰かけていると、足で踏ん張ることになり、体が緊張して食べにくい。これもむせ込みの危険がある。

食べものがのどにつかえた時

119番通報して救急車到着までの間にできる緊急措置を覚えておこう

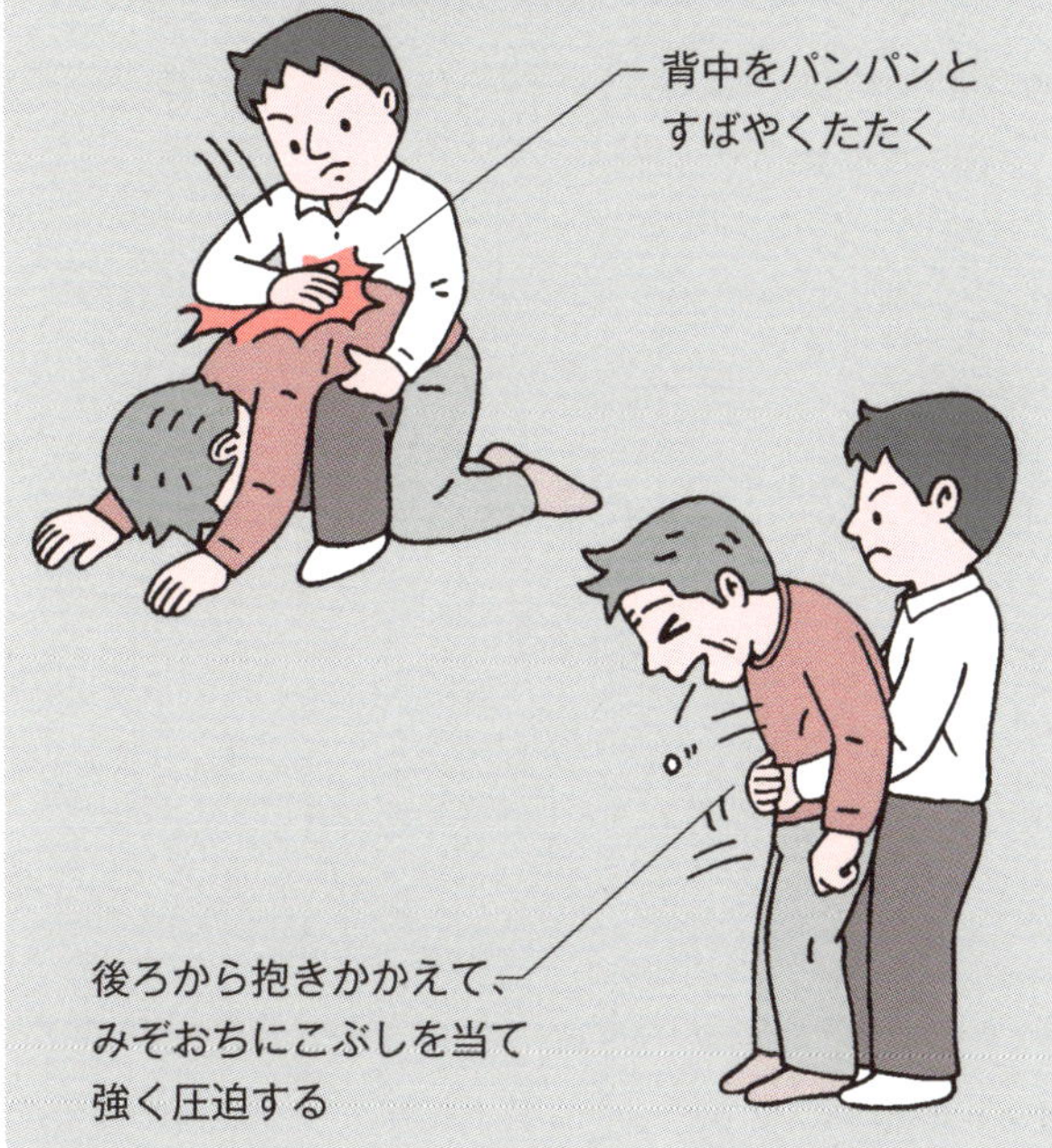
背中をパンパンとすばやくたたく
後ろから抱きかかえて、みぞおちにこぶしを当て強く圧迫する

③上腹部圧迫法

本人の後ろ側から、脇の下から手を入れて抱きかかえます。片方の手でこぶしをつくり、もう片方の手はこれを包むように握って、みぞおちに当て、強く圧迫します。この方法は意識がない場合にはできません。また内臓破裂の危険があるので、これを行った場合には、あとで必ず医師に診てもらいましょう。

④そのほかの方法

この3つのどの方法でもとれない、救急車の到着が遅れて間に合わない、という時には、掃除機で吸い取るという方法もあります。「弱」にセットして2秒間でとめる、を繰り返します。しかし、かなり危険を伴うやり方だということを承知しておいてください。緊急時以外は行わないでください。

食事の介護

口の中のケアも介護のポイント

口の中のケアで認知症の進行を和らげる

年をとるとだ液の量が減り、口の中を清潔に保つ「自浄《じじょう》作用」も衰えてきます。食べもののカスなどが残り、雑菌が繁殖《はんしょく》し、それを飲み込んで肺炎を起こす原因になることもあります。

また、雑菌で口臭が強くなり、それが原因で介護者が顔を遠ざける、会話を避けがちになる、といったコミュニケーションのストレスが起きかねません。こうしたことからも、口の中を清潔に保つことは重要で、認知症の進行を和らげることができるとも言われています。

歯みがきで、メリハリのある生活

朝の歯みがき、毎食後の歯みがきで、口の中をさっぱりさせれば、乱れがちな生活のリズムを取り戻し、気持ちに張りが出ます。本人が、歯みがきができない、嫌がるという場合には、家族が手伝ってあげましょう。

歯ブラシを使わなくてもできる歯みがきケア

歯ブラシが使えない時には、指にガーゼなどを巻いて行う方法もあります。または、割りばしに巻きつけたものを使ったり、さまざまな介助用歯ブラシも市販されています。

口にものを差し込まれるのを嫌がる人には、お茶でうがいをさせる、または緑茶のゼリーを食べさせるのも効果があります。

歯みがきをする場合には、背後からやる方法もありますが、向かい合ってする時は、目線が同じ高さで、あごを引いてもらって行います。歯ブラシは小刻みに、やさしく動かします。

口腔ケアのポイント

歯みがきだけではなく、口の中の汚れを取り除くことを「口《こう》腔《くう》ケア」と言います。口の粘膜や舌など口の中全般の清潔を保つために行うケアのこと。歯みがきを介助する際に、口腔ケアもやってみましょう。

歯ブラシのほかに、歯間ブラシや球状ブラシなど必要なものを用意したら、まずうがいをしてもらって口の中をぬらし、歯～粘膜～舌の順できれいにしていきます。入れ歯を使っている場合は、うがいのあとに外しておくようにしましょう。

舌に白い汚れがあり、気になる時は舌用ブラシを使いましょう。奥のほうから前にかけてこすり落とします。

このような口腔ケアは、歯科で対応してくれます。嚥下《えんげ》障害をケアしてくれる歯科もあります。相談してみましょう。

入れ歯は外してブラシで洗う

入れ歯は、口に入れたままではなく、口から外して、専用の義歯用歯ブラシ（または普通の歯ブラシ）で洗います。歯の間や裏側など汚れがたまりやすい部分はとくに念入りに洗いましょう。この時、入れ歯は落とすと、衝撃で割れやすいので注意します。水を張った洗面器の上で、水を流しながらブラシで洗います。なお、歯みがき粉では入れ歯が傷つくので必ず義歯用の洗浄剤を使います。

歯みがきケアで認知症の進行を和らげる

歯みがきで口の中をケアして、張りのある生活のリズムを取り戻そう

首元にタオルをかけ、まずうがいをしてもらいます。歯ブラシを水でぬらし（歯みがき粉を付け）、小刻みに動かします。軽く歯に触れるくらいの力加減でよいでしょう。向かい合ったり、後ろからやったり、介護者も本人も苦しくない姿勢で行います。うがいをするのが苦手な人の場合は、歯みがき粉を使わなくても十分です。終わったらしっかりうがいをしてもらい、汚れが残っていないか口の中を確認します。

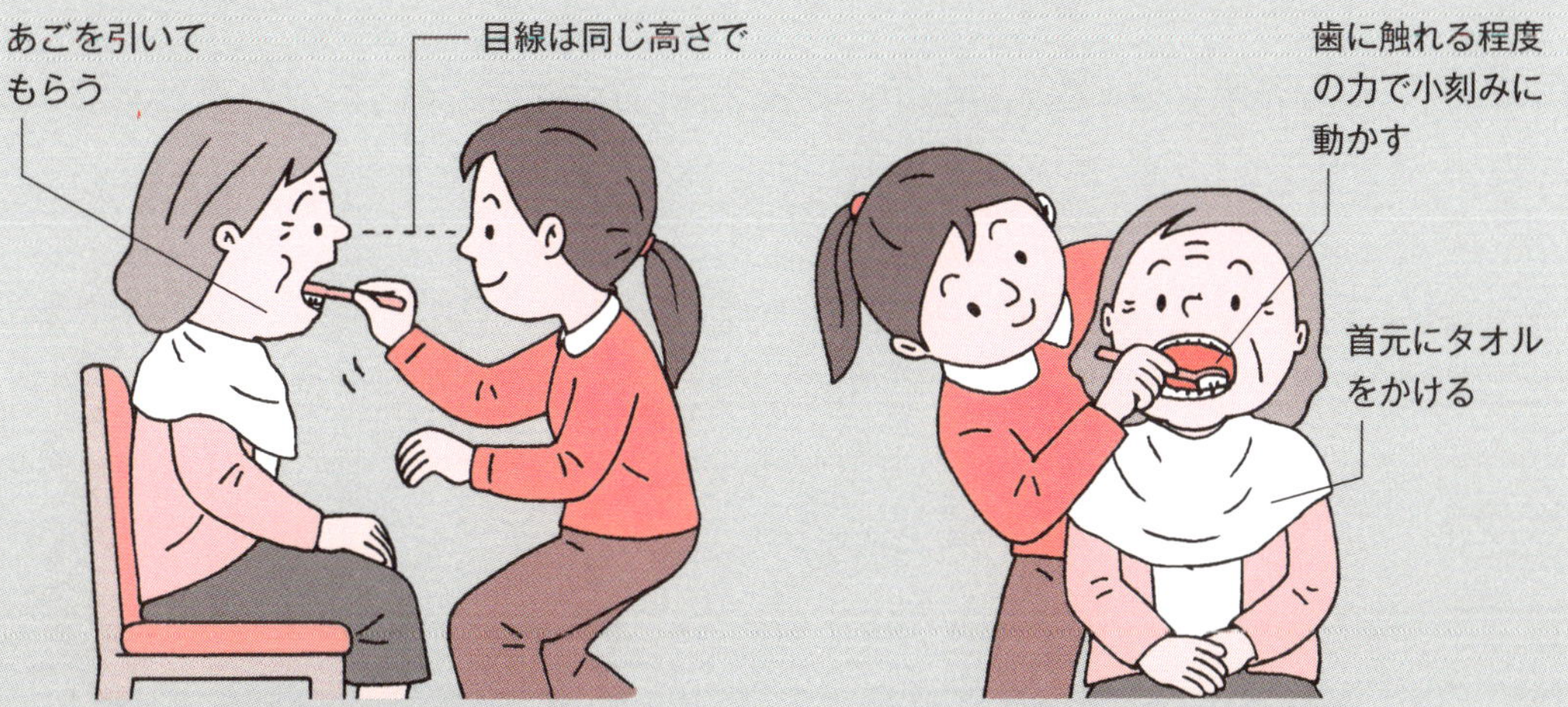
あごを引いてもらう
目線は同じ高さで
歯に触れる程度の力で小刻みに動かす
首元にタオルをかける

[向かい合う時]　[後ろからする時]

＊用途に応じて歯ブラシを選びましょう。

●スポンジブラシや球状ブラシは、口腔内の汚れを拭き取る時に使う。歯と歯茎の間、頬の裏側などもよく拭く。必ず水でぬらして使い、使い捨て。

●歯間ブラシは、歯と歯茎の間に直角に差し込んで食べもののカスを取り除くのに使う。無理しないよう、本人の様子を見ながら行う。

●舌用ブラシは舌の白い汚れをこすって取り除くのに使う。奥から前にかけて、力を入れすぎないよう注意。

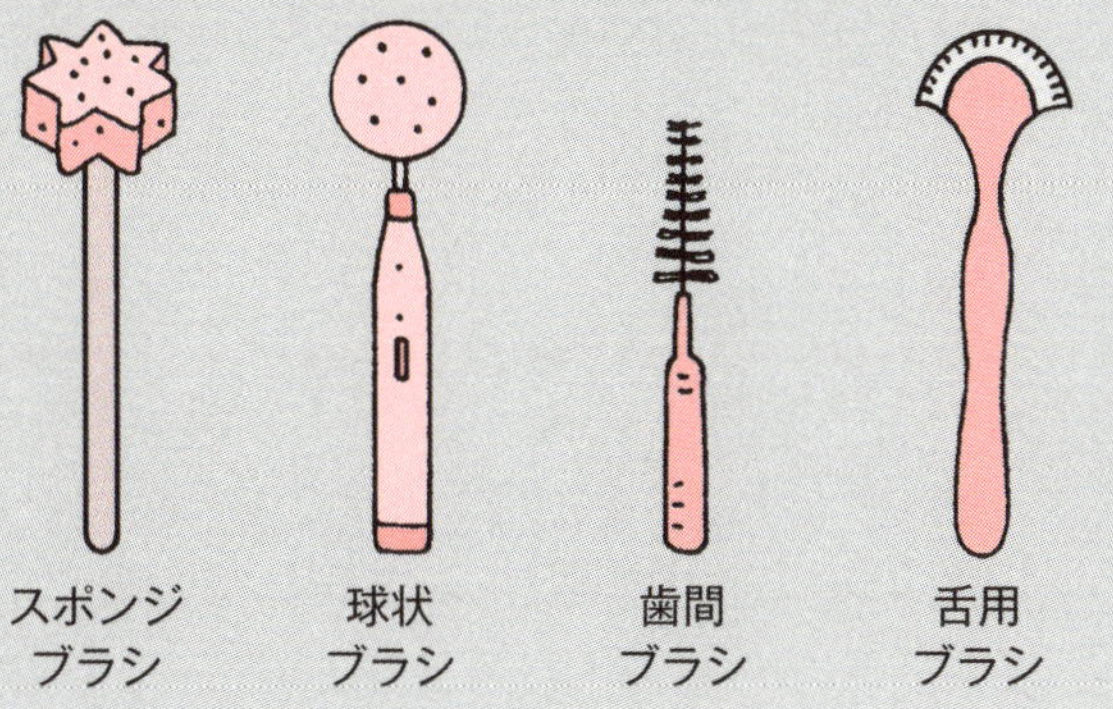
スポンジブラシ
球状ブラシ
歯間ブラシ
舌用ブラシ

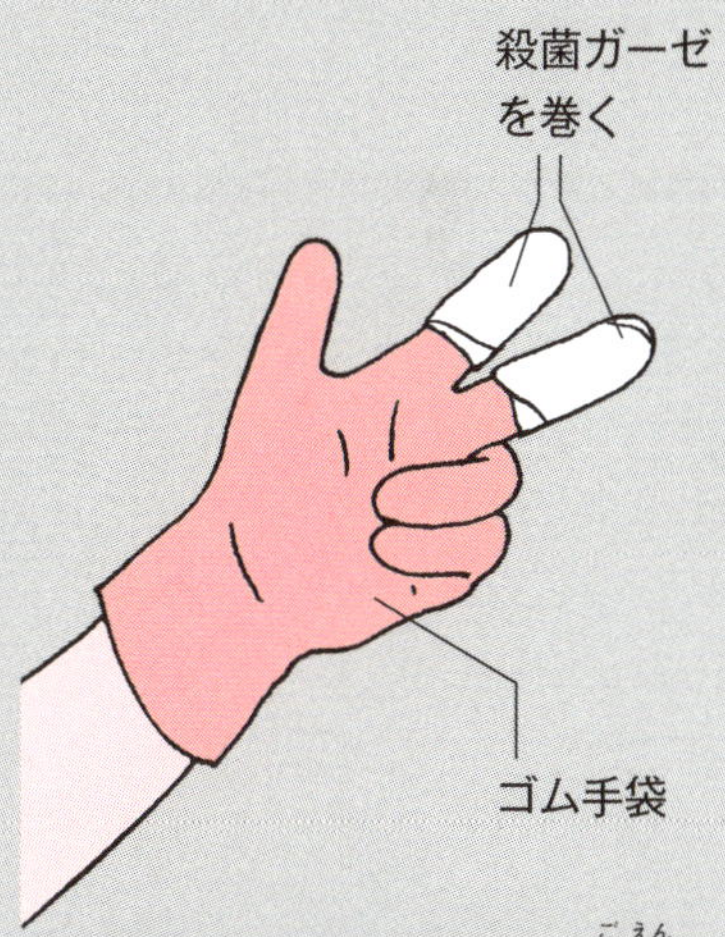
殺菌ガーゼを巻く
ゴム手袋

＊寝たきりや重度の状態で、誤嚥《ごえん》の危険を避けたい時には、口の中の拭き取りをします。介護者はゴム手袋をし、人差し指と中指に殺菌ガーゼ（市販されています）を巻いて口腔内を拭きます。

入浴の介護

安心してもらえる入浴の基本

浴室での最大の危険は転倒による事故

浴室は、床がぬれていることから、転倒する事故が起こりやすい場所です。狭い浴室で転ぶと、浴槽に体をぶつけて肋骨《ろっこつ》を折ったり、床に頭を打ちつけて重傷に至る、ということもあります。このような事故が起きないよう、浴室を見直し工夫する必要があります。

さまざまな介護用品を積極的に利用する

浴室に呼び出しスイッチを付ける、手すりを付けるなどリフォームも必要になるでしょう。備品としては、浴用チェアも、肘掛けの付いたものや、背もたれの付いたもの、座面が回転するものなど、いろいろあります。滑り止めのマットや、浴槽内で使うステンレス性のイス、浴槽の出入りを補助するグリップや足台、浴槽に渡して座ったりつかまったりできるバスボードなど、本人の状態に合わせて利用しましょう。浴室用備品は福祉用品、レンタル用品として介護保険を利用することができるものが多いので、ケアマネジャーに相談するなどして、福祉用具関連の業者に頼みます。安心して入浴できる環境を整え、心身ともにリラックスしてもらいましょう。

入浴の基本と入浴前に注意したいこと

入浴についての基本的な注意点を挙げておきましょう。

①入浴時間は5～15分

お風呂の好きな人でも、毎日入るのは疲れます。週2回、お湯につかるのは5分くらいが適当です。疲れないよう、上がるまで15分程度がめやすです。

②お湯の温度は38～40℃

お年寄りの皮膚は、若い人に比べて温度を感じにくくなっていますが、熱すぎると危険です。熱くてびっくりし、バランスを失って転倒、という事故もあります。お湯の温度には十分注意しましょう。

③脱衣所を温めておく

浴室と脱衣所の温度差が大きいと、服を脱いだ時に体温が急に下がり、血圧が上がります。心筋梗塞《しんきんこうそく》や脳卒中《のうそっちゅう》の原因になるので、冬場はとくに脱衣所を温めておきます。

④水分補給をしてもらう

入浴中はかなり汗をかきます。脱水症を防ぐために、入浴前にコップ1杯の水分をとってもらいます。

入浴前の体のチェックを忘れずに

本人が気づいてない、体の不調がないか、入浴前には必ず体の状態をチェックしましょう。

□体温がふだんより高くないか（37℃以下ならOK）
□脈拍や血圧は正常値か
□風邪をひいていないか
□顔色が悪くないか
□皮膚に傷や炎症などはないか
□極端な空腹ではないか
□トイレは済ませたか　など

入浴の効果を実感してもらう

認知症の人には、気持ちのよい入浴を実感してもらうこと、それ自体に意味があります。改

入浴の基本と入浴前の注意点

入浴は準備が大切。とくに湯温の管理に気をつけよう

①入浴時間は5～15分

疲れが出ないめやすは
最長15分まで

②お湯の温度は38～40℃くらい

温度を感じにくい
お年寄りには
温度管理が大切

③脱衣所は温めておく

浴室との温度差が大きいと
心筋梗塞《しんきんこうそく》や脳卒中《のうそっちゅう》発作を起こす
可能性がある

④入浴前にはコップ1杯の水分補給

脱水症状になるのを防ぐ

めて入浴の効果を整理しておきましょう。

●清潔を保つ

言うまでもないことですが、体の汚れを落とせば清潔になります。

感染症や皮膚のけがの予防、ベッドで過ごす時間の長い人には床ずれの予防にもなります。

●新陳代謝を活発にする

お湯で体が温められて血行がよくなり、新陳代謝が促されます。また、浴槽に体を沈めると、体は適度な水圧を受け、足のむくみも解消します。

●リラックスできる

温かいお湯に全身をひたすことは、心と体の両方にリラックス効果があります。気分がさっぱりして生活にメリハリができ、気分転換にもなります。

●リハビリ効果もある

お湯の中では、浮力により体を動かしやすくなります。また、水の抵抗もあるため浴槽の中で体を動かすことで、軽い運動と同様の効果も期待できます。

入浴の介護

入浴を嫌がる時の、介助のコツ

入浴を敬遠するようになる理由を理解する

高齢になると、体が思うように動かない、浴室で転倒するのがこわい、（介助してくれる）家族に裸を見られたくない、などの理由で入浴を敬遠するようになる人が多くなります。さらに、認知症の人の場合には、体を洗うこと、浴槽に入ること、というお風呂に入る行為そのものが「わからなくなる」ことがあるのです。

家族は、ただ「嫌がっている」ということしかわからないので、なだめたり、すかしたりして入らせようとするのですが、うまくいきません。この認知症特有の症状のせいでお風呂に入りたがらないこともあることは、知っておいたほうがよいでしょう（この症状については、P80～81参照）。

どんな理由にしろ、入浴しないまま何日も過ごすのは、体が不潔になる以外にも、さまざまな支障が出てきます。入浴が心身ともに心地よく、楽しい時間だと実感してもらう工夫が必要になります。

介助して入浴してもらう時のポイント

嫌がる本人をなんとかお風呂場まで連れてくることができたら、一緒に入るのもよい方法です。さりげなく手伝いながら、入浴を介助する時のポイントを挙げておきましょう。

●安心して入浴できるよう、細かな配慮を忘れずに

浴室の床やイスをお湯で温めておき、最初に足元にそっとお湯をかけましょう。「温かい」「気持ちいい」と感じると、スムーズに入浴してもらえる場合が多いようです。

認知症の人は、さまざまな自分の身に起こる変化へのストレスから、音やにおいなど、五感が過敏になっている場合もあります。最初は、家族と言っても、裸になり、入浴の手助けをしてもらうことに緊張し、不安に思っているかもしれません。入浴前の準備として「脱衣所を温める」「手すりやマットの安全確認」など、安心して入れる環境を整えましょう。

●できること・できないことを見極めてサポートする

お風呂に入って体を洗うという行為がわからなくなった、洗い方を忘れてしまった、という人もいますが、泡のついたタオルを渡すと洗い始める人や、「これで背中を洗ってね」と声かけすると洗える人もいます。

できること、できないことを確かめながら介助していくことが大切です。

●本人のやり方、こだわりがある時には従う

入浴は排せつと同様、プライベートな行為の1つです。長年の習慣となっている本人のルールやこだわりがあることを忘れないように。介護者のやり方でささっと済ませる、というのでは「入浴させられている」と感じて、入浴を楽しんでもらえません。やる前に、1つずつ、「これでいい？」と確かめながら介助しましょう。たとえば、「お風呂の温度の好みは熱めがいい？　ぬるめがいい？」「髪を洗うのが先？　体を洗う

安心して入浴してもらえるよう介助する

本人のペースに合わせることがポイント

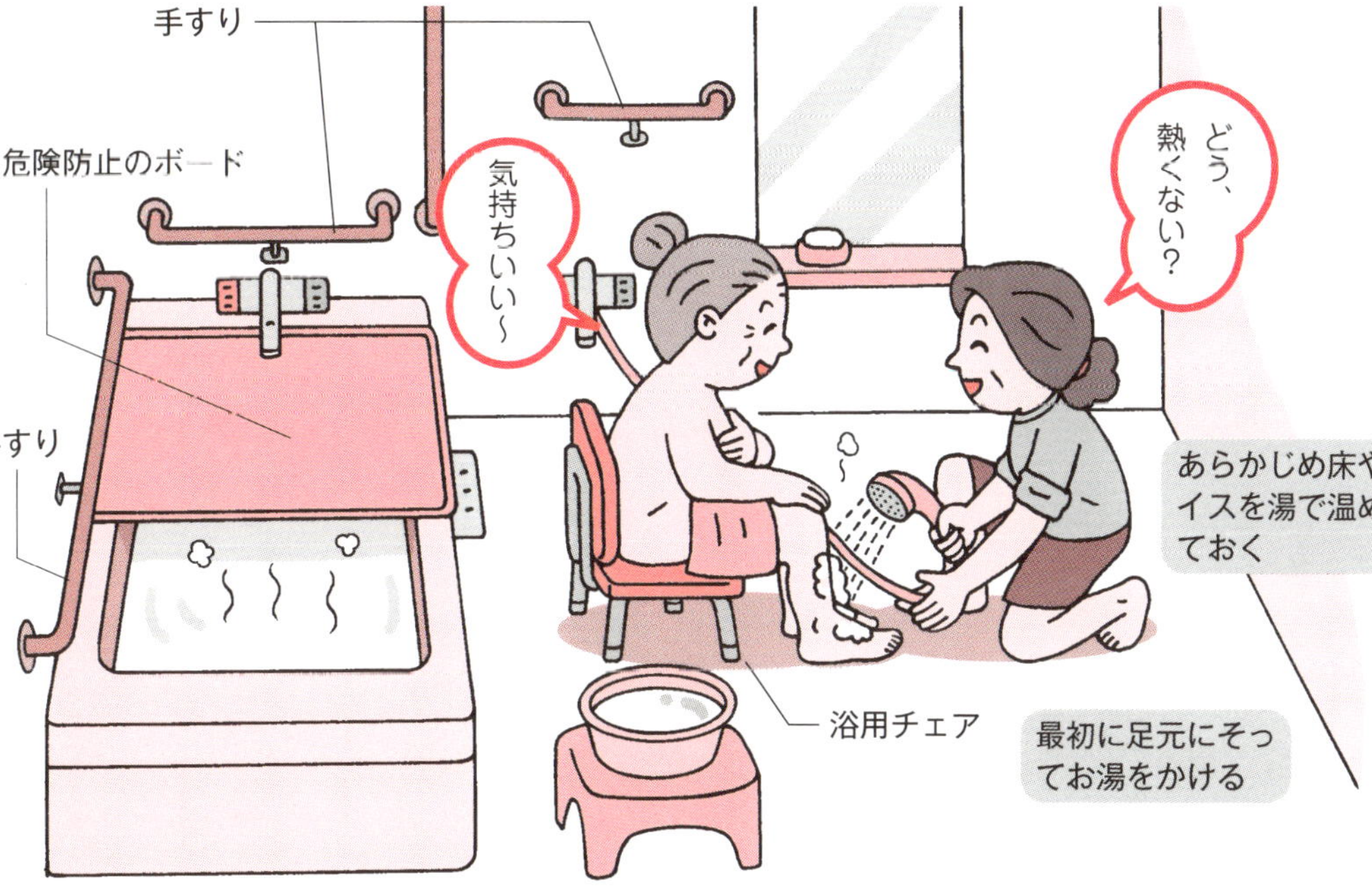
手すり
危険防止のボード
手すり
気持ちいい〜
どう、熱くない？
あらかじめ床やイスを湯で温めておく
浴用チェア
最初に足元にそってお湯をかける

のが先？　体を洗う順序は？」「シャワーがいい？　お湯を汲んで洗うのがいい？」「湯上がりにはシャワーを浴びる？」など声かけしましょう。

●衣服の着脱は、ていねいに声かけしながら手伝う

本人が「服を脱ぐ・着る」を難しく感じている場合は、「右手を上げて」「両手で端を持って」など、動作の1つひとつをていねいに声かけしてみましょう。途中まで手伝えば、そのまま体が動いて、自分で脱いだり着たりできることもあります。

入浴中に注意すべきポイント

●お湯の温度を事前に確認する

熱いお湯に入ると血管が急激に収縮して血圧が上がります。とくに高齢者には危険です。ぬるめのお湯（38～40℃）にゆっくりつかってもらいましょう。

●シャワーの温度を確認する

温度設定をしたからと安心しないことです。まず介護者の腕にシャワーをかけて確認します。やけどをさせたり、冷たい思いをさせないよう注意しましょう。

●半身浴で入浴してもらう

昔は、肩までしっかり湯につかること、熱いお湯にじっとがまんして入ることがよいとされていました。このような全身浴は水圧を胸に受けるため、心臓に負担がかかります。肩までしっかりつかる全身浴は1～2分にして、胸を湯の上に出す半身浴にしましょう。

●上がる時はゆっくりと

浴槽から出る時、急に立ち上がると血圧が下がり立ちくらみを起こします。これは転倒の危険につながるため、手すりなどをしっかり持って、ゆっくりと立ってもらいましょう。

●溺れるのを防ぐ工夫を

大きな浴槽に入っていると、体が滑って水に沈み溺れることがあります。手すりなどがない場合は、ふたを浴槽に渡して体を預けられるようにしておきましょう。

入浴の介護

冬の入浴は、ヒートショックに注意

ヒートショックとは

冬場は、暖かい居間と暖房のない脱衣所や浴室との温度差が大きくなります。暖かい居間から脱衣所や浴室への移動、そして熱い湯船への移動は、急激な温度変化が短時間のうちに起こります。それによって血圧の急上昇、急下降が引き起こされ、心臓に大きな負担がかかります。これを、「ヒートショック」と言います。

ヒートショックは突然死の大きな要因となり、年間1万7千人（2011年調査）が亡くなっています。たとえば、急激に血圧が上昇した場合は脳出血や脳《のう》梗塞《こうそく》、心筋梗塞《しんきんこうそく》などで死亡する恐れがあります。逆に、急激に血圧が低下した場合は脳貧血を引き起こしめまいを生じて転倒したり、浴槽で溺れたりする危険性があります。

入浴時の温度差が大きくなりがちな12～1月は、入浴中の突然死が最も増えるので、とくに注意が必要です。

ヒートショックになりやすい人とは

こんな人はヒートショックを起こしやすいので要注意です。

□65歳以上の人
□高血圧の人
□糖尿病の人
□動脈硬化《どうみゃくこうか》がある人
□肥満気味の人
□睡眠時無呼吸症候群など呼吸器官に問題がある人
□不整脈がある人
□一番風呂に入る習慣がある人
□熱い風呂が好きな人
□お酒を飲んだあとでも入浴することがある人

ヒートショックによる事故を防ぐ注意点

冬場の入浴時の事故を未然に防ぐためには、居間と脱衣所、脱衣所と浴室、それぞれの温度差をできるだけ小さくしておくことが大切です。また、ぬるめの湯加減でじんわり体を温めるのがよいでしょう。注意点をまとめておきましょう。

[入浴前のチェック]

①食後1時間は入浴しない
②入浴前に血圧降下剤やお酒を飲まない
③一番風呂に入らない
④入浴前にコップ1杯分の水分をとる

[浴室の準備と入り方のポイント]

①脱衣所に暖房器具を置くなどして、入浴前に脱衣所を温めておき居室と脱衣所との温度差をなくす
②入浴前に浴槽のふたをしばらく開けておく、服を脱ぐ前に浴室の床や壁に温かいお湯のシャワーをかけるなどして、浴室を温めておき、脱衣所と浴室との温度差をなくす
③浴槽に入る前に、手や足の末端の部分からかけ湯をして、徐々に体を温める
④お湯の温度は38～40℃、ぬるめの湯で体を温める
⑤いきなり肩まで浴槽に沈めずに、足からゆっくりと入り、徐々に肩まで沈めていく
⑥入浴時間は、ほんのり汗ばむ程度であんまり長湯をしないようにする
⑦浴槽から出る際は、急に立ち上がらずにゆっくりと出る

ヒートショックが起こる仕組み

血圧が急上昇、急降下して心臓に負担がかかり、心筋梗塞《しんきんこうそく》や脳出血などが起こるヒートショック。入浴することで血圧が上下する様子を追ってみよう

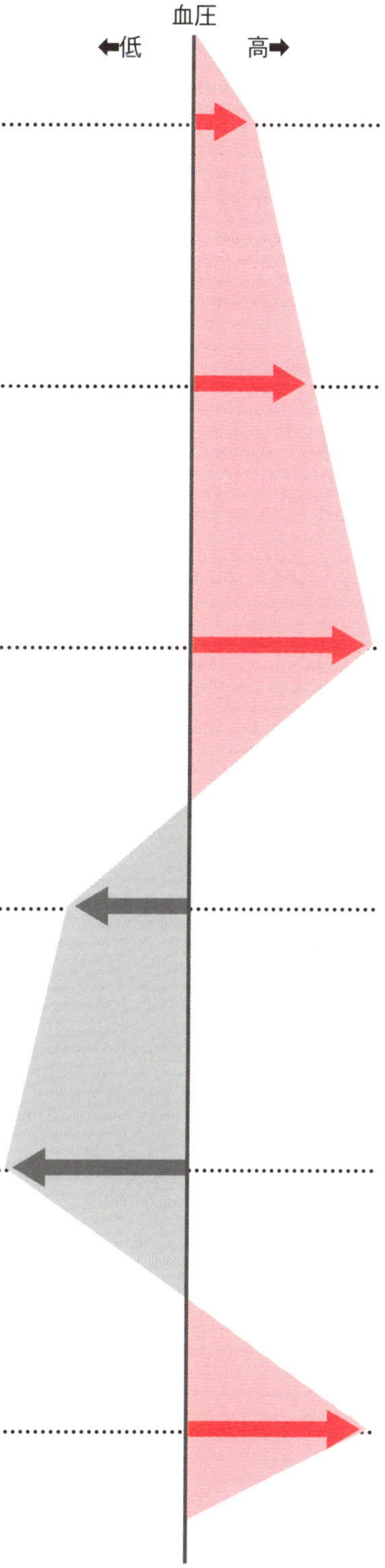

① 寒い脱衣所で衣服を脱ぐ

→体から熱が奪われないように
毛細血管が収縮→血圧が上昇

② 浴槽に入り熱い湯に触れる

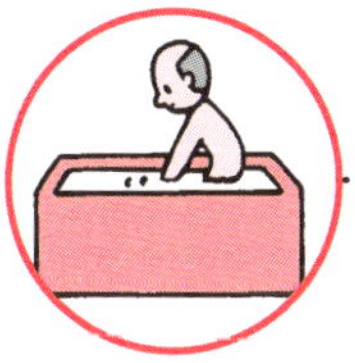

→交感神経が緊張する
→血圧が急激に上昇

③ 浴槽内で肩まで どっぷり湯につかる

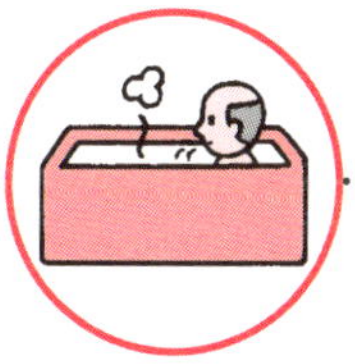

→水圧により心臓に負担がかかる
→さらに血圧が上昇

④ 浴槽内で体が温まる

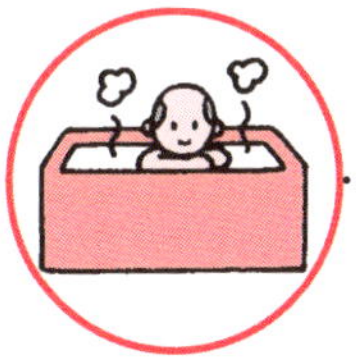

→血管が拡張する
→血圧は急激に下降

⑤ 浴槽から上がる

→水圧がかからなくなる
→血圧はさらに下降

⑥ 入浴後、寒い脱衣所に出る

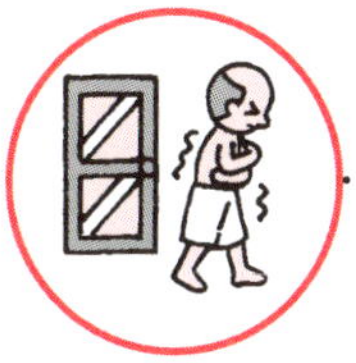

→温まった体が冷える
→熱が奪われないように再び
毛細血管が収縮→血圧が急激に上昇

入浴の介護

入浴できない時は、清拭で気分転換

入浴の代わりになる清拭で体を清潔にする

何らかの理由で、頻繁《ひんぱん》に入浴ができない場合、体の清潔を保つには、「清拭《せいしき》」（体をぬれタオルなどで拭くこと）が必要です。この清拭は、皮膚の汚れをとるだけではなく、マッサージ効果もあり、血行もよくなります。また、体を拭く時に、手足を動かすことで関節が硬くなるのを予防できます。さらに介護者は全身の皮膚の状態をチェックできるので、感染予防とともに床ずれの発見にも役立ちます。

清拭は、タオルで直接体に触れることになるので、声かけし、話しかけながら行いましょう。それによってコミュニケーションが図られ、気分転換にもなります。

清拭を行う時は体調をよく確認する

清拭は入浴同様に、ある程度疲れますので、本人の体調を見ながら、無理をしないことが大切です。体調を見て「顔だけ」「上半身だけ」を拭いてあげるというのでもかまいません。室温は23℃～25℃くらい。冬は部屋を暖かくして行います。

本人が気分が悪いという時には途中でもやめましょう。食事の前後1時間、お腹がすいていたり満腹だったりすると、体調を整えにくいので避けましょう。介護する人の手を温めておくことも忘れないでください。

タオルは2種類 顔用と体用を用意する

タオルを4～5枚、顔用と体用の2種類を用意し、55℃程度の熱い湯に浸して固く絞り、蒸しタオルにします。水か湯で絞ったタオルをビニール袋に入れ、3分ほど電子レンジで温めてつくる方法もあります。

蒸しタオルができたら、やけどしないようゴム手袋を着用し、また冷めないよう、ビニール袋か保冷バッグに入れるなど工夫しましょう。

体を覆うバスタオルも必要です。終わったらすぐ、下着と服が着けられるよう、そばに着替えを用意しておきます。

声かけをして全身清拭スタート

清拭の用意ができたら、「これから体を拭いていきれいにしましょう」と声をかけてから行います。

①顔→②手・腕→③胸部→④腹部→⑤背部→⑥足・脚の順に拭いていきます。ポイントをいくつか挙げましょう。

上半身の清拭は、座っていることができる人なら、座ってもらって行います。

顔は、顔用タオルで目頭から目じりに向け、次に、額→頬→あご、の順にS字を描くように拭きます。一度拭いた面では再度拭かず、必ず面を替えて拭きます。それから鼻、耳、耳の後ろと続けます。

手は指先から心臓に向かって脇の下まで拭きます。指は1本ずつ、指の間も忘れずに拭きましょう。

背部は体を横向きにし、少し熱めの蒸しタオルで下から上へ、少し力を入れて大きく拭きます。腹部は、内臓を押さえつけない

血の巡りがよくなる「足浴」も効果的

全身清拭だと体に負担になると心配な時は、足だけを洗う、足浴を行いましょう。足浴は、ベッドや車イスに座って足を下ろしてもらい、足元に洗面器か深さのあるバケツを用意します。40℃前後のお湯を入れ、浸けるようにして行います。ベッドで長い時間を過ごす人には、血の巡りもよくなる簡便な足浴で、気分転換が図れます。

始める前に、洗面器やバケツに入れるお湯と、洗い終わったあと、すぐにすすぎのお湯が使えるよう、すすぎ用の同量のお湯をポットなどに用意しておきます。

タオルケットをかけて、寒くないようにする

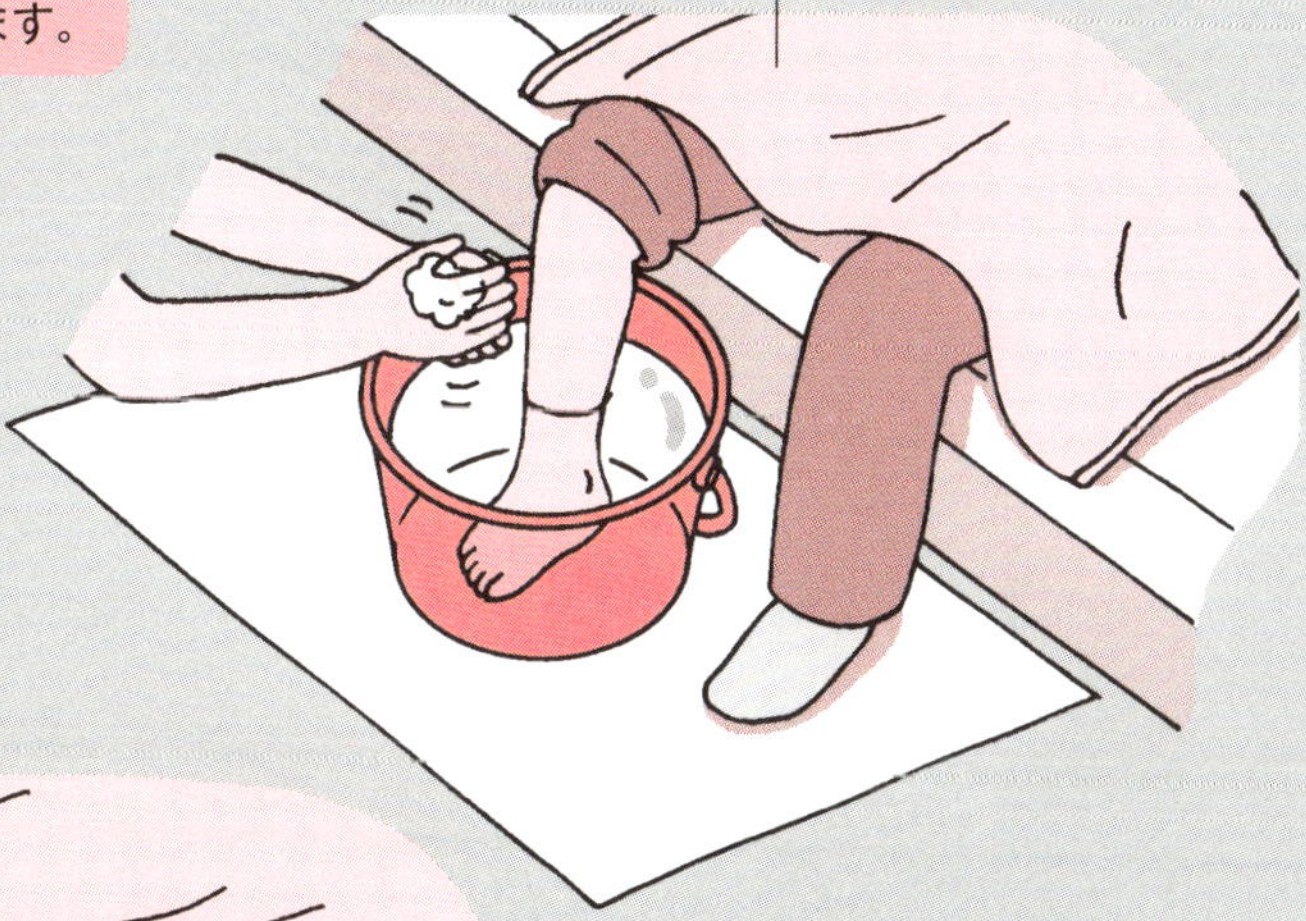

①足首から膝まで洗う

足先を温めたら、足首から膝まで石けんを付けて洗います。マッサージするように洗うと血行がよくなります。

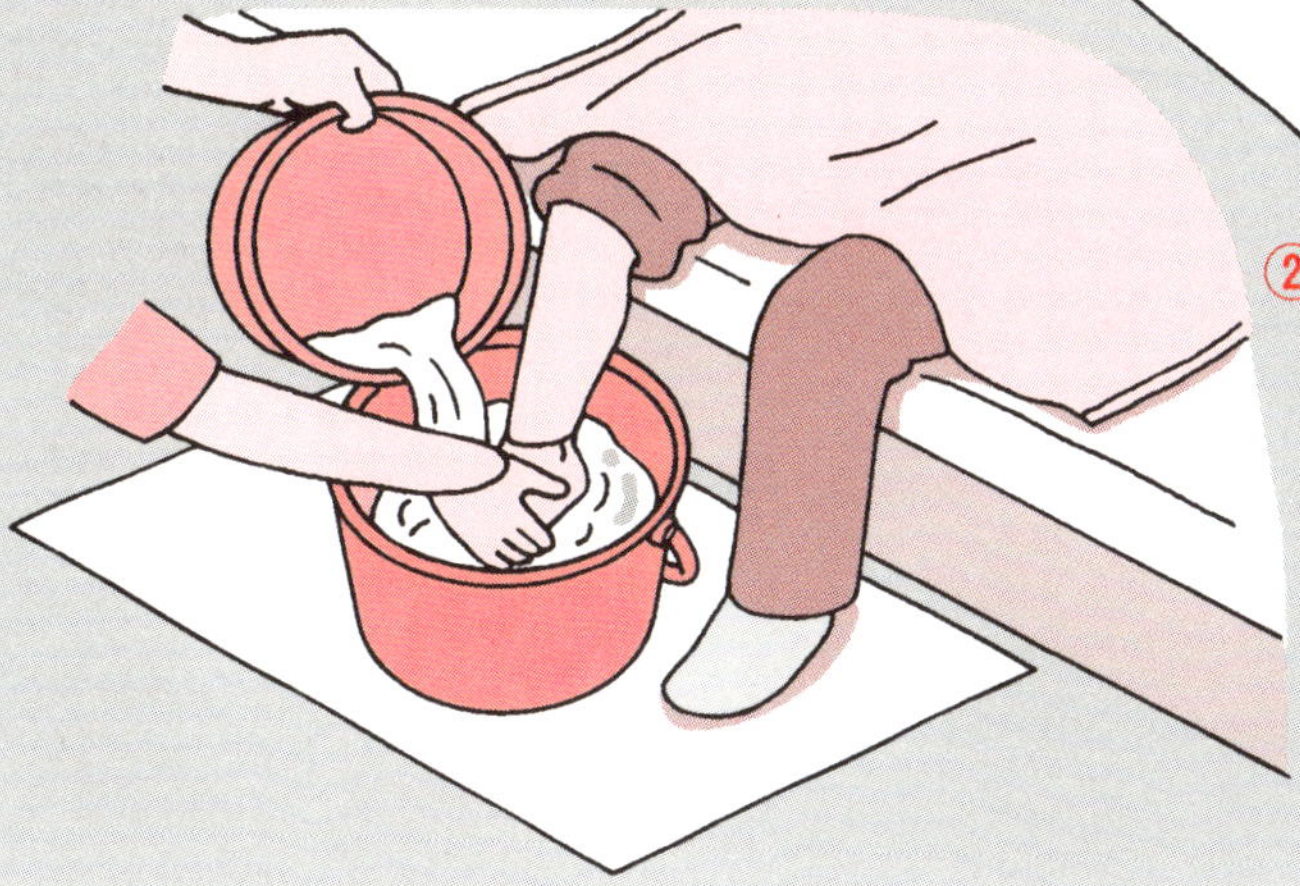

②お湯を換えてすすぐ

洗い終わったらお湯を入れ換え、きれいなお湯でせっけんを落とし、すすぎます。時間は全体で5～10分程度。終わったらタオルで水分をしっかり拭き取ります。

ようにしながら、「の」の字を描くように拭きます。背中や胸など大きい部分は、蒸しタオルで拭いたあと、表面温度が下がるので注意。バスタオルを肌から放さないようにします。

首まわり、脇、お腹のしわ、おへそ、ももの付け根、陰部、足の指の間、耳の後ろ、肘、お尻、膝裏、かかと、くるぶし、足の裏など、汚れやすいところは、しっかりと拭きます。

心臓に向かって拭くのはマッサージの目的

全体のポイントは、心臓に向かって、やさしくなでるように拭くこと。これは清拭を行うことで、マッサージの効果も期待できるからです。

また、体が冷えてしまわないよう、蒸しタオルで拭いたところは、必ず乾いたタオルで水分をしっかり拭き取りましょう。拭いていない部分はタオルをかけたり服を着せておくなど、冷えないよう注意します。

入浴の介護

自宅での入浴が心配な時は、訪問入浴介護を利用する

訪問入浴介護を利用する

本人が自力で入浴できなくなった時、家族が介助して入浴させたくても難しい場合があります。「自宅の浴槽が狭くて介助しながら入れるのは大変だ」「介護者の体力では、介助するのが難しい」「寝たきりなので入浴が難しい」などの事情が考えられます。そんな時には、「訪問入浴介護」のサービスを利用するとよいでしょう。

訪問入浴介護は、介護保険のサービスなので、利用する条件として「要介護（1～5）」の認定を受けている必要があります（介護保険に関しては、第4章を参照してください）。なお、要支援（1～2）の人は「介護予防訪問入浴介護」の対象になります。

訪問入浴介護サービスを利用するには

実際にサービスを提供するのは業者ですが、ケアマネジャーが仲介し、ケアプランに組み込むことでサービスが受けられるシステムになっています。サービスを利用するまでの流れは以下のとおりです。

①担当のケアマネジャーにサービスの利用を相談します。

⬇

②サービスの利用が決まったら、ケアマネジャーがサービス提供事業者へ連絡、確認します。

⬇

③サービスを提供してくれる事業者が決定したら、その事業者から利用者の主治医にサービス提供の許可を確認します。

⬇

④担当のケアマネジャー、サービス提供事業者の担当者と一緒にケアプランを作成します。

⬇

⑤ケアプランが完成したら、サービス提供事業者と契約し、サービスが開始します。

訪問入浴介護サービス開始前にサービス業者と打ち合わせる

サービスを提供してくれる業者は、実際のサービスが始まるまでに、事前に自宅を訪問します。まず同行した看護師が、主治医の許可があることと、サービスを受ける本人の健康状態を確認します。介護スタッフは、専用の浴槽を自宅に持ち込む際の、室内の環境、浴槽までの本人の移動方法、入浴方法などを確認し、説明してくれます。

訪問入浴介護サービスの内容とやり方

サービスの内容や順序は、サービス提供事業者によって多少違いがあり、サービスを受ける間、家族が立ち合いを求められることもあります。大まかな内容は次のようになります。

①ケアプランで決まった訪問日に、看護師1名、介護スタッフ2名が訪問入浴専用車で自宅に来ます。

②スタッフが浴槽を持ち込んで給湯の準備をしている間に、看護師が本人の入浴前の健康チェックをします。

血圧や体温、脈拍など、入浴に問題ない状態かどうかを確認。もし、体調がよくない場合は部分浴や清拭《せいしき》に変更することもあります。

訪問入浴介護を利用する

自宅でゆったり入浴できることが最大のメリット

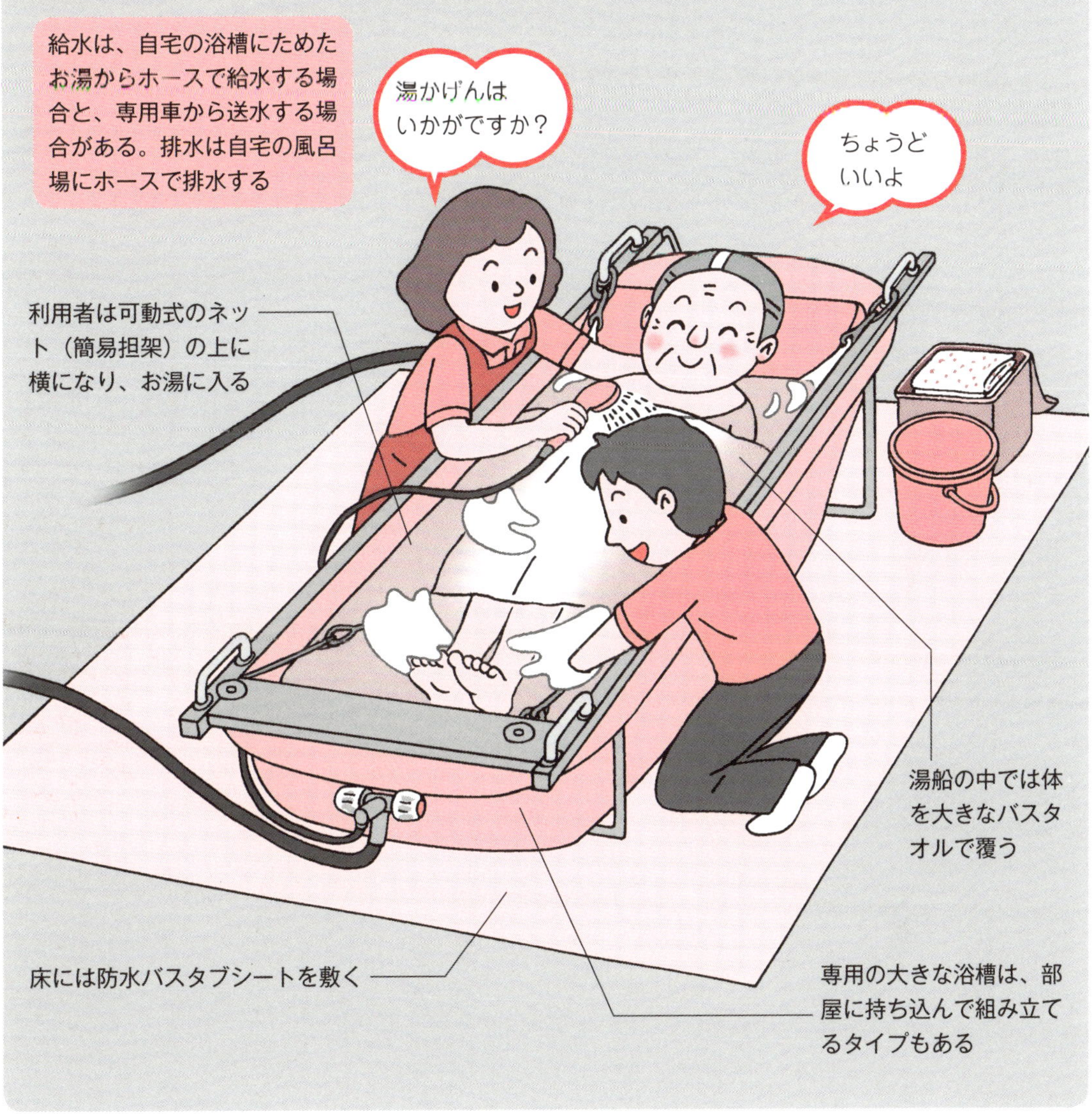
給水は、自宅の浴槽にためたお湯からホースで給水する場合と、専用車から送水する場合がある。排水は自宅の風呂場にホースで排水する
湯かげんはいかがですか？
ちょうどいいよ
利用者は可動式のネット（簡易担架）の上に横になり、お湯に入る
湯船の中では体を大きなバスタオルで覆う
床には防水バスタブシートを敷く
専用の大きな浴槽は、部屋に持ち込んで組み立てるタイプもある

③健康チェックで入浴可能か確認できたら、介護スタッフが脱衣を手伝い、浴槽へ移動させ、体調に合わせて負担のかからないよう入浴。

　入浴時間は10分間がめやすです。入浴が済んだら、よく水気を拭き、ベッドに戻り着替えの介助を行います。洗髪したら髪を乾かします。看護師が、肌の状態や手足の爪などをチェックし、爪切りや耳掃除を行うこともあります。

④入浴後の血圧、体温、脈拍のチェックを行い、サービスは終了。サービス開始から終了まで40分～1時間です。

訪問入浴が合わない患者もいる

　自宅でゆったりと複数の若いスタッフに世話をしてもらえるのを楽しむ人もいる一方、他人に体を触られるのを不審に思い、恐怖に感じる認知症患者もいます。本人の気持ちに沿って利用することが大切です。

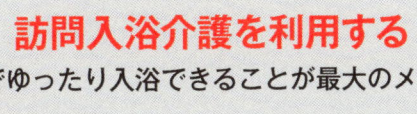

排せつの介護

排せつのトラブルを避ける介護のコツ

老化によって起こる体の変化を理解する

体が硬くなって歩行や動きがおぼつかなくなるほかに、高齢のため排せつ機能が衰え、トイレに間に合わない、尿もれで下着を汚してしまうなど、本人も自分の力ではどうにもならないトラブルが発生します。尿だけでなく、肛門括約筋《こうもんかつやくきん》の働きが弱くなって、便をもらすこともあります。介護者家族は、こうした老化による生理を理解しておく必要があります。

認知症患者の場合、それに加えて、トイレの場所がわからなくなって別の場所で用を足してしまったり、また、失敗をどうにかしようとして、便を手にとったり、どこかになすりつけたりする「ろう便」という困った行動に出ることもあります。家族は最初はショックを受けますが、理由がわかれば、対策を講じて乗りきることもできるでしょう。

トイレを、使いやすく、わかりやすくする工夫を

私たちは、トイレに行けば「下着を下ろす」「便座に座る」「紙で拭く」などのいくつかの手順をほぼ自動的に行っています。ところが、認知症の人にはこれが複雑で難しい行為に感じられるようになります。

「トイレ」または「便所」(年輩の方にはこちらのほうがなじむ場合も)と大きく書いた紙を貼る、ドアを開けたままにする、便器のふたは閉めないなど、使いやすく、わかりやすくなるよう、工夫をしましょう。

さりげなくトイレに誘導する

排せつはプライベートな行為であり、認知症の人にとっても、それは変わりありません。トイレに行くことを強要されたり、失敗を非難されたりすることは、プライドを傷つけます。

本人が自力でトイレに行けるなら、朝起きた時、または食事の前後など、時間を決めて「トイレに行っておく？」というように誘導するとよいでしょう。また、1日の記録を付け、排せつのパターンを読み取り、予想してトイレ誘導します。

気持ちに寄り添った声かけがトイレ誘導のコツ

認知症の症状の進行度合いによって、「トイレ」が何を意味しているかわからなくなっていたり、失敗するのではという不安から、トイレという言葉に過敏になっていることもあります。そういう場合には、「トイレ」とは直接言わず、「ちょっと付き合ってくれるかしら？」など、自然なかたちで声かけして誘導する、という方法も有効です。

また、本人に尿意があっても、「トイレに行きたい」とうまく伝えられない人もいます。そわそわして落ち着かないなど、人それぞれの〝サイン〟があります。それを見逃さないよう気を配り、適切にトイレへと誘導しましょう。

トイレで介助する時注意すべきこと

トイレで排せつの介助が必要になった時、注意しなければな

トイレまわりを工夫して排せつのトラブルを防ぐ

歩行や動きがおぼつかない状況で必要なのは、使いやすいトイレ

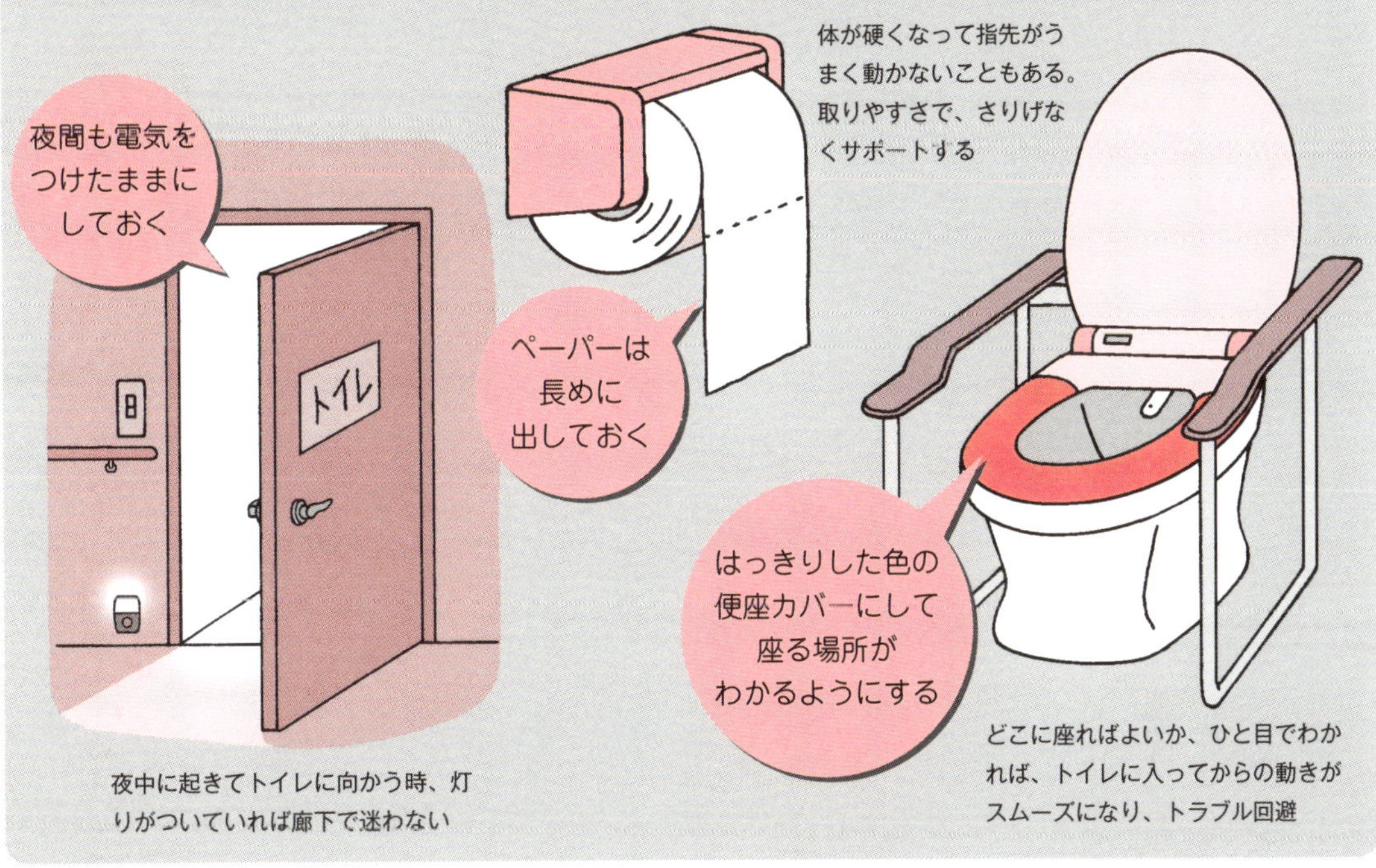
夜間も電気をつけたままにしておく
トイレ
夜中に起きてトイレに向かう時、灯りがついていれば廊下で迷わない
体が硬くなって指先がうまく動かないこともある。取りやすさで、さりげなくサポートする
ペーパーは長めに出しておく
はっきりした色の便座カバーにして座る場所がわかるようにする
どこに座ればよいか、ひと目でわかれば、トイレに入ってからの動きがスムーズになり、トラブル回避

らない点は、本人のプライドを尊重すること。誰にとっても排せつはプライベートなものですから、ある程度、自分でできる場合は、ドアを閉めてその前で待つなど配慮をしましょう。失敗した場合でも絶対に騒がないこと。すばやく片付けます。

　また、便座には座れるが自分で拭けない、拭けるけれど水を流すのを忘れてしまうなど、できること・できないことがあります。何から何までやってしまうのではなく、できないことをサポートするようにします。

トイレ環境の見直しが必要な場合

　トイレでのトラブルの原因がトイレ環境にある場合には、大がかりなリフォームも視野に入れる必要があります。

　リフォームする前に、本人が安心して安全にトイレが使えるかどうかを調べ、工夫しましょう。ポイントは、使いやすいかどうかです。

□ドアの開閉はしやすいか
➡開き戸の場合、開けたままにしておく。またはノブをひねる時に体を支える手すりなどを脇に設置する。開閉しやすいドアノブに変えるのもよい。

□ドアの中と外に段差はないか
➡つまずかないよう、段差には低いスロープを付ける。

□床が滑りやすくないか
➡スリッパがあるとつまずく原因になるので使わない。

□手すりなどつかまるところはあるか
➡本人の体格に合わせて必要なところに設置する。

□便座は腰かけた時、床に両足が着くか
➡着かない場合には介護用足台か足台となる敷物などを置いて、高さを調節する。ただし、つまずく原因とならないよう注意する。

□前かがみの姿勢をとるスペースはあるか

□トイレットペーパーは使いやすい場所にあるか

尿もれと失禁対策は慎重に進める

介護負担が減らせる尿取りパッドを使う

尿もれが少ない場合は、尿取りパッドを利用します。パンツにはさんで処理すれば、汚すことは避けられます。

それでも間に合わなくなったら、失禁用の布パンツを、それでも対応しきれなくなったら、紙パンツに切り替えます。紙パンツは、いろいろなタイプ、種類があり、本人に合ったものを選びます。紙パンツと尿取りパッドを併用すれば、パッドを取り換えるだけなので介護負担が減ります。

ポータブルトイレを使用する

トイレが自室から遠く、間に合わないこともあります。歩行がおぼつかないと、途中でもらすこともあるので、部屋の中や廊下などにポータブルトイレを設置することも考えましょう。

ポータブルトイレは、本人と介護者どちらの状況にも見合う、使いやすいものを選びたいものです。本人には移乗しやすい、座った時の姿勢が保持しやすいことがポイントです。介護者にとっては、あとの処理がしやすい、器具の手入れがしやすいかどうかが選択のポイントになります。

おむつをする前に

おむつを付けることは、「情けない」という気持ちで絶望的になる人もいるので、慎重に対処すべきでしょう。「失敗したからおむつを」という切り替えでは、本人を気落ちさせ、認知症を悪化させる危険もあります。尿意、便意があるなら、ベッドの上でも、自分で尿器や便器を使う方法を続けましょう。

また、夜間はおむつをしてもらっても、昼間はパッドを付けて自力でトイレに、という方法もあります。一度おむつにしたら、ずっと外すことはできない、ということはありません。本人が快適に過ごせるのはどちらかを考えながら、そのつど判断する必要があります。

「快適な状態」をめざすおむつ選びは慎重に

吸収量の多いおむつを付けてくれれば、長時間安心して放置でき、万事解決という、単純なものでもありません。とくに、寝たきりの人のおむつ替えは、寝返りや陰部を清浄にする時間も兼ねています。ずっと付けたままでは、本人には不快な時間が長引き、床ずれの危険をはらむことにもなります。

また、大きなゴワゴワしたおむつを付けた、まさにトイレをお尻に抱えたような生活は、食欲もなくし、生活の質も低下することになります。自立を妨げず、本人が快適な状態をどうやって実現させたらよいか、それぞれの事情に合ったおむつ選びが必要です。

さまざまな形や種類があるおむつ。中に差し込むパッドも排尿量によってサイズがあります。外側のパンツは、テープで留めるタイプとパンツタイプ、紙や布製、また軽失禁用パンツもあります。昼と夜の使い分けなど、本人に合ったものを、いろいろ試しながら探しましょう。

排せつ介助のポイント

プライベートな排せつには、本人の気持ちにに寄り添って介助することが大切

1 プライバシーを大切に

ポータブルトイレを使う時にはカーテンを閉める、仕切りを立てるなど必要な配慮を忘れずに。

2 失敗しても怒らない

下着が汚れたり、布団を汚したりしても嫌な顔をしたりしないこと。

3 「くさい」と言わない

本人が一番気にすることなので、冗談でも言わないよう注意する。

4 不安にさせない

おむつを替える時、黙々とやると不安になるもの。声かけしながら行う。

5 手早く処理する

おむつの交換などの処理は手早く。恥ずかしい思いを長引かせないこと。

6 楽しく話しながら

「世話をかけている」という気持ちを軽くさせ、リラックスできるように。

介護のプロの技とは③
施設介護でのエピソードから

聞く力を磨く

聞き上手であることは、よいコミュニケーションの絶対条件です。とくに認知症の人の場合は、相手の立場になって心で聞くことが求められます。本人が「言いたい」と思っていることを声に出しているとは限らないからです。「言ってくれないとわからない」というのは禁句。相手が本当に伝えようとしているのは何なのか、何をしてほしいと思っているのかを探り、感じ取ろうと努め接することが大切です。そうしていれば、本音が見えてくることが多くあります。

＊　＊　＊

施設で暮らしている源三さん（90歳）は終日ベッドで過ごす生活で、最近は口数もずいぶん少なくなっています。その日は歯科衛生士が歯の健康チェックと口腔ケアに来る日でした。朝、「おはようございます」と挨拶に来た担当スタッフの児島さんに、源三さんは「今日は、歯の先生が来るんだよね」と言いました。児島さんは「ええ、歯科衛生士さんが来ますよ」と答えると、源三さんは「誰が来るって？」と聞き返します。児島さんが「歯科衛生士さんです。とってもていねいに歯を診てくれますよ」と言うと、源三さんは「今日はやめとく」と言って黙り込んでしまいました。これはいったい、どうしたのでしょうか。

児島さんは、「歯の先生が来るんだよね」という言葉から、源三さんが何を気にしているのかを、くみ取るべきでした。ところが、「歯科衛生士」という新しい、難しい言葉をぶつけられ、戸惑った源三さんは心を閉ざしてしまったようです。

このように微妙なズレを起こすこともあるのがコミュニケーションの難しいところです。児島さんはその時、「歯の先生が来るんだね」という源三さんの言葉にそのまま寄り添い、「はい、歯の先生が来ますよ」、そして「歯の悪いところがないか、診てくれるんですよ。何か不安があるのですか」と言えばよかったのかもしれません。簡単なことのように思えますが、「相手の立場に立って聞く」ということが大切なポイントであることがわかるでしょう。

第4章 在宅介護を支える仕組み

介護保険のさまざまなサービスは、認知症の家族の介護にも活用できます。在宅介護を支える公的な援助の仕組みを知っておきましょう。

介護保険

要介護の認定には申請から30日かかる

介護保険制度のサービスを利用する

認知症患者を自宅で介護するには、長続きのする、無理のない態勢づくりが重要になります。そのなかで、介護保険を積極的に利用することは欠かせません。40歳以上の人が加入を義務付けられ、介護の必要度に応じてさまざまなサービスが受けられるのが介護保険制度です。

介護保険制度は、誰もが介護が必要となる可能性があり、そのリスクを社会全体で負い支えていこうという仕組みとして２０００年に始まりました。介護保険からの給付があるので、利用者の自己負担額は1割～3割です。サービスを受けるには、市区町村窓口か地域包括支援センターで申請を行い、要介護認定を受ける必要があります。実際にサービスを提供するのは、都道府県の指定を受けた居宅サービス提供事業者です。

要介護認定の申請はなるべく早く

認知症と診断されたら、すぐに申請手続きをとりましょう。申請すると、どの程度の介護が必要か認定されます。認定されれば、65歳以上の人は介護サービスを受けることができます。40歳～64歳までの人でも、要介護状態が高いとされる「特定疾病」が原因の場合（若年性認知症患者はこれに該当）、サービスが利用できます。

介護度によって、利用できるサービスの区分支給限度基準額が決められています。サービスの種類や利用方法など、ケアマネジャー（介護支援専門員）と相談しながら決めましょう。

介護保険制度は3年ごとに見直しがある

介護保険制度を支えているのは40歳以上の人から徴収する介護保険料と国の社会保障費です。スタートして15年以上が過ぎ、介護保険サービスの費用も当初の２・６倍にまで増大、介護保険制度見直しで、サービス縮小が検討されています。

制度維持のための負担増を巡って

２０１８年度の制度見直しを前に、介護サービス縮小の動きが懸念され議論が沸き起こりましたが、２０１６年12月に厚生労働省が社会保障審議会介護保険部会に示した見直しの素案では、車イスやリフト、ベッドなどの福祉用具のレンタル料金の自己負担増は、実施が見送られました。

そのほか要介護1、2の「軽度者」（２２３万人）への生活援助サービスの給付縮小、自己負担2割の対象拡大や、保険料支払い開始年齢の引き下げ、ケアプラン作成の有料化も実施が見送られました。

ただし、福祉用具レンタルについては、当初懸念された全額自己負担は見送られましたが、上限価格を設定し、それを越える高額な価格のレンタル品は保険給付から外されます。また軽度者向けの生活援助サービスについては、サービス提供に必要な介護職員の人数を減らす配置基準を緩和するなどで、人件費を抑える案が示されています。

介護保険を申請して要介護認定を受ける

**介護保険を利用するためには、要介護認定を受けることが必要。
申請して認定通知を受けるまでの流れを見てみよう**

1 申請

市区町村の介護保険担当が窓口。被保険者証を添えて「要介護認定」の申請をする。

地域包括支援センター、居宅介護支援事務所（ケアマネジャーが所属する）などに代行してもらうこともできます。

↓

2 認定調査（訪問調査）

市区町村の認定調査員が、全国共通の「認定調査票」に従って聞き取り調査する。

本人と家族に面接し心身の状況を調査しますが、本人のありのままの状態を調査票に反映してもらうことが重要です。本人の問題行動などは、本人に聞こえないよう伝える配慮も必要でしょう。

↓

3 一次判定

訪問調査票はコンピュータ・ソフトにかけて、要支援１～要介護５までの７段階判定が行われる。

↓

主治医意見書

かかりつけ医（かかりつけ医がいない場合は市区町村が指定）が、市区町村から依頼されて申請者の状況について意見を求められる。

かかりつけ医には、患者本人の実情について、訪問調査の際の聞き取り調査の様子も伝え、意見書にも反映してもらえればよいでしょう。

↓

4 二次判定

介護認定審査会において、一次判定結果と「主治医意見書」をもとに検討、第二次判定を出す。

↓

5 認定通知

原則として、申請から30日以内に「非該当」「要支援１～２」「要介護１～５」までの７段階の認定結果が通知される。新規の要介護（要支援）認定有効期間は、原則として６か月。

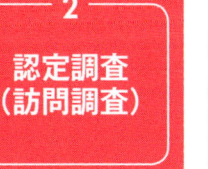

介護保険

ケアプランを作成してサービスを利用する

要介護度によってサービスが違う

介護度認定は、非該当、要支援1〜2、要介護1〜5の7段階で判定されます。

非該当は「現段階では支援や介護の必要はない」ということで、介護保険サービスは受けられません。ただし、軽度認知障害（MCI《エムシーアイ》）や脳梗塞《のうこうそく》などを発症している場合は、今後の要支援、要介護の恐れがあるとして、地域包括支援センターの職員などが介護予防プランを作成してくれます。

プランに従って、自治体、ボランティアなどの高齢者の在宅支援サービスを自己負担で利用することになります。

要支援1〜2は「一部介助があれば日常生活を送ることができる」ので、介護予防ケアプランが作成されます。２０１５年度の制度改正により、要支援サービスの一部が、市区町村が管理する地域支援事業によるサービスとして「介護予防・生活支援サービス事業」に移行しました。内容はそれぞれの市区町村に確認が必要です。

要介護1〜5は「日常生活において必ず介護が必要な状態」をさし、ケアマネジャー（介護支援専門員）が作成したケアプラン（介護サービスの計画書）に沿って介護保険サービスを利用することになります。

在宅介護か施設への入所か選択する

要介護1〜5の認定を受けた人は、在宅介護か施設への入所かによって、ケアプランの内容も違ってきます。施設サービスを希望する場合は、その施設の介護支援専門員がケアプランを作成します。施設もさまざまな種類があるので、本人の状態を見て、ケアマネジャーに施設選びの段階から相談することもできます。

介護サービス利用はケアプラン作成から

在宅で介護サービスを受ける場合にもケアプランが必要ですが、要介護認定通知を受けても、介護サービスの詳しい内容もわからず、どんな介護サービス提供事業者に頼んだらよいのかわからない、という場合が多いでしょう。

こんな場合、ケアマネジャーに相談しながらプラン作成も依頼するのが一般的です。ケアマネジャーに自宅に来てもらって、本人や家族と、介護の状況や問題点、課題などを話し合います。利用できるサービスの情報やアドバイスを受けて原案を作成し、サービスの具体的な内容を決めます。

サービスは、要介護度によって支給限度基準額が決まってますが、限度枠いっぱいまで使いなさい、という意味ではありません。使ってみて必要なサービスだった、そうでなかった、というケースもあります。ケアプランの見直しは定期的に行いますから、最初から完全なものを期待しないほうが賢明です。

介護サービスの種類や内容、また介護サービス事業者などの情報は都道府県、また厚生労働省のホームページ（＊）で公開されています。

＊厚生労働省　介護事業所・生活関連情報　介護サービス情報公表システム　http://www/kaigokensaku.jp/

要介護度別の「状態区分」

「介護にかかる手間」の違いで認定される要介護度によって、支給限度基準額が決まる

状態区分		平均的な状態	支給限度基準額（月額／1割負担の場合）
要支援1		①身の回りの世話の一部に見守りや手助けが必要。 ②立ち上がりや片足での立位保持などの複雑な動作に支えが必要。 ③排せつや食事はほとんど1人でできる。	50,030円 利用者負担 5,003円
要支援2		①身の回りの世話に見守りや手助けが必要。 ②立ち上がりや片足での立位保持などの複雑な動作に支えが必要。 ③歩行や両足での立位保持などの移動の動作に支えが必要。 ④排せつや食事はほとんど1人でできる。	104,730円 利用者負担 10,473円
要介護1		①～④は、要支援2に同じ。 ［要支援は、サービスの利用によって心身の状態が改善する可能性が高いと判断される人で、上記のような人でも認知症が進んでいたり、疾病や外傷で心身の状態が不安定な人は要介護となる。］ ⑤問題行動や理解低下が見られることがある。	166,920円 利用者負担 16,692円
要介護2		①身だしなみや身の回りの世話の全般に見守りや手助けが必要。 ②立ち上がりや片足での立位保持などの複雑な動作に支えが必要。 ③歩行や両足での立位保持などの移動の動作に支えが必要。 ④排せつや食事に見守りや手助けが必要。 ⑤問題行動や理解低下が見られることがある。	196,160円 利用者負担 19,616円
要介護3		①身だしなみや身の回りの世話が1人でできない。 ②立ち上がりや片足での立位保持などの複雑な動作が1人でできない。 ③歩行や両足での立位保持などの移動の動作が自分1人ではできないことがある。 ④排せつが1人でできない。 ⑤いくつかの問題行動や全般的な理解低下が見られることがある。	269,310円 利用者負担 26,931円
要介護4		①身だしなみや身の回りの世話がほとんどできない。 ②立ち上がりや片足での立位保持などの複雑な動作がほとんどできない。 ③歩行や両足での立位保持などの移動の動作が1人ではできない。 ④排せつがほとんどできない。 ⑤多くの問題行動や全般的な理解低下が見られることがある。	308,060円 利用者負担 30,806円
要介護5		①身だしなみや身の回りの世話がほとんどできない。 ②立ち上がりや片足での立位保持などの複雑な動作がほとんどできない。 ③歩行や両足での立位保持などの移動の動作がほとんどできない。 ④排せつや食事がほとんどできない。 ⑤多くの問題行動や全般的な理解低下が見られることがある。	360,650円 利用者負担 36,065円

＊この表で示した状態は平均的なもので、実際に認定を受けた人の状態と一致しないことがあります。（2015年8月時点）
www.city.shizuoka.jp/000055497.pdfより（一部改変）

介護サービス

認知症の人がよく利用している介護サービス

積極的に利用したい さまざまなサービス

自宅での療養生活を支援することをめざす介護サービスはいろいろ揃っています。そのうち、認知症の人に利用度の高い、おもなサービスを紹介しましょう。ケアマネジャーとも相談しながら、利用できるものを積極的に活用しましょう。

訪問サービス

●訪問介護（ホームヘルプサービス）（P150参照）

ホームヘルパー（訪問介護員）が訪問し、排せつ、入浴、食事、体位交換などのケアを行う「身体介護」と、買いもの、調理、掃除などを行う「生活援助」があります。早朝、夜間、深夜帯のサービスも選べます。

●訪問入浴介護（P136参照）

自宅の浴槽での入浴が難しい人に、車に専用の浴槽を積んで訪問し入浴介護をします。介護スタッフのほか、体温、血圧など測定管理する看護師が同行します。

●訪問看護（P170参照）

かかりつけ医の指示に従って看護師が訪問、医療的なケア、健康チェック、栄養管理を医師と連絡・調整しながら行い、自宅での療養生活を支えます。また、床ずれの手当て、たんの吸引などの介護指導や介護相談など、終末期の在宅ケアにも応じます。

●訪問リハビリテーション

かかりつけ医の指示に従って理学療法士や作業療法士などが訪問します。筋力、体力などの身体機能の維持・回復のためのリハビリ、歩行練習、寝返り、起き上がりなど基本動作訓練のほか、自立に向けた日常生活に必要なリハビリを行います。

通所サービス

●通所介護（デイサービス）

施設に通って、食事、入浴、排せつなどの介護が受けられます。レクリエーションや趣味活動などの生活向上のためのサービスもあります。

●通所リハビリテーション（デイケア）

デイサービスに加え、理学療法士や作業療法士の指導のもとで、心身機能回復のためのリハビリに重点が置かれている施設サービスです。

短期入所サービス

●短期入所生活介護（ショートステイ）

施設に利用者を一定期間受け入れ、食事や排せつの介護、リハビリやレクリエーションなど生活全般をケアします。入所期間は連続30日まで。

●短期入所療養介護など（医療型ショートステイ）

介護老人保健施設や診療所、病院などに入所して、介護、機能訓練と必要な医療が受けられます。連続30日間まで利用できます。（どちらもP152参照）

地域密着型介護サービス

利用者が地域住民に限定される、市町村が行う介護サービスで、認知症対応型通所介護、地域密着型通所介護（利用定員18人以下）、認知症対応型共同生活介護（認知症高齢者グループホーム）などがあります。

認知症の人のためのさまざまな介護サービス

介護サービスは、地域密着型介護サービスを含めると数多くある。
内容をよく調べ、本人に合ったものを選んで利用しよう

種　類	サービス
訪問サービス	訪問介護（ホームヘルプサービス）
	訪問入浴介護
	訪問看護
	訪問リハビリテーション
通所サービス	通所介護（デイサービス）
	通所リハビリテーション（デイケア）
短期入所サービス	短期入所生活介護（ショートステイ）
	短期入所療養介護（医療型ショートステイ）
地域密着型介護サービス	定期巡回・随時対応型訪問介護看護（1日複数回の訪問が可能で、24時間365日緊急コールに対応。また、医療への対応も可能）
	夜間対応型訪問介護（基本的なサービス時間が夜10時～翌朝6時。自宅で急に具合が悪くなった時等にコールボタンを押すと、すぐにオペレーターが対応）
	認知症対応型通所介護（対象は認知症の診断がある人のみ。定員が最大12名で、小人数で個別介護が可能）
	小規模多機能型居宅介護（事業所への「通い」、自宅への「訪問」、事業所への「宿泊」を柔軟に組み合わせることが可能。顔なじみの職員に対応してもらえる）
	認知症対応型共同生活介護（高齢者グループホーム）（P154～155参照）
	地域密着型特定施設入居者生活介護（定員29人以下の小規模で運営される介護付有料老人ホーム〈介護専用型特定施設〉など）
	地域密着型介護老人福祉施設入所者生活介護（定員29人以下の小規模で運営される特別養護老人ホーム）
	複合型サービス（看護小規模多機能型居宅介護）（小規模多機能型居宅介護のサービスに訪問看護の機能が組み合わさったサービスで、より医療依存度の高い方への対応が可能）
	介護予防認知症対応型通所介護（要支援1～2の人が利用可能）
	介護予防小規模多機能型居宅介護（要支援1～2の人が利用可能）
	介護予防認知症対応型共同生活介護（要支援1～2の人が利用可能）
その他のサービス	特定施設入居者生活介護（有料老人ホームやグループハウスなどの施設での生活介護、リハビリやレクリエーション提供）
	特定福祉用具販売（腰掛便座、特殊尿器、入浴補助用具などの福祉用具販売）
	居宅療養管理指導（自宅に訪問して、療養上の管理・指導・助言などを行う）
	居宅介護支援（ケアプランの作成）
	福祉用具レンタル（車イスやリフト、特殊ベッド、認知症老人徘徊感知器などの福祉用具のレンタル）
	住宅リフォーム（自宅の手すりの取り付け、段差解消などの小規模な改修。1回20万円を限度の費用支給）

介護サービス

在宅介護を支えてくれる訪問介護サービス

訪問介護サービスには身体介護と生活援助がある

ホームヘルパーが自宅にやってくる「訪問介護」は、一人暮らしや、高齢者世帯での介護のケースでは欠かせない、在宅介護の中心となるサービスです。

訪問介護では、入浴、排せつ、食事介助などの「身体介護」と、掃除、調理、洗濯などの「生活援助」を行います。

ヘルパーとは、手伝い手、という字句どおり、家事や介護を手伝ってくれますが、あくまで「利用者本人の支援」という役割を持ち、家族の部屋の掃除や食事の支度など、家事を頼むことはできません。

たとえば、左ページの生活援助の項目で、「リハビリを兼ねた散歩、日光浴」に付き合ってもらうことはできませんが、介助が必要なものとしてケアプランに落とし込めば、サービスを受けることも可能です。

また、ヘルパーに頼める作業は「平面はOK、壁面はNG」という基本を覚えておくと便利です。たとえば電球の取り替えは、壁面ですからNGです。

ヘルパー活用のコツは信頼関係を保つこと

ホームヘルパーに依頼する訪問介護は、家の中で行う仕事なので、最初は警戒感と緊張感を持つのではないでしょうか。お願いしたいのだけれど、「他人を家の中に入れたくない」という気持ちがあるからでしょう。

「ヘルパーは派遣の家政婦さんではない、ヘルパー養成研修を受けたプロである」という意識をヘルパーと利用者の双方が共有すれば、信頼関係をつくることができるでしょう。家族が留守のときに、ヘルパーが介護していて気がついたことなど、お互いにコミュニケーションを図って、本人の状況を共有することが大切です。直接会うのが難しければ、「連絡帳」をつくって情報交換もよいでしょう。

家族には言いにくくても、他人だから言えることなどがあって、案外、家族も知らなかった一面を見せたりすることもあります。それがプロのヘルパーに頼んでこそのメリットです。

ヘルパーと「合わない」時は

ヘルパーは、利用者に直接対面し、言わば、生身の付き合いをする仕事です。どんなにプロとして優れたヘルパーでも、また家族には理想的と思われるヘルパーでも、利用者自身が「ソリが合わない」こともあります。そのような場合には交代してもらうしかありません。

逆のパターンで、「この人でなきゃダメ」と、利用者のほうがこだわりを持つこともあります。こういう場合、ケースによっては、事業所のほうが、意図的に「引き離す」ということもあるようです。大切なことは、長続きのする訪問介護を考えることです。どこかに負担が片寄らないよう、ケアマネジャーや事業所と相談しながら、知恵を出し合いましょう。

そのためにも、連絡を密にし、事務的な連絡ミスなどが起きないよう基本的なルールの確認も忘れないようにしましょう。

知っておきたい！　ヘルパーに頼めること・頼めないこと

ヘルパーに頼めそうに思えても頼めないことがある。
以下の項目をチェックしておこう（○はOK、×はNG）

移動の介助

＊バス停まで付き添ってもらうことはできるが、ヘルパーの車に乗せてもらうのはNG

○	通院の介助（付き添い、病院の支払い、薬の受け取り、次回の予約）
×	病院まで車を運転して連れて行く
×	通院先で医師に症状を説明したり、医師の説明を聞いてくる

健康管理

＊基本は「本人の健康状態を見守る」こと。医療に準じた行為はできない

○	薬を飲むのを手伝う
△	かすり傷などけがをした時、簡単な処理を行う（程度による）
△	血圧や体温の測定（自動血圧測定器に限れば可）
×	指圧やマッサージ
×	肌に接着したパウチの取り替え
×	胃ろうのチューブやカテーテルの洗浄
×	たんの吸引

生活援助

＊「本人ができない」一般的な家事の手助けが基本。家族のための家事はNG

<table>
<tr><td>○</td><td>コーヒーやお茶をいれる</td><td>○</td><td>布団干し、布団をたたんでしまう</td></tr>
<tr><td rowspan="2">×</td><td rowspan="2">家族の分の食事やおせちなど行事食をつくる</td><td>×</td><td>クリーニング出しと受け取り</td></tr>
<tr><td>○</td><td>日常的な買いものの付き添い</td></tr>
<tr><td>○</td><td>トイレの清掃</td><td>○</td><td>銀行や役所への付き添い</td></tr>
<tr><td>△</td><td>玄関や廊下の掃除（単身の場合は可）</td><td>×</td><td>イベントや冠婚葬祭の付き添い</td></tr>
<tr><td>○</td><td>日常的なゴミ出し</td><td>×</td><td>リハビリを兼ねた散歩、日光浴</td></tr>
<tr><td>×</td><td>大型ゴミを出す</td><td rowspan="2">×</td><td rowspan="2">大掃除に分類されるもの（サッシ、網戸、換気扇など）</td></tr>
<tr><td>×</td><td>家具や家電の移動</td></tr>
</table>

その他

＊ヘルパーに頼めることは「家事サービス」とは違うことに注意しよう

×	ペットのエサやり
×	植木の水やり、庭の草むしり、庭掃除
×	日常生活の金銭管理
×	自宅にかかってきた電話の応対
×	宅配便や郵便物の受け取り
×	電球の取り替え

介護サービス

デイサービスとショートステイで生活にメリハリを

施設に通ってサービスを受けるデイサービス

　デイサービス事業者のワゴン車が住宅地を回り、利用者を玄関先まで迎えに来る、こんな光景をよく見かけます。利用者は、施設に通って、食事、入浴、排せつの介護を受けながら、健康管理と日常生活の動作の訓練、レクリエーションなどで１日を過ごします。これがデイサービスです。

　認知症が進むと体力や筋力が低下し、家の中にいる時間が長くなります。昼間うとうと眠ったりぼんやり過ごして夜は眠れなくなる、昼夜逆転の生活になりがちです。家族の介護に大きな負担となり、介護者の疲労がピークになる前に、デイサービスを利用してみましょう。自宅から出かけて１日を過ごすことで、生活にメリハリができ、夜は穏やかに休むことができます。

認知症対応型デイサービスがベスト

　認知症の人は、認知症対応型通所介護が受けられる施設のほうがよいでしょう。

　ここでは、生活に関する相談や、健康状態の確認、機能訓練なども行っています。デイサービスでは、入浴が楽しみ、という利用者も多いようです。そのほかにもさまざまな活動や、認知症の進行を食い止めるサービスを提供している事業所もあります。

　施設によりサービス内容に違いがあるので、事前に施設を見学するのがお勧めです。口コミも参考になりますが、ケアマネジャーに相談するなどして、本人に合った施設を選びましょう。

　介護保険による利用料（自己負担額）のめやす（＊）は、要介護度１～５で、３時間以上５時間未満で５６４円～７９２円、５時間以上７時間未満で８６５円～１２３６円、７時間以上９時間未満で９８５円～１４１４円です。サービス事業所によって、利用料は違いがあります。

　また、特別養護老人ホーム（特養）などに併設された施設の場合はやや低めです。

　なお食費、おむつ代やその他日常生活費は別途実費負担です。

施設サービスで家族も休息できるショートステイ

　在宅介護を受けている人が、短期間、施設の宿泊サービスを利用できるのがショートステイ。２泊３日を月に２回、などの入所で、専門家のケアが受けられ、介護する家族も休息する時間が持てる利用度の高いサービスです。サービスには次の２種類あります。

　短期入所生活介護は、特養に短期で入所する形態で、施設の入所者と同じように、クラブ活動やレクリエーションをして過ごします。

　短期入所療養介護は、介護老人保健施設や診療所、病院など医療系施設に短期間入所し、医師や看護職員、理学療法士などによる医療や機能訓練、日常生活上の支援などが受けられるサービスです。施設は、個室、多床室（２名以上）、ユニット型（食事や談話ができる共同スペースを含む）という３つのタイプがあります。

＊福祉医療機構の総合情報サイト ワムネット（WAM NET）より

デイサービス施設選びのポイント

1日を過ごす施設ですから、安全で快適な場所を選びたいもの。利用仲間に知り合いがいるとなじみやすいですが、体験利用できれば、その時の反応がカギになるので、様子をよく観察しましょう。

居室や浴室、トイレの清潔さや管理状態など基本的なチェックも、事前に施設を見学し、本人に代わって十分にリサーチしましょう。職員スタッフの態度や言葉使いも重要なチェックポイントです。

認知症の人は、本人に合った認知症対応型のデイサービスがよいでしょう。ケアマネジャーに相談して本人に合う候補施設を探してもらいましょう。

職員スタッフ　＊事前見学で職員の対応の様子を観察し、聞きたいことがあれば直接聞いてみる

- □ 職員の態度や言葉使いはどうか
（利用者を子ども扱いするような態度や言い方はしていないか）
- □ 利用者を「○○さん」と呼んでいるか
- □ 利用者に命令口調で接していないか
- □ 利用者と会話する時、同じ目の高さで対応しているか
- □ 職員が笑顔で対応しているか
- □ 職員の人数は不足していないか
- □ 利用者のペースに合わせて対応できているか
- □ 職員の定着率はどうか
（職員が働きやすい施設はよいケアが期待できる）

食事　＊本人の状態に合った食事を提供しているかどうかも確認しよう

- □ 利用者の体調や状態に合わせた、食べやすい工夫はしているか
- □ 食事の介助は適切か
- □ メニューは施設内で手づくりされているか

その他　＊施設全体の雰囲気や衛生関係など気になることは直接質問しよう

- □ 機能訓練のプログラムは、理学療法士など専門家が指導しているか
- □ レクリエーション活動の内容は、利用者の自由選択ができるようになっているか
- □ 転倒などの事故防止マニュアルはどんなものか
- □ 施設内での約束事や規則はどうか、厳しすぎて不満を持たれていないか
（自立を妨げない程度のものがよい）
- □ 意見箱が設置してあるか
- □ 利用者の「要望」などへのフィードバックは十分か
- □ 非常時の連絡マニュアルはあるか、 施設の対応について利用者家族に説明があるか

介護サービス

小人数で共同生活するグループホーム

グループホームは居住系サービス

認知症の高齢者が5～9人、地域の小規模施設で、専門の介護職員と共同生活をしながら必要なケアを受けられる、認知症対応型共同生活介護のサービスです。グループホームと呼ばれています。地域密着型サービスなので、その地域に住民票がある人しか利用できません。

認知症の知識があるスタッフがいつも見守っているので、入浴、排せつ、食事等の介護、その他の日常生活上の世話など自立支援を目的とした介護が受けられます。

「なじみの関係」の効果が病気の進行を抑える

入居者には個室がありますが、キッチンや居間、浴室などの共同スペースでは、職員と入居者が一緒に調理をしたり、掃除や洗濯をしたりと、家事を一緒にしながら普通の生活環境に近い、家庭的な雰囲気で暮らします。このような生活の中で「なじみの関係」をつくり、認知症の進行をできるだけ緩やかにすることを目的としています。

ただし医療的なケアは行わないので、身体状態が悪化し、1人での着替え・食事摂取・排せつなどで介助が必要になったり、慢性疾患のために日常的な医療処置が必要になったりすると退去しなくてはなりません。また、共同生活なので、施設によっては、症状が安定せず暴力をふるうなど、認知症が重症化し日常生活が困難となり、ほかの入居者に影響が及ぶと判断される場合も退去を求められます。

生活に活気を取り戻せるメリットがある

小規模でアットホームなグループホームは、小人数での家庭的な介護が行われるので、安心して過ごせることが最大のメリットとなるでしょう。

さまざまな問題行動の対処に慣れた認知症専門の介護スタッフによって、自宅ではできない介護が受けられるだけでなく、スタッフの目が行き届き、迅速な対応が可能になります。

本人の状態に応じて料理や掃除なども行う自立した生活スタイルは、心身と脳を活性化し、残存機能を使うリハビリとして効果が期待できます。こうした環境で、なにより精神的に安定した生活が望めるでしょう。

共同生活ならではのデメリットもある

一方、共同生活なので、相性がよくない入居者とトラブルを起こす場合もあります。とくに小規模な施設内では接触を避けることが困難となれば、どちらかが退去、という事態も覚悟しなければなりません。

また、小規模であることは密室の介護になりがちで、介護スタッフやケアの質が問われます。契約をする前に、複数のグループホームの候補を比較検討し、しっかり見分けて選ぶ必要があるでしょう。

そのほか、施設数に地域格差があり、入居希望者に対して施設が少ないと、入所までに時間がかかる場合が多いことも指摘されています。

「グループホーム」Q&A

グループホームの利用を考える時、知っておくべき基本情報をおさえておこう

Q 入居の条件は？

A ①65歳以上で認知症の状態にあり、要支援2、または要介護1以上の介護認定を受けていること、②施設と同じ自治体に住民票があることが前提条件です。それ以外に、小人数の共同生活を営むことに支障がないこと、著しい精神症状や行動異常、医療を要する疾患がないなどの条件が加わることもあります。

Q どんな設備がある？

A 賃貸のビルのワンフロアを利用したもの、民家を改築したもの、老人福祉施設や病院に併設されているものなどさまざまです。個室のほかの共有部分は、日常生活で必要となる居間、台所と食事室、トイレ、浴室、洗面所など。

Q 同居するスタッフは何人？

A 入居者3名に対して1名以上の介護従事者のほか、ケアマネジャー（ケアプラン作成者）1名と管理者1名（夜間、深夜は入居者の人数に関係なく1名以上のスタッフが常駐します）です。

Q 利用料は？

A 介護保険の1割（または2割）負担のほか、家賃料、食材費、水道光熱費、日常生活用品費（理美容代やおむつ代など）は別途必要。多くの場合、初期費用と月額利用料が必要で、初期費用は0～数百万円、月額利用料は15～30万円程度とかなり差があります。

望ましいグループホームとは

グループホームを選ぶ時は、口コミやケアマネジャーからの情報を集め、
可能であれば、事前見学して検討しよう

1. 施設が、街はずれではなく、街中にある
2. 入居者が買いものや散歩、喫茶店の利用などで地域に溶け込んでいる
3. 入居者は自室に、使い慣れた家具やなじんだ私物を持ち込んでいる
4. かかりつけの医師、訪問看護師と連携がとられている
5. 運営状況がいつでも確認できる
6. 家族が、いつ訪ねていっても歓迎されている
7. 近隣の住民と、なんらかの交流がある
8. 同居するスタッフらは、入居者に対し敬意を持って接している
9. 入居者はその「家の住人」であり、「介護を受けている」という印象がない

成年後見制度

成年後見制度の仕組み

高齢者にとっては、介護保険制度とともに日常生活を支える重要な柱となる制度です。

成年後見制度は高齢社会を支える重要な柱

認知症などによって判断能力が低下すると、介護サービスを利用する、介護施設への入所の手続きをするなどの契約を自分で行うことが難しくなります。また、詐欺や悪徳商法などの金銭トラブルに巻き込まれる可能性も高くなります。これらに対応するためにつくられたのが成年後見制度で、「病気や障害のため判断能力が不十分な人の代理人となり、本人を保護、支援する」仕組みです。

成年後見制度を利用すると、本人に代わって資産管理をしたり契約行為を行うことができ、本人が不利益が明記された契約に捺印してしまっても、契約を取り消すことができます。

法定後見制度と任意後見制度

判断能力が十分でない人に代わって財産管理や契約行為を代行する「後見人」を選ぶ成年後見制度には、「法定後見」と「任意後見」の2種類があります。

法定後見は、本人の家族などの申し立てによって家庭裁判所が成年後見人等を選任しますが、成年後見、保佐、補助の３つの型があります。

任意後見は、判断能力が不十分になった時の将来に備え、信頼のできる家族や友人に後見人になってもらい、「代行してもらいたいこと」について代理権を与える目的で、事前に公正証書による契約を結んでおきます（任意後見契約の流れについては、Ｐ１５９を参照）。

法定後見の３つの型「後見」「保佐」「補助」

法定後見の３つの型は、対象となる人の「判断能力の度合い」により、家庭裁判所が審理して決めます。

●後見…判断能力が欠けているのが通常の状態の人が対象
●保佐…判断能力が著しく不十分の人が対象の場合
●補助…判断能力が不十分の人が対象の場合

後見人は、家庭裁判所が最も適任だと思われる人を選任します。選任された人について、「申し立ての際、希望していた人と違う」という理由で不服を申し立てることはできません。また、一度申し立てると、家庭裁判所の許可がない限り、同じ理由で勝手に取り下げることもできません。

成年後見人は、本人の利益のために本人の財産を適切に維持し管理する義務を負うことになり、保佐人、補助人も、与えられた権限の範囲内での同様の義務を負います。

こうしたことから、本人に必要な支援の内容などによっては、弁護士、司法書士、社会福祉士、税理士等の専門職や、法律または福祉に関わる法人などが選任されることもあります。

また、本人に一定以上の財産がある場合などは、本人の財産を適切に管理するため、後見制度支援信託（＊）という制度を活用して運用することも増えてきています。

＊「後見制度支援信託」について詳しい内容は、一般社団法人信託協会（http://shintaku-kyokai.or.jp）より、〈リーフレット「後見制度支援信託」〉を検索、参照してください。

「法定後見制度」を利用する

「法定後見」は家庭裁判所に申し立てを行いますが、その前に、地域包括支援センター、日本司法支援センター（法テラス）などで、制度を利用するための手続きなどを相談しておきます。全体の約８割が申し立てから２か月以内で審判に至り、法定後見が開始します。

家庭裁判所へ申し立てる　事前に来庁する日時の電話予約が必要な家庭裁判所もあります

申し立てに必要な書類を揃える

・申立書（定型の書式が家庭裁判所で無料でもらえる）、申立人の戸籍謄本（本人以外が申し立てる時）
・本人の戸籍謄本、登記事項証明書、診断書（後見と保佐の場合）
・成年後見人候補者の戸籍謄本、住民票、身分証明書、登記事項証明書、申立書付票
・本人に関する報告書

※登記事項証明書とは東京法務局が発行する後見開始の審判等を受けていないか、あるいはすでに受けているかについての証明書
※身分証明書とは本籍地の役所が発行する破産宣告を受けていない旨の証明書

審理

・家庭裁判所の調査官による事実の調査

申立人、本人、成年後見人候補者が家裁に呼ばれて事情を聞かれます

・鑑定

審判

申立書に記載された成年後見人（保佐人、補助人）候補者がそのまま選任されることが多いですが、家裁の判断によって弁護士、司法書士が選任されるケースもあります

審判の通知と告知

裁判所から審判書謄本をもらいます

法定後見が開始する　審判書を受領して２週間後に審判が確定します

東京法務局に登記される

成年後見制度の申し立てにかかる費用

(1)申し立て手数料	収入印紙800円（保佐・補助の代理権または同意権付与の申し立てをする場合には各800円を追加）
(2)登記手数料	収入印紙2,600円（任意後見は1,400円）
(3)送達・送付費用	郵便切手3,000円～ 5,000円程度
(4)鑑定費用	鑑定を実施する場合には５万円～ 10万円程度（2015年に鑑定を実施したものは全体の約9.6%）

＊「成年後見センター・リーガルサポート」ホームページより改変

成年後見制度

成年後見制度を利用する

どんな時に利用できるのか

成年後見制度は法定後見制度と任意後見制度の2種類ありますが、それぞれの違いと、どちらが利用できるのかをケースを使いながら、紹介しましょう。

ケース1

一人暮らしで年金生活している和子さんは、訪問販売で必要もない高額な商品を買ってしまうことがよくあります。高齢者を狙った悪質業者につけこまれ、1人で対応できないと不安です。

➡**任意後見制度**もしくは**法定後見制度**が利用できる

ケース2

認知症の母親と同居している兄が、介護費用と称して母親の貯金を勝手に使っているらしい、と妹の玲子さんたちが疑っています。きょうだいの間で険悪なムードになりそうです。

➡母親に**法定後見制度**で第三者の後見人を立てる

ケース3

寝たきりの祖母からお金の管理を頼まれている孫の辰夫さん。きちんと祖母のお金の管理をしているにもかかわらず、叔父や叔母に「使い込んでいる」と疑われて困っています。

➡**法定後見制度**を利用して辰夫さんが祖母の後見人になる

ケース4

最近、物忘れがひどくなってアルツハイマー病ではないかと心配になってきた一朗さん。一人暮らしなので老後を不安に思っています。

➡**任意後見制度**もしくは**法定後見制度**を利用する

ケース5

夫に先立たれ、1人で過ごす老後が不安な仁美さん。夫が残してくれたアパートの経営や、将来入所を考えている老人ホームの入所手続きを代わりにやってもらいたいと思っています。

➡**任意後見制度**を利用して第三者に後見人を依頼する

ケース6

一人娘が重度の知的障害者で、幸男さん夫婦は自分たちがいなくなったあとのことが心配です。

➡娘に**法定後見制度**で福祉関係者の後見人を依頼する

ケース7

認知症の父の症状が進んだので介護施設への入所を考え、父の不動産を売却して入所費用にあてたい啓子さん。

➡**法定後見制度**を利用して啓子さんが父の後見人になる

制度利用で権利制限がある

成年後見制度を利用すると、後見人、保佐人を立てた本人には権利制限が加わります。たとえば株式会社の取締役、監査役には就任できません。また弁護士、公認会計士、医師などの専門資格職は仕事ができません。このほか後見人を立てた場合は印鑑登録もできなくなります。

また居住用の不動産の売買には、家庭裁判所の許可が必要です。日用品の購入などその他日常生活に関する行為は本人の自由です。

「任意後見契約」の流れ

任意後見とは、本人が元気なうちに後見人となってもらいたい人と依頼したい内容を決めて契約しておく「備えとしての成年後見制度」です。自分の選んだ「任意後見人」に、自分の生活や財産管理の代理権を与える契約を、公証証書によって結んでおきます。

後見人を選ぶ ❶ 信頼する家族、知人、弁護士、司法書士、NPO法人など

支援してもらう内容を決める

公正証書で契約する ❷

支援する人と支援の内容が決まれば、支援する人と本人とで公証役場へ行き、公証人の立会いのもとで契約を結び公正証書を作成。

登記される

東京法務局で任意後見の契約をしたこと、支援する人、支援する人の権限の内容が登記され、登記事項証明書が発行される。

本人の判断能力の低下

家庭裁判所への申し立て ❸

任意後見契約による援助の開始

家庭裁判所が任意後見監督人を選任 ❹

任意後見契約による援助が開始する

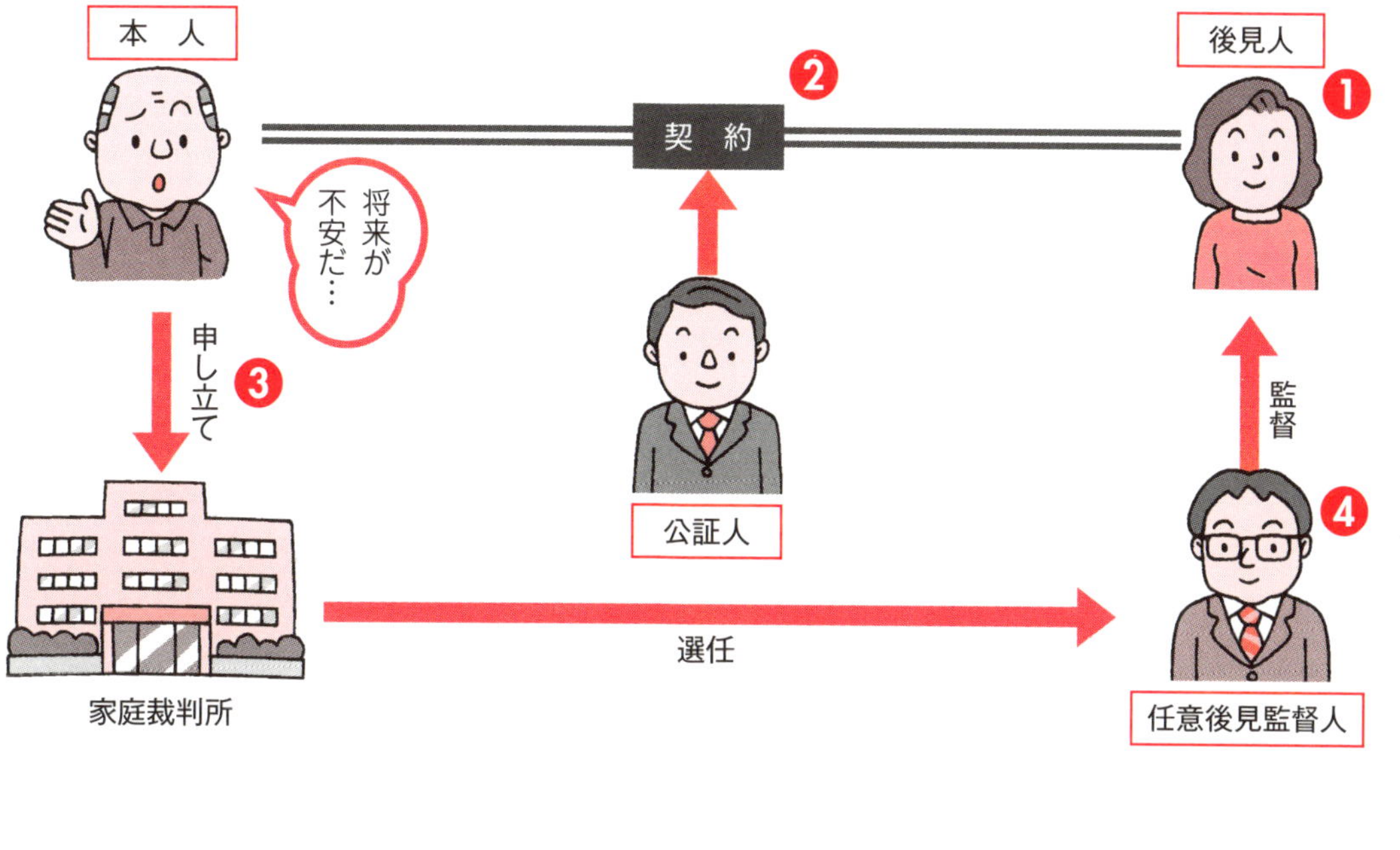

成年後見制度

後見人はどんな仕事をするのか

後見人のおもな仕事は「財産管理」と「身上監護」

後見人になると「財産管理」と「身上監護」をおもにすることになります。

「財産管理」とは、生活費の送金や日用品の買いものにかかる費用の管理、生命保険の加入の手続きと保険料の支払い、あるいは保険金の受け取りもあります。不動産を持っていれば権利証書、預貯金通帳などの保管、不動産の管理と処分する場合はその手続きを代わりに行ったり、遺産相続の協議をして、手続きをすることもあります。

「身上監護」とは、介護保険の契約や医療契約などの利用手続きのほか、アパートを借りる場合の賃貸契約、施設入所の契約など、身の回りの法律行為を本人に代わって行います。そのほか老人ホームなど施設の入退所の手続き、介護サービスの異議申し立てや、病気やけがをした場合には、医師の説明に同席することも仕事に含まれます。

財産目録をつくり今後の予定をたてる

まずは、登記事項証明書の取得。これは後見人の仕事をするための資格証明書で、「後見をするのは誰か、後見人は誰か」の証明書です。最寄りの法務局に行けば申請用紙があり、郵便で東京法務局から交付を受けます。（登記事項証明書1通、費用は収入印紙 550円。オンライン申請も行っています。）

次に銀行や役所などの関係機関に後見人の届出を行い、たとえば、山田一郎さんの母親の洋子さんの通帳の名義を「山田洋子成年後見人山田一郎」に変更します。これで、後見人が入出金することが可能になり、本人の資産状況を把握して、財産目録が作成できるようになります。

「どのくらいの支出があるのか」「収入はどんなものがあるか」を把握し、本人のためにふさわしい暮らし方を考えた生活プランを検討します。

調査が終わったら1か月以内に、財産目録と年間収支の見込みを家庭裁判所に提出します。都合で1か月以内に報告できない場合は、そのことを連絡しなくてはいけません。

日常の仕事

本人のためにかかった費用の家計簿をつけ、通帳記帳をして入出金のチェックをしたり、本人の資産管理をします。

また本人の生活状況に変わりがないか、何か手当する必要が生じていないかチェックし、記録。介護サービスや施設を利用していれば利用費、入院費、また税金などの支払いをしたり、年金などを受け取ります。

家庭裁判所から業務内容についての報告を定期的に求められますので、報告書を書いて郵送し、監督を受けます。

後見人の仕事の終了は

本人が死亡したら、2か月以内に遺産を確定し、相続人に知らせます。同時に家庭裁判所へも報告します。

相続人に財産の引き渡しを済ませ、成年後見等終了の登記申請を行い、後見等事務終了報告書を提出して終了します。

法定後見制度の3種類

判断能力が不十分な人に代わって、財産等の権利を守る制度として、
「後見人」「保佐人」「補助人」が果たす役割を確認しておこう

	後　見	保　佐	補　助
対象となる人	 判断能力が欠けているのが通常の状態の人	 判断能力が著しく不十分の人	 判断能力が不十分の人
申し立てができる人	本人、配偶者、四親等以内の親族、（身寄りのない場合）市区町村長など		
申し立てる時	本人の同意は不要		本人の同意が必要
後見人等の同意が必要な行為／取消が可能な行為	「日常生活に関する行為」以外の行為	民法第13条１項に定める行為（借金、訴訟行為、相続の承認・放棄、新築・改築など）	民法第13条１項に定める行為の一部
代理権の範囲	財産に関するすべての法律行為についての代理権と財産管理権	申し立ての範囲内で家庭裁判所が決めた特定の法律行為	

【成年後見制度についての問い合わせ、相談窓口】
- ●各市町村の地域包括支援センター
- ●法テラス（日本司法支援センター）電話0570−078374（コールセンター）

【任意後見契約についての問い合わせ】
- ●日本公証人連合会　電話03−3502−8050　http://www.koshonin.gr.jp/
　または全国の公証役場

【後見制度支援信託についての問い合わせ】
- ●一般社団法人信託協会
　（http://www.shintaku-kyokai.or.jp）

【その他　問い合わせと相談】
- ●全国の弁護士会
- ●全国の司法書士会
- ●公益社団法人成年後見センター・リーガルサポート
- ●日本社会福祉士会及び各地の権利擁護センター「ぱあとなあ」
- ●全国の社会福祉協議会

介護の費用

介護にはどのくらいのお金がかかるのか

在宅介護で介護サービスを利用する費用は

介護保険の介護サービスは、ケアプランに組み込んで利用しますが、介護サービスの実際に利用する項目は、ケアプランの第3表「週間サービス計画表」に記載されます。下図の2つは要介護3と要介護4の人で、通所介護と訪問介護を利用するケアプランサンプルです。

この表に従って実施された介護サービスの結果をもとに費用が算出されます。

支給限度基準額内で、通所介護や訪問介護など実際に必要なサービスを、どのように組み合わせたらよいか、またそのほかにどんなサービスが受けられるのか工夫しましょう。ケアマネジャーとよく相談しましょう。

ケアプラン第3表のサンプル［要介護3の方］

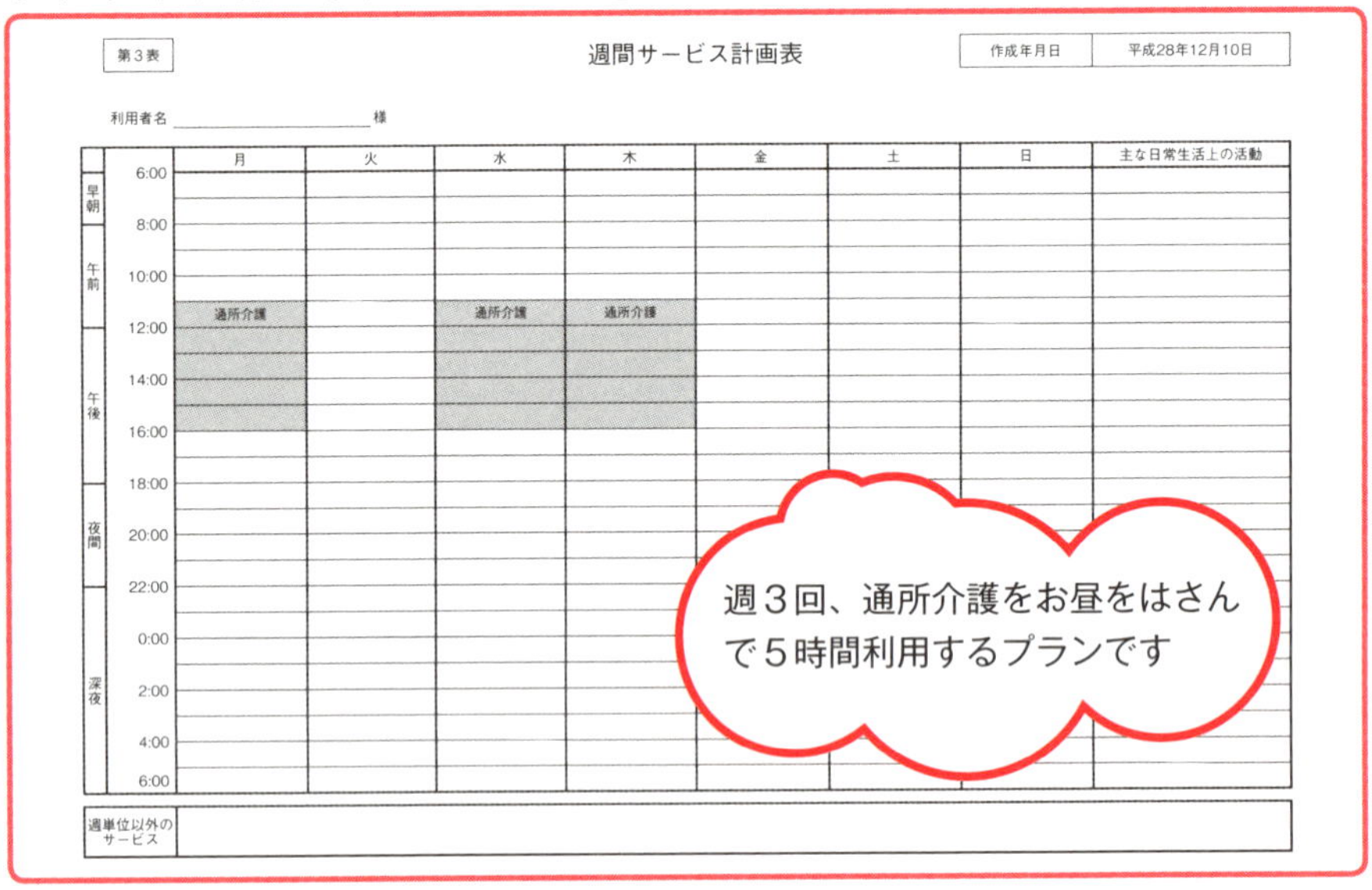

ケアプラン第3表のサンプル［要介護4の方］

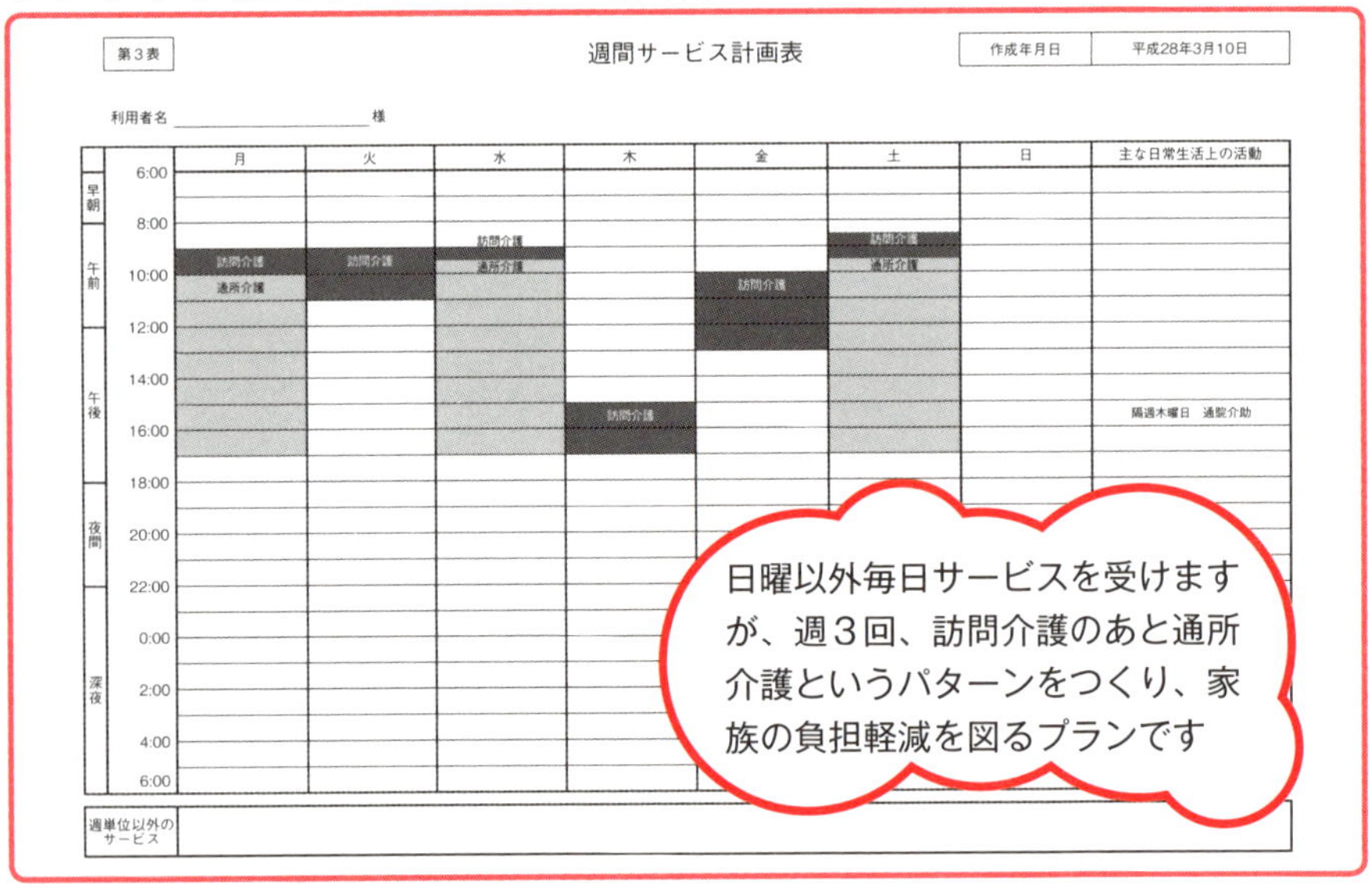

以下に、一部ですが、介護サービス単価を紹介しておきます。

【訪問介護】

訪問介護（ホームヘルプ）は、要介護1～5では、時間による単価設定です。「身体介護」は①20分未満、②20分以上30分未満、③1時間以上1時間半未満で165円～564円。「生活援助」は①20分以上45分未満と②45分以上で183円と225円、また「通院時の乗車・降車等介助」は97円です。

【認知症対応型通所介護】

認知症対応型通所介護は、費用は要介護度によって違いますが、一般的な通所介護費用の1・2～1・5倍の設定です。事業所の形態や所要時間で異なり、たとえば、社会福祉施設等に併設されていない事業所で、7時間以上9時間未満の利用時間（送迎費用も含む）では、要介護3で1199円、要介護4で1307円などとなっています。ただし日常生活費（食費・おむつ代など）は別途負担です。

【定期巡回・随時対応型訪問介護看護】

2012年からスタートしたサービスで、1回10分程度の訪問介護を1日3～6回組むプランを中心に、利用者の心身状況に応じて24時間365日必要なサービスを、必要なタイミングで頼めるサービスです。さらに緊急時に随時駆けつけ、ホームヘルパーだけでなく看護師などとも連携し、介護と看護の一体的なサービスを提供しています。おもに要介護度の高い患者を抱える家族の負担を減らしてくれるサービスとして期待されていますが、現状はまだ提供する事業所が限られています。

費用は1月で、訪問看護サービスも受ける場合（受けない場合）、要介護3で1万9686円（1万6769円）、要介護4で2万4268円（2万1212円）、要介護5で2万9399円（2万5654円）など。コストは、思ったほどかからないサービスと言えるでしょう。

左表は、ケアプランのサンプルに従い、在宅介護で介護サービスを利用した場合の費用算出の一例です。合計が支給限度基準額内で収まるよう、サービスの種類や回数を工夫しました。

なお、ここで引用した介護サービス費用の単価は利用者1割負担で、厚生労働省ホームページ（＊）で紹介されている数字です。実際の費用は利用者の居住する地域がどの地域区分（1級地～7級地、その他）に属しているか、利用施設の各種加算状況によって異なるので、詳細は地域包括支援センターやケアマネジャーに確認することが必要です。

1か月の介護費用の例：【要介護３】の場合

ホームヘルプサービス（身体介護1h＋生活援助45分）	週1回 @388円＋@183円×４週	2,284円
訪問看護（30分未満）	週1回@463円×４週	1,852円
認知症対応型デイサービス（5～7h）	週3回 @1,199円×3日×４週	14,388円
ショートステイ	月5日@1,640円×５日	8,200円
〈要介護３の支給限度基準額＝269,310円 利用者は1～３割負担〉		**26,724円**

1か月の介護費用の例：【要介護４】の場合

訪問看護（30分未満）	週４回@463円×４日×４週	7,408円
訪問入浴	週２回@1,234円×２日×４週	9,872円
夜間対応型訪問介護（定期巡回サービス）	@368円×30日	11,040円
〈要介護4の支給限度基準額＝308,060円 利用者は1～３割負担〉		**28,320円**

1か月の介護費用の例：【要介護５】の場合

訪問入浴	週１回@1,234円×４週	4,936円
定期巡回・随時対応型訪問介護看護	１か月	29,399円
〈要介護５の支給限度基準額＝360,650円 利用者は１～３割負担〉		**34,335円**

＊厚生労働省　介護事業所・生活関連情報検索　介護サービス情報公開システムより

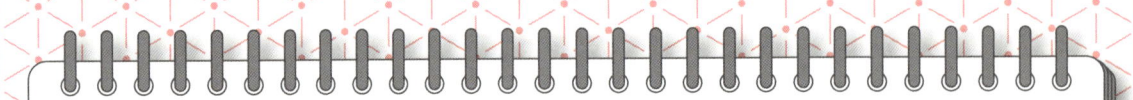

介護のプロの技とは④
施設介護でのエピソードから

環境が変わった時の対応

家族の都合で、住み慣れたふるさとを離れ移動を余儀なくされた高齢者は、世話になる家族を思って、ふるさとへの思いなどはめったに口に出さないようです。家族は最初こそ気にはしますが、だんだん、慣れ親しんだふるさとへの思いを断ちきれないお年寄りの気持ちを忘れがちになります。

＊　＊　＊

光太郎さん（80歳）は、岩手県の花巻から東京にいる子どもの家族のもとに移り、介護を受けるための施設に入所しました。数週間後のある日、姿が見えなくなり、スタッフ総出で探しまわると、近くの駅の改札を入ったという情報が…。しかし、光太郎さんはお金も持っていないし、どこへ行くにも1人ではどの電車に乗ったらよいかわからないはず。スタッフや家族が心配する一夜が明けた翌日、花巻駅近くの派出所から連絡があり、家族が迎えに行って無事を確認することができました。

光太郎さんは自分のふるさとに帰ろうとし、認知症にもかかわらず、親切な方に出会ったおかげか、花巻までたどり着けたのでしょう。ふるさとの自分の家に帰りたいという強い思いが、おぼつかない記憶の断片をつなぎ合わせ、行動したと思われます。記憶障害があっても、自分が大切にしている家や土地への印象は忘れないのです。

施設に帰ってきた時、何と言って迎えるのがよいのでしょうか。「ご家族の皆さんも私たちも、ずいぶん心配したのですよ」と言いがちです。でも、それは家族や施設の都合を押し付ける言葉にもなり、光太郎さんの孤独をさらに深めることになります。光太郎さんの気持ちに寄り添って「花巻はどうでしたか。お友だちには会えましたか」と声をかけましょう。

第5章

介護する家族のケア

家で介護するのが限界になったら？
仕事と両立するのが
難しい時にはどうしたら？
――介護する家族にとって「困難な状況」を
乗り越えていく、さまざまな工夫と
サポートについて紹介します。

介護者のケア

介護を1人で抱え込まない

介護のキーパーソンを決めてチーム態勢を

認知症の在宅介護は、文字どおりの24時間365日態勢、体力的な負担だけでなく、精神的にも大変な仕事です。介護はまた、長期戦を考えておかなければなりません。「今ちょっと、私ががまんすれば…」といった、その場限りの頑張りは、いつか力尽き共倒れ、という結果に行きつきます。1人で抱え込まず、家族や、ケアマネジャー、ヘルパーなどとの継続的な協力態勢を整えることが不可欠です。

そのうえで、チームのリーダー的な役割を担うのは誰か、決めておきます。そのためにも、まず家族でじっくり話し合うことが必要です。介護のキーパーソンが夫または妻という「老・老介護」の場合には、別に暮らしていても子どもの協力は欠かせません。「できること」と「できないこと」をそれぞれが出し合い、役割分担を確認します。負担に差があったとしても、お互いに納得のいく話し合いの機会を持つことができれば、家族で支えるという態勢を築くことができます。

いつも介護者と本人の2人だけ、という状態もよくありません。ほかの家族がいない時には、デイケア施設の協力を得るなど、負担を分散させる工夫も必要です。

認知症介護のストレスは周囲の無理解から

介護者の一番大きなストレスは「家族や親戚などの無理解」だと言われます。なぜ、理解してもらえないのか。自分の親や大切な人が認知症だという事実が受け入れられず、そのため、介護者の苦労をわかろうとしない、ということはよくあるようです。

次の大きなストレスは患者本人との「意思の疎通ができないこと」。何度も同じことを聞く、突然暴れるなど、認知症患者特有の症状に対応しながらも、食事や排せつなど、付きっきりのケアをしなければなりません。余裕のない毎日で、周囲から「頑張ってね」と励まされたりすれば、かえって介護者は大きなストレスを感じます。

キーパーソン以外の家族にできること

●介護を数時間でも交代する

介護している人は、「私にしかできない」と頑張ってやっていることが多く、ほかの家族は手を出さないという状態も起こりがち。数時間でも交代できる人がいれば、それだけ介護者が自由な時間を持つことができ、大いに役立ちます。

●自宅以外で短期間でも預かる

本人が自宅以外でも生活することを嫌がらないようなら、1日だけでも預かります。

●外出時には付き添う

外出する時には、付き添いの人数が増えれば負担が減ります。また車の送迎だけでも、介護者の負担軽減につながります。

●話し相手になる

直接の介護が手伝えない家族でも、定期的に介護者に会う機会をつくり、話し相手になることで、ストレスを吐き出す場所と時間をつくってあげられます。

介護ストレス解消法

ストレスはたまる前に、
できるだけ解消することが肝要です。
自分に合ったやり方を
実践してみましょう。

① 声を出す

最も手軽な解消法。週１回はカラオケボックスに出かけ思い切り大声で歌ったり、スポーツ観戦して大声で応援することは解放感が加わり、ストレス解消になる。お気に入りの本を音読するだけでもOK。

② 体を動かす

週1回、スポーツジムへ。ジョギングやスイミングのほか、ヨガ、太極拳なども。呼吸法を取り入れた運動は気持ちを落ち着かせる効果がある。ＤＶＤ付きエクササイズの本で体を動かすやり方もある。

③ 誰かに自分の気持ちを話す

友人や担当のケアマネジャーなどに、自分の思いを打ち明ける。「認知症家族の会」などで同じ体験をした人と交流したり、電話相談を利用するのもよい（Ｐ184参照）。

④ 思いや悩みを書き出す

日記、エッセイなど文章で表現する。インターネットができる人なら、介護仲間のいるＳＮＳでの意見交換、ブログを開設するのもよい方法。

⑤ 自分の時間をつくる

ショートステイやデイサービスの日を、自分のリフレッシュデーに。趣味のほか、友人とお茶をする、映画を見る、買いものをする、など介護をすっかり忘れる時間をつくることが大切。「ひたすら眠る」のも１つの選択。休息は、最も効果のあるリフレッシュ法。

介護者のケア

在宅介護を続けるための条件

増え続ける在宅介護のメリットを考える

認知症高齢者のうち、どれくらいの人が自宅で介護を受けているのでしょうか。厚生労働省の資料からの推計数は、２０１７年で１８６万人（総数３７３万人の約50％）となっています。２０１２年の実数、１４９万人より増加し、ますます在宅介護を担う世帯が増えていくことが想定されています。在宅で介護することのメリットを挙げてみましょう。

●本人をよく知っている家族が介護にあたる

「本人を昔からよく知っている」というのが家族で、当たり前のようですが、これによって本人が安心して過ごせること、認知症による混乱をできるだけ抑えることができ、また潜在的な本人の力を発揮させることも可能になります。

なじんだ家で、なじんだ道具や本などが身近にある生活を送ることで、「その人らしさ」をとどめる力を引き出すことができるのも家族です。

●大きな事故が避けられる

認知症が進むと、火の始末もおぼつかなくなります。日常生活で大きな事故になる前に、家族の見守りがあることで防ぐことが可能です。

●地域とのつながりが持てる

家族で暮らす地域とのつながりも、家族にとっては大きな助けになります。近隣の方たちとの協力関係や、介護ネットワークとの連携を保つことができれば、本人に合ったケアを調整することができます。

本人の気持ちも確かめる気持ちのゆとりが必要

在宅介護を続けるかどうかを検討する際、本人に「家にいたい」という気持ちがあるかどうかを確かめることも大切です。問題行動ばかりに目が行って、本人の気持ちを考える余裕がなかった、ということに気づくことがあるかもしれません。

在宅介護を支える条件をチェック

本人の「家にいたい」という気持ちを確かめることも含めた、在宅介護の必要条件をチェックしてみましょう。

- □本人も家族も在宅での介護を望んでいる
- □キーパーソンの介護者のほかに、交代できる人がいる
- □訪問診療や訪問看護による「医療的な支え」がある
- □介護保険などの福祉サービスを利用できる
- □近所の人の理解や見守りなど、地域の支えがある
- □定期的に（週1回、月1回など）手伝いに来てくれる親戚、知人などがいる

どうですか。これらを見ると、それぞれの家庭の事情が大きく関わることがわかります。状況を変えることが難しければ、介護サービスを、もっと活用することを考えてみましょう。介護サービスが「気軽に利用できるツール」となるよう、ケアマネジャーに相談してみましょう。行政や介護サービス事業所が提供するサービスは、利用のしかた次第で、想像する以上のサポートが期待できます。

認知症高齢者の居場所

認知症高齢者のほぼ半数が、在宅介護を受けて暮らしている

内訳（厚生労働省資料）

	2012年	2017年推計
認知症高齢者数	305万人	373万人
在宅介護	**149万人**	**186万人**
うち小規模多機能型居宅介護	5万人	14万人
うち定期巡回・随時対応型サービス	0	3万人
居住系サービス	28万人	44万人
特定施設入居者生活介護	11万人	19万人
認知症対応型共同生活介護（認知症グループホーム）	17万人	25万人
介護施設	89万人	105万人
介護老人福祉施設	48万人	58万人
介護老人保健施設等	41万人	46万人
医療機関	38万人	38万人

＊端数処理の関係で積み上げは一致しません。

在宅介護を続けるためには

介護する家族が協力し合うことが大切

●交代できる介護者がいる

介護を誰か1人が抱え込むことを避けられれば、長く続けていける条件となる

●訪問診療や訪問看護を受けている

医療的な支えは、介護する家族に大きな安心を与えてくれる

●近所の人や地域の見守りがある

介護者が本人とともに地域で孤立せずに暮らしていくための条件となる

●親戚も協力的である

家族には安らぎをもたらし、本人には孤独を和らげる助けになる

介護者のケア

訪問看護サービスを利用する

訪問看護サービスはケアプランに組み込んで

介護保険の在宅サービスの種類については、介護保険の項（P148〜149）ですでに紹介しました。

ここでは、認知症患者が自宅での療養生活を続けるための在宅医療のうち、訪問看護サービスについてさらに詳しく見てみましょう。

訪問看護とは、看護師などのケアスタッフが自宅に訪問し、療養生活のケアと診療の補助を行うサービスです。

訪問看護サービスを受けるには、かかりつけ医からの「訪問看護指示書」が必要です。まず、ケアマネジャーに相談しましょう。ケアマネジャーはかかりつけ医に連絡依頼し、訪問看護サービスをケアプランに組み込みます。

その後、訪問看護ステーションと契約してサービス開始、となります。

訪問看護ステーションは、看護師、保健師、助産師、理学療法士、作業療法士、言語聴覚士が所属し、医師や関係機関と連携して在宅介護を行いますが、訪問看護サービスの内容（左ページ参照）はかなり範囲が広く、さまざまな利用者の要望に応えてくれます。

訪問看護ステーション以外にも、介護保険法の「みなし指定訪問看護事業所」（＊）から、定期巡回・随時対応型訪問介護看護や看護小規模多機能型居宅介護などの訪問看護サービスがあります。どちらも地域密着型介護サービスの1つです。

訪問看護はどれくらい利用できるか

介護保険の訪問看護を利用する場合、訪問看護の利用回数に制限はありません。1回の利用時間数は、①20分未満、②30分未満、③30分以上60分未満、④60分以上90分未満までの4区分があり、必要に応じて選択します。ただし、介護保険の支給限度基準額（P147参照）があるので、ほかの介護保険サービスを利用しながら限度内で月間費用を収めようとすると、訪問看護の利用は週に1〜2回、というケースが多いようです。

歯科治療、口腔ケアが受けられるサービスも

自宅で寝たきりになったから歯医者に行けない、とあきらめる必要はありません。あまり知られていないのが、介護保険による「居宅療養管理指導」のサービス（要支援1〜2の人は「介護予防居宅療養管理指導」のサービス）です。

このサービスは、歯科医師による訪問診療が1回500円程度で利用できます。同じ居宅療養管理指導サービスで利用できる「口腔《こうくう》ケア」は、1回350円程度で月4回まで歯科衛生士による訪問が受けられます。

食事の内容や形状など栄養指導の必要な人は、1回530円程度で月2回、管理栄養士による訪問を受けられます。

歯と口の中は「食べること」を続けるための大切なケアです。これもケアマネジャーに相談してケアプランに組み込み、活用しましょう。

＊「みなし指定訪問看護事業所」は、病院やクリニックが行っている訪問看護サービスで、地域包括支援センターに問い合わせることができます。

訪問看護サービスで受けられるさまざまなケア

訪問看護は、訪問看護ステーションやみなし指定訪問看護事業所から派遣される

療養生活上のケア	体の清拭《せいしき》、洗髪、口腔《こうくう》内の清潔ケア、入浴介助、食事、排せつなどの介助と指導
医師の指示による医療処置	ガーゼ交換、たんの吸引（口鼻腔《びくう》、気管切開）、注射（静脈、筋肉、皮下）
病状の観察	病状、血圧、体温、脈拍などのバイタルチェック、薬の服薬方法の指導、服薬確認
医療機器の管理	在宅酸素、人工呼吸器などの管理
ターミナルケア	＊本文を参照
床ずれ予防と処置	体位変換（体の向きを変える）、床ずれ防止の工夫や指導、手当て
在宅でのリハビリ	拘縮《こうしゅく》予防や機能回復、嚥下《えんげ》機能訓練など
認知症ケア	事故防止など、介護の相談、工夫のアドバイス
介護者家族への支援と相談	ケアの方法の指導ほか、相談対応
介護予防	低栄養や運動機能低下を防ぐアドバイス

終末期医療のターミナルケア

ターミナルケアとは、医師に余命数週間から数か月と診断され、治療による回復の見込みがないと判断された終末期の患者に対して行うケアです。看取りのケアとも呼ばれて、本人には次のような状態が現れます。

○歩けなくなる
○四肢の筋肉が萎縮《いしゅく》する
○嚥下《えんげ》障害で食事や水さえとれず衰弱する
○呼吸器感染症が起こりやすく、咳が出たりたんがからまる

このような状態のもとでは、病状観察と、点滴などの医療処置が必要になります。また、たんの吸引などの介護指導が必要になり、訪問診療と訪問看護は欠かせません。医師との連携を密にし、住み慣れた自宅での残された日々を、少しでも穏やかに家族と過ごせるよう、サポートする役目を担っているのが訪問看護のスタッフです。

施設介護

施設入所に抵抗感がある

介護の別のやり方として考えてみる

家族の協力とさまざまなサポートを受けながらの介護生活でも、長くなると介護者の心身に疲れとストレスがたまってくるのも道理です。なんとか持ちこたえようと頑張っても、限界を感じる時があるでしょう。そんな時、施設入所も含めて介護のやり方を変えてみることも選択肢の1つです。

施設入所を否定的にとらえない

「人には任せられない」「知らない人に囲まれて過ごすなんて、本人がかわいそう」「親戚から、何を言われることか」「近所の人に、親を捨てたって思われるかもしれない」など、施設に預けることにはどうしても抵抗があり、踏み出せない、という悩みを持つ人も多いようです。

「家庭で過ごすことが一番であり、施設への入所は不幸である」と決めつけないことです。施設入所が、在宅介護に行きづまったときの最終手段、というわけではありません。1つの選択肢であるということを忘れないようにしましょう。

在宅介護に限界を感じたら家族で話し合いを

在宅での介護では、認知症の人の安全や健康を十分に守ることができないこともあります。どんなに懸命に介護していても、介護のプロのやり方に及ばないこともあるでしょう。日ごろ、介護に加わらない家族が、そんな介護のやり方に意見をする、ということがあると、「手を出さないのに文句はつけるのか」と介護者のストレスが増えるだけで何の解決にも至りません。

介護者としての家族の悩みや世間体より、本人にとって何が必要か、「人としての尊厳を守りつつ、残された時間を穏やかに過ごしてもらう」には、どんなことが必要かを最優先に、家族でよく話し合ってみましょう。

現実に在宅介護が難しくなることもある

また、さまざまな事情で、在宅介護が実際に難しくなることもあります。たとえば、本人が認知症以外の病気にかかって治療が必要になり、自宅での介護では及ばない状態になったり、本人の周辺症状（BPSD《ビーピーエスディー》）が悪化し、対応しきれなくなる、という場合もあります。また、介護者が体調を崩すなど家族側の事情が変化することもあります。否応なく、在宅介護から切り替える必要が出てきます。

第三者からのアドバイスを受ける

介護のやり方、今後の見通しなどについて共通の認識が持てるよう家族で話し合うことが必要ですが、うまくいかない場合はどうしたらよいでしょうか。

介護者が話しても理解が得られない場合には、かかりつけ医やケアマネジャーなどの第三者から話してもらうことも考えましょう。本人と介護者の様子をよく知っている専門家としての立場からのアドバイスは、客観的な意見として、家族には効果があることもあります。

在宅介護が難しくなる時

本人の事情、介護する家族の事情が変化すると、在宅介護の態勢を見直す必要に迫られることになります。

●本人が認知症以外の病気になり治療が必要になった

一時的な緊急入院で済んでも、それを機に在宅介護から切り替えることも考える

●家族に暴力を振るうなど、本人の周辺症状が悪化した

家族では対応しきれない状況になれば、かかりつけ医に相談し、施設入所も考える

●運動機能が極端に低下し、24時間の介助が必要な状態になった

さまざまな介護サービスを利用しても在宅介護が難しくなれば、施設入所も選択肢となる

●キーパーソンの介護者が体調を崩して倒れた

それまでの介護態勢を見直すきっかけとし、1人に負担がかからない方法を考える

●離婚や転勤など、同居する家族の事情が変化した

家族事情の変化は、キーパーソンの不在も起こり得る介護態勢には大きな変化であり、施設入所も選択肢となる

施設介護

自宅での介護が難しくなったら

在宅介護が難しいかどうかの判断

認知症患者を抱える家族が一番悩むのは、自宅で介護を続けるか、施設に託すかの選択を迫られる時でしょう。

在宅介護を続けていくには、家族の介護態勢や介護サービスの利用状況などが、大きく関わってきます。

では、在宅介護が難しくなるのは、どんな状況が考えられるでしょうか。認知症の人が自宅で生涯を全うするためには、次の条件のうち、1つでも欠けていると難しいでしょう。

□家族に家で看取る意思がある
□介護のキーパーソンが健康である
□家族の協力態勢がしっかりしている
□今後の見通しについて家族で認識を共有している
□本人の死のプロセスは穏やかなものが期待できる
□医療関係者のサポートがある

さて、どうでしょうか。これらの条件のすべてをクリアするのが難しくなったら、本人の介護は施設に任せることも、選択肢の1つとして検討してもよいと思われます。

施設選びは早いうちに始めよう

施設選びは、あまり気が進まないかもしれませんが、まだ在宅介護が続けられる状態の時から、候補となる施設が絞れるよう、できるだけ多くの情報集めをしておきます。ギリギリになってからでは、すぐに入所することは難しい場合が多いようです。とくに「特養」と言われる特別養護老人ホームは、緊急度、重症度が優先されて、単純な申込み順ではありませんが、「何年待ち」という待機者リストの長さが知られています。

施設選びは家族の目で確かめて

施設選びは、本人には「住み替え」の場所選び、いわば〝終の棲家〟探しと言ってもよいものです。本人が気持ちも穏やかに安心して過ごせる環境かどうか、必ず事前見学をして家族の目で確かめましょう。インターネットで口コミなどいろいろ調べるのもよいですが、施設の状態や介護スタッフの対応など実際に自分で見て得る情報は重要です。施設でのチェック項目を挙げておきましょう。

□【介護スタッフ】明るい雰囲気か、家族や入所者にどのように接しているか、看護や介護の現場を見学させてもらう
□【施設内の臭気】居室や廊下などに異臭や便臭があるかどうかで、排せつケアの状態が推測できる
□【入所者の表情】共有スペースなどに集まっている入所者を見学させてもらう。穏やかな雰囲気かどうかが判断基準になる
□【医療的な体制】入所者の体調急変時の対応方法はどうか、施設内に医者は待機しているか、救急搬送する病院は近くにあるかなど確認しておく
□【自宅とのアクセス】家族がなるべく通いやすい施設であることは、施設選びには大きなポイントとなる

認知症ケア施設の種類と特徴

高齢者向け認知症介護施設には、介護保険施設と民間の施設があります。

介護保険施設は施設のケアマネジャーが入所者１人ひとりのケアプランを作成し、施設の介護職員等がケアプランに沿ったサービスの提供を行います。民間の施設より費用も安く、所得によって軽減措置を受けることができる場合もあります。

〈介護保険施設〉 ＊入居するには要介護認定を受けている必要がある

特別養護老人ホーム【特養】	つねに介護が必要で、自宅での生活が困難な、原則要介護3以上の介護認定を受けた人が対象。有料の老人ホームなどに比べ低料金なので待機者が多い。「特養」には、地域住人対象の特養として2006年に導入された定員29人以下の小規模な地域密着型特養がある。
介護老人保健施設【老健】	要介護1以上の認定を受けた人が対象で、病院の治療を終え、病状が安定しつつもすぐに自宅での生活に戻るのが難しい、在宅介護に戻る前のつなぎとなる施設。介護、看護、リハビリが受けられるが、在宅での生活をめざし、リハビリ意欲があることが入所判定で考慮され、通常3か月をめやすに退所指導が行われる。ただし、在宅療養が困難と判断されると更新が認められ、実際には長期入所している人もいる。
介護療養型医療施設	病状は安定しているが、看護や医学的な対応がより必要な人が対象で、病院や診療所内または隣接する施設にある。医師や看護師など医療スタッフが充実しているので、「特養」に入所できない、胃ろうや経管栄養などが必要な人も入所が可能。医療施設としての機能が高いので、療養が必要でなくなれば退去を求められることもある。2012年施行の介護法改正で規定から削除、2018年3月までの運営となっている。

〈民間の施設の例〉 ＊要介護認定を受けていない人でも入居できる

介護付き有料老人ホーム	常時10人以上の高齢者が入居し、食事などをサービスする施設で民間の団体が運営。介護付き、住宅型、健康型の3種あるが、介護付き有料老人ホームは、特定施設入居者生活介護の指定を受け、介護が必要になれば施設内または委託先のサービス事業者から、介護保険を使った介護が受けられる。入所は事業者との契約によるので、介護認定を受けていない人も入居が可能だが、介護が必要になれば自分でサービス提供者を探し介護を受けることになる。
サービス付き高齢者向け住宅	バリアフリー化された住宅に安否確認や生活相談が「サービス付き」ということだが、入所は事業者との契約により、シニア向けの一般の賃貸住宅と同じ。介護が必要になれば、外部のサービスを利用して住み続けることができる「サ高住」は、有料老人ホームより低価格で特養ほど待機することはないというので一時ブームとなった。住み慣れた地域で自宅に代わる新たな住まいとしてのニーズは高まっている。

施設介護

施設への入所の際に気をつけたいこと

施設に体験入所し環境に慣れてもらう

施設入所が決まったら、家族がまず心がけたいことは、本人がスムーズに「住み替え」を受け入れることができるよう、気を配ることです。

全く知らない場所に連れて行かれ、「今日からここが家ですよ」などと突き放すようなことを言われたら、認知症の人でなくても混乱し、大きな不安に襲われるでしょう。自宅から施設への転居は、環境が変わることで、本人は当然、不安になっています。場合によっては状況が理解できない人もいるでしょう。周辺症状（BPSD《ビーピーエスディー》）が悪化することも考えられます。

特別養護老人ホームなどは、ショートステイに対応しているところもありますから、2日、3日の体験を何度か試してもらうのもよい方法です。施設の介護スタッフとなじみの関係ができれば安心できます。

施設入所で安心する患者もいる

環境が変わることに不安を感じる認知症患者がいる一方で、施設に入所して〝介護のプロ〟に世話をしてもらい、かえって穏やかに過ごせるようになる人もいます。

家で介護してもらう状態が「子どもに迷惑をかけている」「情けない」「すまない」という苦痛とストレスを感じているお年寄りもいるのです。現在介護をしている人の中には、自分が認知症になったら、家族よりは施設でお世話になりたい、と願う人が多いと言います。

いずれにせよ、本人が落ち着いて暮らせる環境を用意することが肝心です。施設には、本人の持ち物を持ち込むことができます。衣類だけでなく、自宅の部屋で使っていたもの、時計や飾り物、なじみのある道具などを用意します。生活が大きく変わったことを意識させないようにすることが必要です。

施設に任せっきりにしない

施設でどのように過ごしているか、家族は、入所後はこまめに面会に行くことが大切です。生活が大きく変わったのではないこと、家族が見捨てたわけではないことを本人にわかってもらいましょう。

また、たびたび面会をすることで、スタッフの対応も細やかになることが期待できます。面会の折には本人の状態を確かめ、施設職員には、話を聞いて情報を共有し、感謝する気持ちを伝えましょう。

施設に慣れるのを辛抱強く待つ

本人がショックを受けないよう、さまざまに工夫し、ようやく納得してもらって入所にこぎつけたのに、入所後1年がたっても、面会のたびに「帰る！」と騒ぐ。こんな面会はかえって苦しいだけだ、と嘆く家族もいると言います。

本人のために選択した入所は、家族の生活のためでもあったなら、施設に慣れるのを待つ、という覚悟も必要になります。辛抱強く待ちましょう。

施設入所の際の注意点

環境が変わり、
本人が不安に思う気持ちを
できるだけ小さくするよう、
心がけましょう。

●事前に何度かショートステイやデイケアを利用し施設に慣れておく

その施設に、デイケアやショートステイなどのサービスがある場合には、体験利用して、介護スタッフとなじみの関係をつくっておく

●自宅からなじみの物を持ち込む

自宅での生活からの変化を小さくするため、自室で使っていた茶道具や膝掛け、可能であればイスやテーブル、お気に入りの飾り物など、なじみの道具を持ち込む

●家族がたびたび面会に行く

定期的に、面会に行きましょう。高齢者は「待つ」ことには耐えられることが多いと言われる。定期的に訪問することが難しくても、しばらく間があいても、面会は続けることが大切

●友人や近所の人にも面会に来てもらう

友人や知人、近所の親しい人などに面会に行ってもらう。本人は忘れられていないことを知って、喜ぶ

●施設の職員に本人の状態を確かめる

面会に行った時には、必ず施設のスタッフにもふだんの様子を聞いてみる。家族の心配している気持ちを伝えることで、スタッフの細やかな対応も期待できる

介護と仕事

仕事を介護のためにあきらめない

仕事か介護か、両立は無理なのか

介護が始まる時、介護者となる就労者には次の3つの選択肢があります。

①働きながら介護する＝介護と仕事を両立させる
②離職して介護に専念する
③転職して環境を変える

「いや、選択肢などない、介護を続けるには離職するしかなかった」という人もいます。そしてそんな〝選択をした〟人が、離職後、状況は改善されたのでしょうか。

実際に〝介護年代〟と言われる40代50代の働く人を対象にした「仕事と介護の両立に関する労働者アンケート調査」という厚生労働省委託調査（2012年度）があります。これは40代～50代の就労者（正社員・男女各千人）と、介護を機に離職した就労者（離職前は正社員・男女計千人）を対象にしたインターネット上でのモニター調査で、詳細な実態・意識調査の結果が見られますが、ここでは離職者の回答結果を中心に見てみましょう。

親の要介護状況の重さは離職に影響するか

離職者が、離職する前に介護していた親の〈要介護状況〉を見ると、「申請していない、または非該当」と「要介護3以上」がともに高く、要介護度や認知症の度合いが離職者の動機とはつながらないという結果が見られます。

一方、介護者の状況は、排せつ等の身体介護に親族や事業者の関わりが少なく、1人で介護を抱えがちであったことが読み取れます。「要介護度が高いから離職せざるを得なかった」という単純な図式は見えてきません。

離職後の最大の負担は収入減

離職の理由は男女ともに「仕事と手助け・介護の両立が難しい職場だったため」が最も多く、ついで「自分の心身の健康状態が悪化したため」となっています。また、仕事は男女ともに5割強が「続けたかった」と、就業継続を希望していた人が多いことがわかります。

離職したあと、負担は減ったのでしょうか。「負担が増した」「負担が増した」（「非常に負担が増した」）としている人は、「精神面」について64・9％、「肉体面」について56・6％、「経済面」について74・9％であり、いずれも負担が減るのではなく、むしろ増したとの回答割合が高くなっています。

介護離職を決める前に注意すること

アンケート調査からわかることを整理してみましょう。

多くの離職者が「介護のために」離職したあと、離職すれば介護は楽になるだろう、と期待した状況にはならなかった、と感じたこと。また、離職してかえって「負担が増した」という人が5割～7割以上もいた結果も見ると、離職する前にすべきことはなかったのか——いま、介護離職を考えている人に迫る課題が見えてきます。

介護離職をして介護生活に改善は見られただろうか

介護のために仕事を辞めた人の状況を、「仕事と介護の両立に関する労働者アンケート調査」の結果（一部）から見てみよう

その1 介護離職したあと、介護の状況はどう変化したか

とくに、経済面と精神面での負担が増した、と回答する割合が高く、介護離職したあとも、期待したほど精神的に楽にはならなかったことがわかります。

【離職者の離職後の変化】

有効回答数＝994

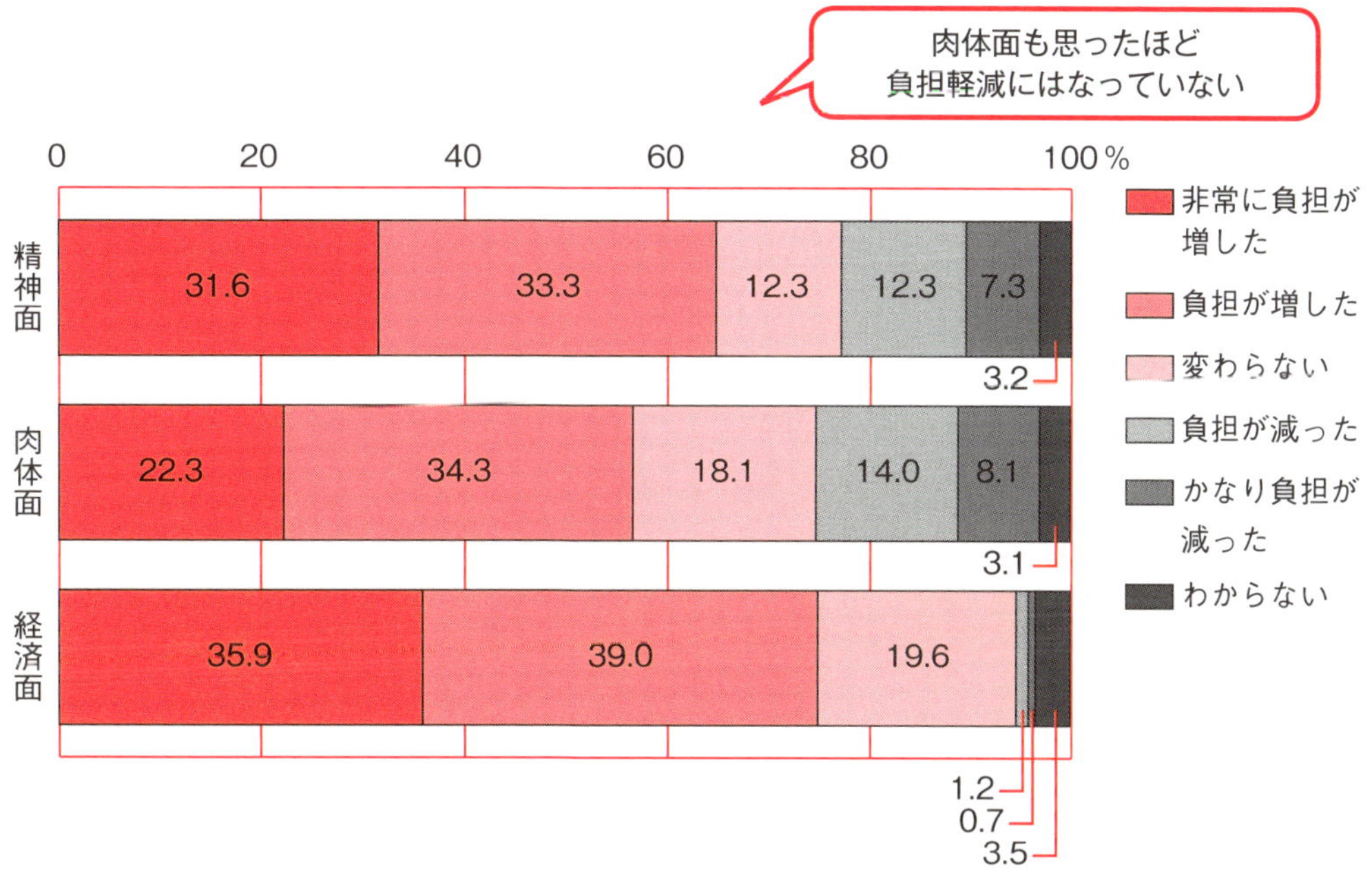
肉体面も思ったほど
負担軽減にはなっていない
0
20
40
60
80
100％
精神面
31.6
33.3
12.3
12.3
7.3
3.2
肉体面
22.3
34.3
18.1
14.0
8.1
3.1
経済面
35.9
39.0
19.6
1.2
0.7
3.5
非常に負担が増した
負担が増した
変わらない
負担が減った
かなり負担が減った
わからない

その2 介護離職した人は、仕事を続けたい意思に反して辞めたのか

男女ともに半数以上が、続けたかったと回答していることで、仕事か介護かの二者選択を迫られた苦しい状況が見えてきます。

【離職者が介護を機に仕事を辞めた時の就業継続の意向】

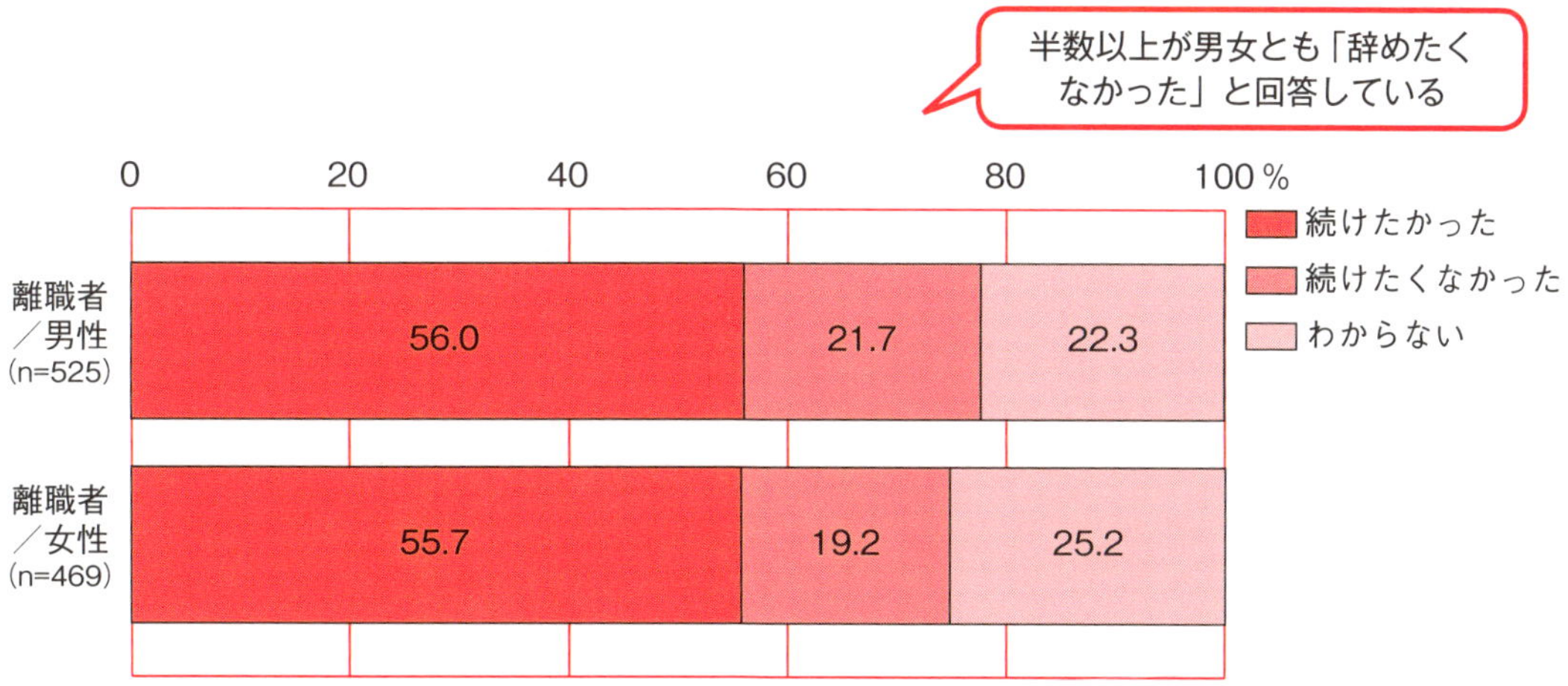
半数以上が男女とも「辞めたくなかった」と回答している
0
20
40
60
80
100％
離職者／男性（n=525）
56.0
21.7
22.3
離職者／女性（n=469）
55.7
19.2
25.2
続けたかった
続けたくなかった
わからない

仕事と介護の両立に関する労働者アンケート調査（2012年度厚生労働省委託調査）より

介護と仕事

仕事を辞めないで済むサポート制度を知る

介護離職で介護に専念できるか

親の介護を担う働く人が「介護と仕事の両立はできない」と仕事を辞めること、これが介護離職です。企業などで働きながら介護をしている人は約240万人で、そのうち介護や看護のために離職した人（2011年10月～2012年9月）は10・1万人となっています（＊）。また、「辞めようと思っている」「転職を希望している」という人は、同じ調査で約42万人とされ、その理由がすべて介護とは限らなくとも、「介護離職予備軍」の可能性もあります。

この数字を見ると、介護と仕事を両立させるのは容易ではない、ということがわかります。

ですが、介護離職してしまうと、「介護に専念できる」という思いとは別に、仕事のストレスからは解放されても、経済的負担や介護ストレスが増え、また社会とのつながりが途切れて孤立する、という危険も高まります。仕事との両立の苦しみから逃れた介護者には、新たな苦しみが待っている、ということになりがちです。

介護離職を決断する前にすべきこと

介護サービスを有効利用する、親族で改めて話し合い、手分けして介護ができる方法を考える、など介護離職を決断する前に、もう一度、介護態勢を見直してみることは重要です。

それだけでなく、働き手である介護者自身、会社の両立支援制度を積極的に活用することを考えましょう。1人で悩まず上司に相談する、同じような境遇の人の体験談を参考にするなど、情報を集めることから始めます。

厚生労働省が定めた支援制度

働きながら介護を行う人には、支援制度がある場合があります。まずは勤め先の企業に支援制度があるかを確認しましょう。

また、厚生労働省が、育児や介護を行う人を対象とした、支援制度を定めています。介護と仕事の両立支援は、「介護離職ゼロ」を実現するための重要施策の1つとして、支援の拡充のため雇用保険法、育児・介護休業法が2016年3月に改正されました。

両立支援制度では、「要介護状態」にある家族がいれば通算して年93日、3回まで分散可能の長期の休みが認められること（介護休業）、また希望すれば短時間勤務などの措置が受けられること（介護のための短時間勤務制度等の措置）、申し出れば半日単位で年5日分の休みがとれること（介護休暇）、その他、時間外労働の制限や深夜業の制限、転勤に対する配慮とともに、これらの申し出や取得を理由にした解雇など、不利益となる取り扱いの禁止が取り決められています。

このうち、介護休業は、介護のためにとることができるまとまった休みですが、その間の給与を支払う義務は会社側にはありません。この無給状態を救済するのが雇用保険で、改正によって賃金の（改正前40％から）67％に引き上げられました。

＊総務省統計局「平成24年就業構造基本調査」より

「介護離職ゼロ」の実現のため改正された介護休業制度

仕事と介護の両立を可能にするため、働く人を支援するのが介護休業制度。
おもな改正点を確認しておこう

	改正前	改正後
介護休業給付金	給与の40%	67%
介護休業	原則1回、93日まで	3回を上限に93日まで
介護休暇	1日単位で年5日	半日単位で年5日分まで
労働時間の短縮	介護休業と通算して93日まで取得可	介護休業とは別に3年の中で2回以上の申請が可
残業などの所定外労働の免除	なし	請求を認める
介護対象家族の範囲	配偶者、父母、子、配偶者の父母、同居かつ扶養している祖父母、兄弟姉妹、孫	祖父母、兄弟姉妹、孫について「同居かつ扶養」の条件を外す

「介護休業」をとって介護負担を減らそう

介護休業が年3回まで分けてとれるようになり、緊急時だけでなく、
必要な休暇がとりやすくなった

【緊急時：1回目】
本人が骨折して、入院することになったので休暇をとる

【介護負担軽減：2回目】
いつも介護している妻と介護を交代するので休暇をとる

【必要時：3回目】
娘が出産するので妻が手伝いに行く間、介護を交代するので休暇をとる

介護と仕事

制度利用で仕事と介護を両立させよう

制度の利用者を増やしてゆく試み

親の介護をしながら仕事をしている約240万人のうち、介護休業制度を利用している人は37万8千人、このうち介護休業の利用者は7万6千人（3・2％）、短時間勤務は5万6千人、介護休暇は5万5千人（2・3％）と、ごく少数です。また雇用形態の割合で見ると、正規の職員・従業員で16・8％、非正規の職員・従業員は14・6％となっています。（総務省統計局・平成24年就業構造基本調査）

なぜ利用する人が少なかったのでしょうか。年1回と限られた長期の休みを、「いつとるのが最善か」と熟慮しているうちにとりそこねた、ということが考えられます。

2016年の改正で、3回に分散することができるようになり、とりやすくなった人も多いかもしれません。職場などの「休みをとりづらい」空気から申請するのをためらっていた人も、積極的に利用することが期待されています。

介護休業を利用するための「要介護状態」の基準

介護休業を利用するには、介護休業が認められる基準をクリアしなければなりません。当然ながら介護を必要とする家族がいる場合ですが、これは介護保険制度の要介護度とは別につくられた「要介護状態」という基準があり、わかりにくくなっています。さらに要件として「施設入所程度（要介護2〜3に相当）の状態を求める」などもあります。

現在の介護休業制度の認定基準は、特別養護老人ホームへの入所措置の基準を参考につくられたもので、介護保険より5年早い1995年スタート、それがそのまま継続されているのです。また、介護保険のような認定審査というプロセスはなく、利用希望者の自己申告が原則。医師の診断書などの提出が求められることがあっても「強制はできない」仕組みで、「客観的な要介護の判断ができるのか」と、企業側利用者双方の混乱のもとにもなっていました。

介護保険に沿った新基準作成が進行中

厚労省の有識者による研究会がまとめた「常時介護を必要とする状態」の新基準案（＊）では、介護保険で要介護2以上の認定を受けている場合は、介護休業制度上も無条件で要介護状態と判断するとしています。それ以下、または要介護認定を受けていなくても「10分間1人で座る」「外出すると戻れない」などの12項目について「できない」など重い障害が1つ以上、「時々」など中程度の障害が2つ以上あれば「該当」として認めるとしています。介護保険に沿いながら、企業側利用者両者にわかりやすく、認定要件もゆるめる方向で基準の見直しが進められています。

こうした要件の緩和による動きは企業側も歓迎し、介護休業期間の延長や有給の介護休暇の設定などの独自の支援策で介護休業利用の拡大を図る企業もあります。ぜひ利用しましょう。

＊厚生労働省雇用均等・児童家庭局（平成28年7月発表）より

介護休業の「認定基準」の整備が進んでいる

介護保険の「要介護度2」以上であれば問題なく認められるようになっている

「常時介護を必要とする状態」に関する判断基準（案）

「常時介護を必要とする状態」とは、次の（1）または（2）のどちらかに該当する場合を言う。

（1）介護保険制度の要介護状態区分において「要介護2」以上であること。

（2）下表の［項目］①～⑫のうち、［状態］の2が2つ以上または3が1つ以上該当し、かつ、その状態が継続すると認められること。

<table>
<tr><th>項目＼状態</th><th>1</th><th>2</th><th>3</th></tr>
<tr><td>①10分間1人で座る</td><td>自分で可</td><td>支えてもらえば可</td><td rowspan="2">できない</td></tr>
<tr><td>②立ち止まらず5メートル程度歩く</td><td>つかまらないで可</td><td>何かにつかまれば可</td></tr>
<tr><td>③ベッドと車イスなどの間の乗り移り</td><td rowspan="4">自分で可</td><td rowspan="4">一部介助、見守りなどが必要</td><td rowspan="4">全面的介助が必要</td></tr>
<tr><td>④水分・食事をとる</td></tr>
<tr><td>⑤排せつ</td></tr>
<tr><td>⑥衣類の着脱</td></tr>
<tr><td>⑦意思の伝達</td><td>できる</td><td>時々できない</td><td>できない</td></tr>
<tr><td>⑧外出すると戻れない</td><td>ない</td><td>時々ある</td><td>ほとんど毎回ある</td></tr>
<tr><td>⑨物を壊したり衣類を破る</td><td rowspan="2">ない</td><td rowspan="2">時々ある</td><td rowspan="2">ほとんど毎日ある</td></tr>
<tr><td>⑩周囲が対応しなければならないほどの物忘れ</td></tr>
<tr><td>⑪服薬</td><td>自分で可</td><td>一部介助、見守りなどが必要</td><td>全面的介助が必要</td></tr>
<tr><td>⑫日常の意思決定</td><td>できる</td><td>重要な決定はできない</td><td>ほとんどできない</td></tr>
</table>

交流と支え合い

同じ悩みを抱えている人たちと交流する

人と思いを共有できる場を探そう

身近な協力者が見つからず、先の見えない介護に「1人で立ち向かわなくてはならない」と悲壮な覚悟で頑張っている人は、時に気持ちのはけ口を求め、どうしたらよいか、と途方に暮れることもあるかもしれません。

そんな時は、行政の相談窓口やケアマネジャー、介護施設のスタッフなどに相談するのも1つの方法ですが、ほかにも共感し合える仲間と出会える場があります。

「介護者の集い」に行ってみる

行政が主体となったり、NPO法人が運営したり、全国にはたくさんの「家族会」「介護者の集い」があります。役所で聞いたり、インターネットで調べてみましょう。

要介護者を抱える家族や、かつて介護をしていた人、介護に関わる仕事をしている人などが集まって交流を図っています。

介護をしていると、誰かに相談したり、介護に対する不安や悩みを打ち明けたくなります。家族や友人に話を聞いてもらうだけでも気持ちが落ち着くこともありますが、介護をしている人となら、悩みを共有して、共感も得られやすくなります。

悩みを共有できることがうれしい

このような「集い」に参加する人には「家族を介護している」という共通項があります。悩みや思いを共有しても、それぞれに正解はないから悩んでいるのでしょう。多くの参加者が、悩みを共有できることが一番のよいところ、と言っています。

全国的規模で活動する「認知症の人と家族の会」

認知症の人を家族に持つ介護者の組織で1980年結成、現在、1万人強の会員が「認知症があっても安心して暮らせる社会」をめざす、認知症の家族会としては日本を代表する草分け的団体です。全国47都道府県に支部があり、定期的に開催される「家族の集い」は家族の会の中心的活動の1つで、家族どうしの情報交換や交流を図っています。そのほか介護セミナーの開催など地域の特性に応じたきめ細かな活動を行い、電話相談では自治体の「認知症コールセンター」にも協力しています。

「認知症の人と家族の会」
http://www.alzheimer.or.jp/?cat=8

そのほか、インターネットを通じた交流も活用しよう

「認知症スタジアム」や「認知症を学ぶ会」は、認知症に関する情報交換をはじめ、全国で行われるセミナーやイベントなど介護や医療に関する新しい情報が得られるサイトです。サイトの掲示板で、介護の悩み相談や、共感し合える仲間探し、介護経験者とのつながりも可能です。

「認知症スタジアム」
http://dementia.or.jp/family/

「認知症を学ぶ会」
http://www.ninchi119.com/

「認知症相談室」
https://info.ninchisho.net/bbs

認知症カフェで、本人と家族が地域とつながる

認知症の本人と家族が「理解のある友人」と出会う場

認知症カフェとは、おもに認知症初期の人や若年性認知症の人が対象ですが、認知症の人と家族が、気軽に訪れることができる場所のこと。「カフェ」とは言いますが、月に数回、個人の自宅や集会所でお茶を飲みながら語り合う場であったり、常設でランチも食べられる喫茶店のようだったり、スタイルはさまざまです。スタッフは、医療関係の専門職や市民ボランティアが務めているので、専門職の人に、介護保険のこと、ケアマネジャーのこと、福祉サービスのことなど、いろいろ気軽に相談できます。このような専門職や市民ボランティアの人たちと、ゆるやかな「カフェ」という場で「理解のある友人」のように関わってつながることで、本人と家族の関係、また周囲との関係によい変化をもたらすことが期待されます。

認知症カフェに参加したい、という場合には、どのような種類のカフェなのか、家族が先に見学に行っておいたほうがよいでしょう。本人に合ったカフェがきっと見つかります。役所や地域包括支援センターなどで聞いてみましょう。

本人と家族が「くつろげる場」が認知症カフェ

地域の人たちと認知症の本人・家族が会話を自然に楽しめる場となっている

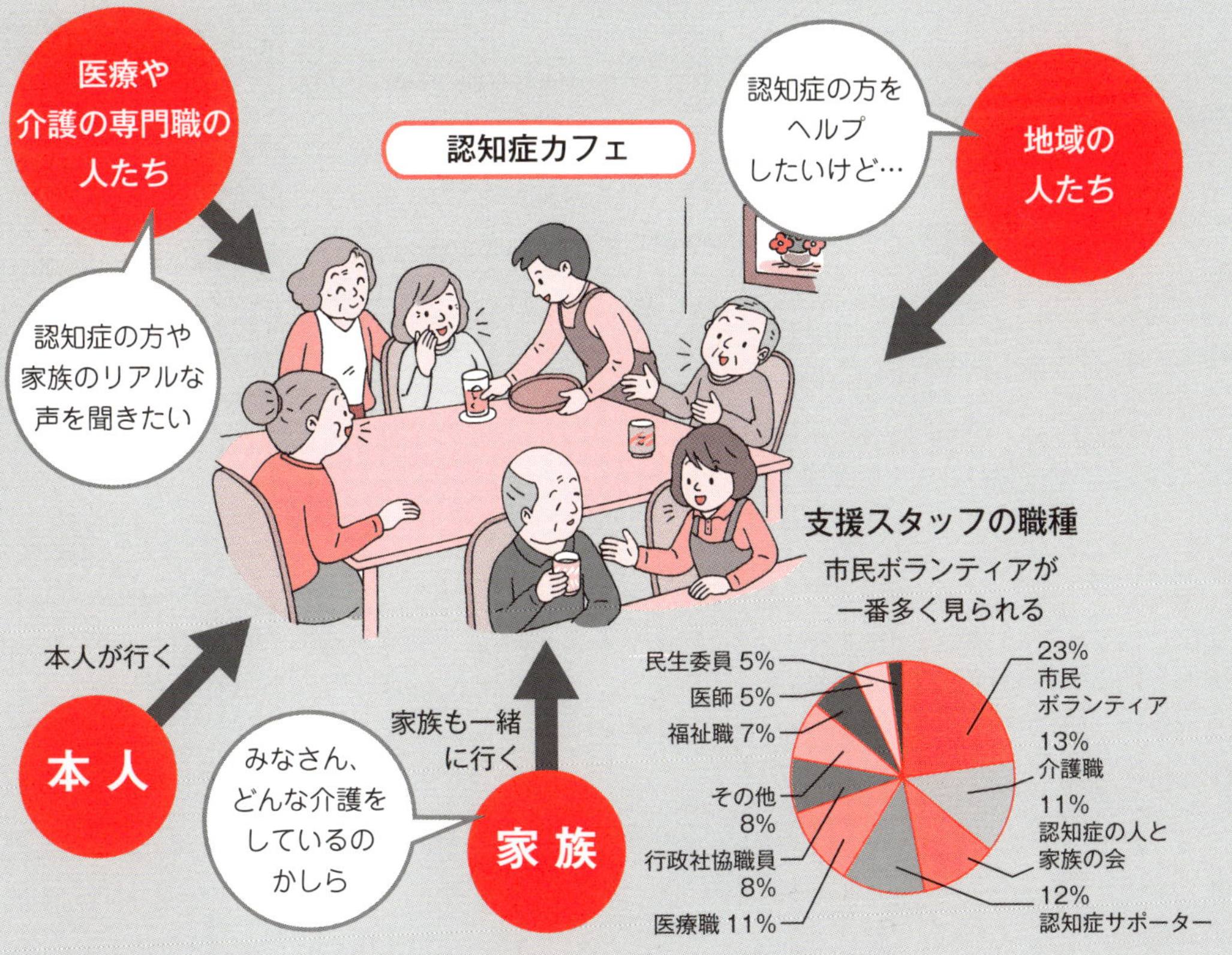
医療や介護の専門職の人たち
認知症の方や家族のリアルな声を聞きたい
認知症カフェ
認知症の方をヘルプしたいけど…
地域の人たち
本人が行く
本人
家族も一緒に行く
みなさん、どんな介護をしているのかしら
家族
支援スタッフの職種
市民ボランティアが一番多く見られる
民生委員 5%
医師 5%
福祉職 7%
その他 8%
行政社協職員 8%
医療職 11%
23% 市民ボランティア
13% 介護職
11% 認知症の人と家族の会
12% 認知症サポーター

＊円グラフは「認知症カフェのあり方と運営に関する調査研究事業　報告書」（平成24年度　老人保健事業推進費等補助金　老人保健健康増進等事業）より

巻末資料 認知症ケアに関わる専門職リスト

医師（かかりつけ医） 国家資格

本人の体調や既往症などを把握し、日常的に診察を受けている医師を言う。在宅介護では訪問診療を行い、要介護認定申請時には主治医意見書を作成する。

看護師 国家資格

医療現場でのサポートや患者の療養上のケアに従事する者を言う。介護保険制度では訪問看護師として利用者の自宅に訪問したり、施設で看護師として医療行為の手助けをする。

保健師 国家資格

地域住民の健康管理や保健指導を行う。地域包括支援センターに配属された保健師は地域の保健、医療、福祉活動の支援に従事する。また高齢者の自宅を訪問し、健康や介護の相談に応じることもある。

精神保健福祉士 国家資格

精神科病院やその他の医療機関、施設などで精神障害者やその家族が抱える社会生活上の問題に対して相談に応じ、社会復帰への援助を行う者を言う。

理学療法士：Physical Therapist (PT) 国家資格

基本動作能力――寝返る、起き上がる、立ち上がる、歩くなどの日常生活を行ううえで基本となる動作の改善を目的とし、運動療法や物理療法（温熱、電気等の物理的手段を治療目的に利用するもの）などを用いて、自立した日常生活が送れるよう支援する、医学的リハビリテーションの専門職を言う。動作改善に必要な技術を用いて日常生活の自立をめざす適切なプログラムを作成する。

作業療法士：Occupational Therapist (OT) 国家資格

入浴や食事、家事などの日常生活動作のほか、手工芸、園芸及びレクリエーションまであらゆる作業活動を通じて、快適に自分らしく生きていけるようリハビリテ―ションを実施し、心身機能の回復の援助を行う専門家を言う。理学療法士と異なるのは、そううつ病や摂食障害などの精神障害の患者も対象とした幅広いリハビリの医療現場で必要とされていること。

言語聴覚士：Speech-Language-Hearing Therapist (ST) 国家資格

言葉によるコミュニケーションや嚥下《えんげ》に問題がある人を対象とし、自分らしい生活ができるよう支援、また社会復帰を援助する専門職を言う。言語聴覚士によるリハビリテーション医療は、医師・歯科医師・看護師・理学療法士・作業療法士など医療専門職と、ケースワーカー・介護福祉士・介護援助専門員などの保健・福祉専門職、教育、心理専門職などと連携するチームの一員として従事する。

社会福祉士 国家資格

社会福祉の専門的知識と技術を持ち、身体上または精神上の障害がある、あるいは環境上の理由から日常生活に支障がある人の福祉に関する相談、助言、援助を行う専門職を言う。そのほか、医師その他の保健医療サービスなどの関係者との連絡や調整、援助も行う。介護保険制度においては、地域包括支援センターに配置され、市区町村の包括的支援事業の実施に従事している。

介護福祉士 国家資格

介護サービスを提供する事業所・施設の介護職員などが取得する介護専門職の国家資格。専門的知識および技術を持って、食事、排せつ、入浴などの介助（たん吸引等を含む）など介護全般と、それに関わる介護者に対しての指導を行う。

介護支援専門員（ケアマネジャー）

介護保険制度で、利用者の生活や介護に関する相談に応じるとともに、利用者がその心身の状況に応じ適切なサービスを利用できるよう、ケアプランを作成し、市区町村、サービスを提供する事業所、施設などとの連絡調整等を行う。「介護支援専門員」は、ケアマネジャーの仕事に必要な資格の名称でもある。

ソーシャルワーカー

福祉倫理に基づき、専門的な知識・技術を持って、社会福祉援助（相談援助等）を行う専門職。医療ソーシャルワーカーは、患者の入退院支援のほか、ほかの医療機関や福祉・行政機関との連携を担っている。

臨床心理士

こころの問題を抱えて身体の異常や生活上の問題などを引き起こしている人を、臨床心理学的処方でサポートする専門職だが、公益財団法人日本臨床心理士資格認定協会が認定する民間資格。日本では心理士、心理カウンセラー、セラピストなどの心理職に国家資格はなく、民間資格が多いなかで、文部科学省管轄の全国のスクールカウンセラーの資格要件として任用規定がある。

認知症ケア専門士

認知症ケア専門士は、一般社団法人日本認知症ケア学会が認定する民間資格。「認知症ケアに対する優れた学識と高度な技術及び倫理観を供えた専門技術士」として、介護保険施設や医療機関、居宅介護支援事業所、社会福祉協議会、地域包括支援センター等の介護や福祉の現場に従事している。

認知症ライフパートナー

認知症についての基本的な知識とともにアクティビティ・ケアと呼ばれる非言語コミュニケーションを重視した、一般社団法人日本認知症コミュニケーション協議会が認定する資格。たとえば、運動、音楽、園芸、回想法などのアクティビティ・ケアの実践方法など、日常の介護の現場ですぐに取り入れられる内容が多いのが特徴的で、認知症患者とその家族の生活を支援していくことをめざす。

福祉用具専門相談員

福祉関係の用具の専門知識を持ち、利用者に適切な用具の選び方や使い方を説明・助言する業務にあたる。介護用ベッドの相談が多い傾向がある。介護用品の販売・レンタルを行う事業所には、２名以上の専門相談員の配置が義務付けられている。

福祉住環境コーディネーター

東京商工会議所・地方商工会議所が認定する民間資格。高齢者や障害者に自宅を住みやすい環境とするため、バリアフリーなどの居住空間の改善を提案する。さまざまな専門職と連携をとりながら適切な住宅改修プラン（居宅介護住宅改修費の申請理由書）を作成することができるのは２級以上の資格が必要になる。

若年性認知症支援コーディネーター

2016年度より、厚生労働省は都道府県、各自治体に１人以上、認知症介護の経験や専門知識がある人を想定したスタッフを若年性認知症支援コーディネーターとして、「若年性認知症相談のワンストップ窓口」（厚生労働省認知症施策推進室）の役割を担うものとして配置している。具体的には都道府県が業務を委託する社会福祉協議会などに最低1名を配置、人件費は国と都道府県が補助する。業務は、若年性認知症患者の職場復帰や、職場定着にあたっての支援、医療費助成、障害年金など各種社会保障の申請や手続きにあたっての助言、介護サービス利用の紹介や相談など福祉サービスによる日常生活の支援、その他財産の管理、健康面の不安、さらには成年後見制度の利用などさまざまな悩みや相談に応じ、その人の勤務していた企業をはじめ、地域包括支援センター、医療機関、法テラスのほか行政などとの橋渡し、文字どおりコーディネートする役目を果たす。

さくいん

＊太字は詳しく説明しているページを示します。

参考文献

『認知症介護　困る場面の声かけテクニック』（日総研）米山淑子
『思いやりのひとこと　介護するあなたへ』（一橋出版）米山淑子
『コミュニケーションからはじまる　認知症ケアブック』第2版（学研メディカル秀潤社）清水裕子
『介護の聴き方タブー集　相手が求めていることを聴き取れますか？』（誠文堂新光社）介護の言葉かけ研究会
『専門医が教える　認知症』（幻冬舎）朝田隆
『ぜんぶわかる　認知症の事典』（成美堂出版）河野和彦
『もう限界!!　認知症の家族を介護するときに読む本』（自由国民社）高室成幸
『新装版　自分の親が認知症?と思ったら…』（双葉社）長瀬教子
『認知症　予防と対処法』（主婦の友社）浦上克哉
『これでわかる親の介護』（成美堂出版）高室成幸
『完全図解　新しい介護 全面改訂版』（講談社）編著：大田仁史・三好春樹
『プロが教える 本当に役立つ介護術』（ナツメ社）監修：福辺節子
『福辺流 力を引きだす！　U・CANの介護術大百科』（自由国民社）監修：福辺節子
『認知症の人がスッと落ち着く言葉かけ』（講談社）右馬埜節子
『よくわかる認知症の教科書』（朝日新聞出版）長谷川和夫
『医者は知らない！　認知症介護で倒れないための55の心得』（廣済堂出版）工藤広伸
週刊朝日MOOK『すべてがわかる認知症2016』（朝日新聞出版）

監修　米山淑子（よねやま・としこ）

特定非営利活動法人生き生き介護の会理事長、日本老年行動科学会常任理事。1973年より神奈川県内の特別養護老人ホーム生活指導員として高齢者福祉に携わる。1992年から2000年まで都内の福祉施設で施設長を務める。その間、全国社会福祉協議会（全社協）をはじめ、東京都および東京都社会福祉協議会等で各種委員を務める。著書に『思いやりのひとこと』（一橋出版）、『認知症介護 困る場面の声かけテクニック』（日総研出版）、『超図解 やさしい介護のコツ』（朝日新聞出版）などがある。

医学監修　朝田　隆（あさだ・たかし）

東京医科歯科大学脳統合機能研究センター認知症研究部門特任教授。筑波大学名誉教授。「メモリークリニックお茶の水」院長。1955年、島根県生まれ。82年、東京医科歯科大学医学部卒業。東京医科歯科大学神経科、国立精神・神経センター武蔵病院などを経て、2001年、筑波大学臨床医学系（現・医学医療系臨床医学域）精神医学教授、2014年より現職。専門はアルツハイマー病の臨床一般及び認知症の早期診断法・予防の研究。『まだ間に合う！今すぐ始める認知症予防　健康ライブラリーイラスト版』（講談社）など監修および著書多数。またテレビ・新聞・雑誌などメディアでも活躍。

Staff

装　丁……加藤美保子
表紙イラスト……岡野雄一
本文デザイン……岡田　茂
本文イラスト……きゃんみのる
編集制作……笠原仁子（株式会社創造社）、松本静子
阿部　毅
企画編集……鈴木晴奈（朝日新聞出版）

ケアとサポートが楽《らく》になる
超図解《ちょうずかい》 認知症介護《にんちしょうかいご》

監　修……米山淑子／朝田　隆
編　著……朝日新聞出版
発行者……須田　剛
発行所……朝日新聞出版
〒104-8011　東京都中央区築地5-3-2
電話（03）5541-8996（編集）
（03）5540-7793（販売）
印刷所……中央精版印刷株式会社

ISBN 978-4-02-333158-7

定価はカバーに表示してあります。
落丁・乱丁の場合は弊社業務部（電話03-5540-7800）へご連絡ください。
送料弊社負担にてお取り替えいたします。